## 왜로 진출한 고대 한국인들이 정착한 일본 중심지

- 북해도(北海道)
- 도쿄(東京)
- 후쿠이(福井)
- 쓰루가(敦賀)
- 비와호수(琵琶湖)
- 교토(京都)
- 이즈모(出雲)
- 나라(奈良)
- 텐리(天理)
- 오사카(大阪)
- 이세(伊勢)
- 사스나(佐須奈)
- 대마도(對馬島)
- 기타큐슈(北九州)
- 후쿠오카(福岡)
- 구마모토(熊本)
- 가라쿠니(韓國岳)
- 다카치호미네

코벨의 한국문화 1

# 부여 기마족과 왜(倭)

존 카터 코벨 지음
김유경 편역

# 부여기마족과 왜(倭)

## 차례 _ 부여기마족과 왜(倭)

편역자의 말 - 김유경 | 10

## 서론

한국의 영향과 일본의 숨겨진 역사; 부여기마족 | 20

## 1 부여족과 말

일본문화의 근원 - 부여, 가야 그리고 백제 | 29
부여기마족과 고고학 | 35
부여족의 항해와 말 1 ; 기병과 보병의 전투력 비교 | 39
부여족의 항해와 말 2 ; 말을 싣고간 방법 | 46
부여족과 말 | 54
페르가나의 말과 천마 | 59

## 2 바다 건너 왜로; 부여기마족의 왜 정벌

쓰루가의 한국인 자취 | 67
신공왕후와 아리나례강 | 72
신공과 '용감한 큰 곰' 무내숙니 | 80
부여 바위왕자 진무왕 그리고 오진 | 89
오진과 백제의 우정 | 95
닌도쿠왕 시대; 바위공주, 매사냥, 거대 고분 | 102
부여족의 바위신사, 이소노카미 신궁 | 109

부여족의 바위와 이름-닌도쿠왕과 바위공주 | 114
천황 가계의 한국 산신과 삼종 신기 | 117
오진부터 게이타이 이전까지 완전한 부여혈통 | 127
부여족의 권력 투쟁과 변신 | 131
일본으로 간 부여 한국인들, 5세기 왜국의 지배자 | 136
부산항 | 143

## 3 학자들의 부여기마족 연구

그리피스의 진구왕후 일본정벌론; 펜은 칼보다 강하다 | 149
그리피스, 페놀로사가 밝히는 일본문화의 근원 한국 | 155
기다 사다기지와 에가미 나미오, 부여 기마민족설의 원조 | 160
개리 레저드와 코벨의 부여 기마민족 정벌론 | 166
북한 김석형의 「삼한 삼국과 일본열도」 | 170
천관우와 백제의 칼 칠지도 | 174
한국역사의 3분의 1은 일본에 있다 | 180
일본의 첫 사서 『구다라기(백제기)』 | 183
한일 간의 문화교류? 한국이 일방적으로 준 것이다 | 188
'일본국의 시원'과 에가미 나미오 비판 - 최태영 | 193

## 4 임진왜란과 한일관계

임진왜란의 3코스와 아시안게임 성화 봉송로 | 207
임진왜란과 왜구의 첩보활동 | 211
이순신이 포획한 히데요시의 금부채 | 215
장보고와 이순신의 활동지, 주도 | 219
해상의 모든 전투에서 승리한 이순신과 거북선 | 223
임진왜란으로 조선, 분단될 뻔 | 231
충무공을 기리다 | 234
한국 원산 벚나무와 워싱턴 | 237
1607~1811년 간의 조선통신사 | 241
조선통신사에 대한 정치적 목적과 조선에 대한 외경 | 248
천명과 혁명 | 253

## 5 일본의 역사왜곡

한일 양국의 증오감 | 261
가토를 노린 한국 호랑이 | 265
한국미술사 칼럼 쓰며 일본인 이웃과 절교 | 269

한국의 영향을 인정하지 않는 일본 | 272
한국문화의 뿌리 찾기 | 276
한국이 일본에 전한 6대 영향 | 281
역사를 통해 본 일본의 역사왜곡 | 287
- 1982년 일본의 역사교과서 왜곡 파동을 보고
1300년 계속되는 역사왜곡과 일본사가들 | 313
일본의 교과서 왜곡과 군국시대 '신성한 천황'의 부활 | 315
솔직할 수 없는 일본인들 | 322
영국 사학자 조지 샘슨의 일본사 | 328
일본인을 좋아하지만 신뢰하지는 않는다 | 332
유구한 역사왜곡의 나라 일본 | 336
- 나카소네 일본 총리 방한에 부쳐 -앨런 코벨

존 카터 코벨 지음 『부여기마족과 왜(倭)』 원문 | 341

편역자의 말

지난 수년간 동양미술사학자 존 카터 코벨(Jon Carter Covell; 1910~1996) 박사와 그의 아들 앨런 카터 코벨(Alan Carter Covell) 박사가 1978~86년에 걸쳐 쓴 1천 수백 편의 글 중에서 '한국이 일본문화에 미친 영향'에 해당하는 모든 원고를 찾아내는 작업을 했다. 『경향신문』, 『코리아타임스』, 『코리아헤럴드』 및 『코리아저널』, 월간 『자유』, 『아스팍 퀴털리』 등 일간신문과 월간지에 연재된 수십 편의 칼럼, 논문을 한데 모으고 분류하는 것이었다.

4세기에 부여족이 왜로 건너간 데서 시작해 중세와 임진왜란, 현대에 이르기까지 한일관계를 언급한 내용과 이에 대한 학자들의 연구 내용까지 모두 62편의 글이 추려졌다. 중복되는 부분은 생략하기도 하고, 글 한 편의 완성도에서 없어서는 안 될 부분이라고 생각되는 내용은 그대로 두었다.

이 책의 가장 중요 부분이라 할 부여족연구에 대한 여러 학자의 소개를 모으면서 매우 기뻤다. 미국의 그리피스, 페놀로사, 레저드에 이어 코벨을 소개하고 일본학자의 연구로 에가미 나미오, 기다 사다기지의 기마민족 연구를 소개했다. 한국학자의 연구로 기왕 발표된 것이지만 최태영, 천관우, 김석형 선생의 글을 되풀이해서 실었다. 자칫 민족주의적 선동으로 오해받을 수도 있을 주제이기에 무엇보다 여러 학자들이 이 문제를 놓고 어떻게 접근해 왔는지를 제시하는 것이 중요하다고 생각했다. 또 워낙 복잡한 고대사인 만큼 중복되면서 이해가 된다는 점도 염두에 두었다. 독자들의 이해를 바란다.

존 코벨은 미국 컬럼비아 대학에서 영어권 학자로는 최초로 1941년 일본미술사 박사가 된 사람이다. 하지만 제2차 세계대전의 반일 분위기 속에서 그의 박사논문 「셋슈의 수묵화연구」는 미국 정부가 모두 걷어다 불태워 버리는 운명을 맞았다. 그러나 코벨은 계속 일본 교토의 유서 깊은 절 대덕사(大德寺)의 말사 진주암(眞珠庵)에 머물며 일본 불교의 선(禪)미술을 연구, 『대덕사의 선』, 『일본의 선정원』 등 16권의 저서를 내는 일본통 학자가 되었다. 15세기 일본수묵화가의 대다수가 사실은 조선인임을 밝힌 후쿠이 리키시로(福井利吉郎), 쓰노다 류사쿠(角田柳作, 미국 컬럼비아대 일본학연구소장) 같은 미술사학자들이 그의 스승이었다. 프랑크푸르트도서전 등을 통해 전후 패전국 일본의 문화적 전통을 영어권에 알린 코벨의 공로는 대단한 것이었다.

일본미술의 권위자가 되려는 야망에서 오벌린 대학시절부터 시작된 그의 학문은 그러나 일본이란 한계에만 머무르지는 않았다. 그의 부친은 일찍이 한국을 여행하고 어린 손에 조선 기와를 선물로 가져다 준 지식인이었다. 일본미술 외에 당연히 한국, 중국의 미술도 연구하면서 그는 당시 일본사회에서 철저히 은폐되어 있던, 일본역사 및 일본미술의 근원이 한국에 있다는 사실에 눈뜨게 되고 이후 그의 연구는 한국미술사 연구로 선회했다. 조자용의 '한국민화전' 미국 전시가 그 기폭제였다.

캘리포니아 대학과 하와이 대학 재직시 존 코벨은 미국의 모든 대학 가운데 유일하게 한국미술 강의를 독자적인 과정으로 개설해 가르친 교수였다. 서구에 소개된 한국미술사 자료는 전무하던 시절이었다. 하와이 대학을 정년퇴임한 다음 날로 미리 세워둔 연구계획에 따라 서울에 날아와 1천4백 편의 글과 5권의 한국문화사 저작을 써내며 머문 10년간은 한국문화의 본질을 알아보는 한 탁월한 영문 미술사학자를 배출해낸 시기이기도 했다. 아들 앨런 코벨도 도중에 어머니와 합류, 같이 한국문화를 연구하는 팀이 되어『한국 샤머니즘의 연구 Folk Art and Magic; Shamanism in Korea』(한림출판사) 등 저서를 냈다. 이 책은 미국의 대학에서 한국 샤머니즘 연구의 교과서로 쓰인다.

존 코벨은 일본역사의 바탕을 들여다보면 볼수록 확연해지는 한국의 존재를 학문적 진실로 밝혀내야 하리란 걸 알았다. 그것은 "학자라면 누구라도 해야 할 일이었다"고 코벨은 말했다. 1978년 일본에 있는 불화의 대부분이 고려 것임을 밝혀낸 일본의 연구결과를 알리는 데서부터 시작된 그의 한국미술사론은 상당 부분이 한국문화가 어떻게 해서 일본문화의 근원이 되었는가를 고찰하는, 한·일 고대문화사의 연결고리를 다룬 것이었다.

존 코벨과 앨런 코벨 두 사람은 한국의 고대사 가운데서도 가야 유물의 중요성을 일찍이 알아채고 4세기에 바다를 건너가 고대 왜를 제압한 가야와 부여족이 한국사에서 얼마나 중요한 존재인가를 알리는데 많은 노력을 바쳤다. 미술사에서 비롯된 존의 학문은 '일본에서 발굴되는 고대 유물의 대부분이 한국 땅을 가리키고 있는' 고대사의 진실, 나아가 일본의 역사왜곡에 대한 복잡한 근저를 파헤치는 엄청난 작업에 이르게 되었다. 일본에서는 은폐하고 있고, 한국에서는 그때까지도 몇몇을 빼놓고 학자들 다수가 그 같은 진실을 밝히고 가르치는 일에 '겁을 먹고' 있다고 존은 갈파하고 이를 비판했다.

많은 신문과 잡지에 자유로이 기고하면서 '명색이 학자라면 누구라도 했어야 할' 한국미술사의 한 부분이 밝혀졌다. 그의 글은 학자가 자기만 아는 지식을 나열하는 따분한 것이 아닌, 사실을 추구해 쉽게 풀어 전달하며 전문가의 눈으로 미의식을 분석해 내는 생기있는 글이었다. 존 박사는 자신의 이런 집필 작업을 "타자기를 삽과 곡괭이 삼아 한국문화의 광산에서 보물을 캐내는 것"이라고 표현했다.

그의 한국문화사에 당황한 일본에서도 그랬고 국내에서도 일부 학자들의 반발로 거의 쫓겨날 지경까지 되었지만 이 강단있는 여성학자는 눈도 깜짝 않고 "그렇다면 더욱 본격적으로 파헤쳐 보겠다(I'll step it up)"고 나섰다. 1982년 『경향신문』에 연재된 유일한 우리말 번역 칼럼은 이러한 소동 이후 일본문화의 본질을 깊이 있게 다룬 글들이다.

코벨의 이런 연구과정에서 한국이 정부 차원에서 베푼 지원은 없었다. 존은 6개월마다 있었던 비자갱신 때 입출국을 하지 않고 한국에 머물 수 있게 되기를 바랐지만 그런 도움도 없었다. 그는 신분을 숨기느라고 조상 4대의 이름을 빌려다 가명으로 원고를 발표했다. 이때 그를 유일하게 신원 보증해준 사람이 월간『자유』 발행인이었던 박창암 장군이고 존 코벨은 그래서 월간『자유』에 원고도 발표할 수 있었다.

월간『자유』에 발표된 글은 권승춘 『코리아타임스』 국장이 번역해 놓은 것을 그대로 인용했다. 권 국장은 코벨이 한국에서 영문 원고를 발표하는 데 큰 도움을 준 분이기도 했다. 나는 코벨 사후 그의 영문 원고를 찾으러 월간『자유』에 갔다가 박 장군을 알게 되고 많은 이야기를 들었다.

『경향신문』 재직 때부터 두 코벨 박사의 글을 더 많은 우리나라 독자에게 번역, 소개해야겠다고 생각했다. 영문 원고만으론 독자층에 한계가 있었다. 막상 실행에 옮긴 것은 코벨이 미국으로 돌아간 몇 년 뒤인 1994년부터였다. 일본여행을 하면서 일본의 역사왜곡이 얼마나 심각하고 뿌리 깊게 문화 전반에 미쳐있는지 확인한 뒤부터 오랫동안 잊고 있던 코벨 박사의 글을 생각해냈다.

편지 왕래가 시작되었다. 존 박사가 나라 법륭사를 처음 가본 날의 회고가 나오기도 하고 1996년 4월 18일 작고하기 전날 써보낸 마지막 편지에서는 "한국 원산 왕벚꽃이 일본 벚나무로 알려져 워싱턴에 심어져 있는 것부터 다뤄보면 어떻겠냐?"고 말하고 있다. 그의 모든 원고를 모으는 일은 한국, 미국, 일본을 거쳐 수년이 걸렸다.

1999년 존 코벨의 글을 처음 번역한 책이 도서출판 학고재에서『한국문화의 뿌리를 찾아 - 무속에서 신라 불교까지』라는 제목으로 나왔다. 시기적으로 가장 이른 역사인 부여족과 가야 이야기부터 다루어야 했지만 한일고대사 내용이 여간 어렵지 않은 데다가 우선은 코벨 박사의 한국문화 연구가 얼마나 깊이 있고 아름다운가를 독자들에게 더 먼저 선보이고 싶었다. 신라 샤머니즘과 불교예술의 화려함과 극적인 역사를 한 권으로 추려내면서 그 전말을 설명하기 위해 가야와 부여족 이야기의 일부를 다루었다.

종래의 삼국시대는 삼국이 아닌 가야까지 쳐서 사국으로 불러야 옳다는 것, 가야 유물의 연대가 더 올라간다는 것, 4세기에 왜가 한국을 점령한 것이 아니라 사실은 그와 정반대로 한국에서 바다 건너 왜를 정벌했다는 것, 더 당당하게 가야 유물이 자리 잡아야 한다는 글이 실렸다.

이때 더 본격적인 가야-부여족 원고가 많다는 것을 알게 됐다. 이를 별도의 책으로 꾸미자 하여 미뤄 놓았다가 관련 원고들을 모두 모으고 여러 학자들의 연구와 역사왜곡 문제까지 다룬 내용이 바로 도서출판 글을 읽다에서 나온 이 책이다.

사실은 『한국문화의 뿌리를 찾아』 발간 이후 고 최태영 박사의 고대사 원고를 정리하며 『인간 단군을 찾아서』 등 2권의 책을 만들고 있었다. 그동안 최 교수로부터 7년간의 강의를 듣고 많은 자료를 접했다. 고대사의 중요한 자료를 손에 들고 보는 것부터 쟁점이 되는 중요 부분을 정확하게 인식하거나 일본어 이두까지 들춰내는 고대사를 규명한다는 것은 오직 최 교수의 명징한 설명으로만 이해가 가능했다. 원고를 정리해드릴 뿐이었는데도 마치 고대사 박사과정을 밟고 있는 것 같았다.

뛰어난 역사가이며 법학자인 스승을 옆에서 가까이하던 이 기간에 고대사에 대한 인식과 지식이 생겨나고 그래서 코벨의 이번 책 고대사의 부여족 이야기를 정리할 힘이 붙었다. 최태영 박사 또한 코벨의 역사 인식을 긍정적으로 받아들이고 있었다. 두 사람의 역사 연구는 그래서 한 맥으로 관통하는 것이 되었다.

나는 어떤 형태의 권력이나 학연 등에 흔들리지 않고 오직 학문적 진실에 모든 것을 걸고 주장을 전개해 나가는 학자를 이제까지 몇 분 접해 왔다. 최태영과 존 코벨이 그런 학자였다. 두 사람의 역사는 어느 한 쪽의 약점이나 선동을 위해 내놓는 것이 아니라 유물과 문헌을 통해 연구를 거듭한 학자로서의 진실 토로였다. 그런 학자들과의 교류라는 상쾌한 지적 즐거움이 있었기에 정말 힘들긴 했지만 몇 년에 걸쳐 이 책의 정리, 번역이 가능했다고 생각한다.

학계에서도 이제는 가야의 역사적 입지가 자신감을 되찾고 우리 역사에 자리하는 것을 그동안 유심히 관찰해 왔다. "나는 한국의 가야사가 분명하게 확립되는 것을 볼 때까지 오래 살고 싶다"는 1987년도 존 코벨 박사의 글 한 줄을 떠올릴 때마다 그에 대한 그리움 같은 것으로 가슴이 저려오곤 한다.

1982년 일본의 역사교과서 왜곡문제가 불거질 때 어떤 학자들보다 진지하게 일본의 역사왜곡 행태를 파헤치고 비판한 사람이 바로 존 코벨과 앨런 코벨 박사였다. 이때 나는 존 박사에게 역사왜곡에 대한 본격적인 논문을 마련해 줄 것을 청했었는데 그것이 바로 이 책에 실린 장편의 논문 「역사를 통해 본 일본의 역사왜곡」이다. 모두 1982년도에 집중적으로 쓰여진 글이지만 오늘날 또다시 문제가 되는 일본의 역사왜곡과 하나도 다르지 않음을 알게 한다. 이 책을 통해 일본의 역사인식 저변에 깔린 복잡 미묘한 상황과 일본미술사의 흐름을 우리나라 독자들이 이해하는 데 조금이나마 도움이 되지 않을까 한다. 사진자료는 본문과 관계되면서도 독자적으로 일본미술사의 흐름을 보게 하는 편집을 시도했다. 일본과 외국에 나가있는 한국미술품 자료를 많이 소개하려고 애썼다. 또 고대사를 이해하는 방편으로 한국과 일본의 미술품을 비교해 볼 수 있도록 했다.

코벨 박사는 부여족의 내용이 포함된 '한국이 일본문화에 끼친 영향' 영문 원고의 일부를 1984년 한림출판사를 통해 영문판 책으로 냈다. 원래는 3부작을 예정했으나 책이 한 권에 그치는 바람에 「일본의 역사왜곡」 같은 긴 논문은 미처 책으로 엮이지 않았고 부여족 이야기도 더 자세하고 많은 분량의 원고가 남아 있었다. 이 책에서는 역사적인 내용에만 집중하고 일본에 있는 한국예술을 다룬 글들은 다음 번 책으로 묶기로 했다.

이 책을 내는데 여러 분의 도움을 받았다. 일이 힘들기만 하던 때 최태영 박사, 김영경 사장, 김예옥 씨의 지원이 있었다. 최태영 박사의 역사

강의가 없었다면 이 책을 엮어내는 일은 거의 불가능했다. 복잡한 사진 문제를 도와 준 분이 김영경 UPI사장이었고 브리티시 컬럼비아 대학 장윤식 박사로부터 저작권을 해결하는 일에 도움을 받았다. 도서출판 글을 읽다 김예옥 사장과는 이 책이 필연적으로 그의 손에서 출판되게끔 상황이 돌아가는 예사롭지 않은 운명을 보았다. 이 분들이 처음부터 같이 하지 않았던들 이 책의 완성은 더 늦어질 수도 있었을 것이다.

그동안 부분적으로라도 발표하고 싶었다. 2004년 인터넷신문 『프레시안』에 부여족 이야기를 싣고 『신동아』에 역사왜곡 부분을 발표하면서 이 어려운 항목이 조금 더 정리가 되었고 의무감으로 더 많은 자료를 찾아냈다. 또한 국내의 여러 박물관과 일본의 동경국립박물관, 미야와카교육위원회와 사진가 박보하, 하지권, 조재환 씨 등 여러분의 사진 협조를 감사하지 않을 수 없다.

나는 이 책이 영어 원문으로도 빨리 출판되어 한국의 울타리를 뛰어넘는 것이 되었으면 한다. 그리고 회화, 도자기, 고려불화, 한국불교 등 흥미진진한 한국미술사를 광범위하게 다루게 되는 다음 책도 번역돼 출판됐으면 한다. 궁극적인 목표는 코벨 저작의 영문판 한국미술사를 편집해 내는 것이다. '코벨의 한국문화' 시리즈로 김예옥 사장께서 책을 계속 출판하겠다는 의사를 보인다. 이 책이 시기적으로 가장 앞선 부여족을 다룬 것이니 시리즈의 첫 번째 책으로 자리잡게 되었다. 이로써 코벨의 저작 중 한글번역판은 1999년도에 처음 발행된 『한국문화의 뿌리를 찾아 - 무속에서 신라 불교까지』에 이어 두 권이 나온 셈이다. 세번째 번역서 『일본에 남은 한국미술』까지 하면 급한 대로 코벨의 학문세계를 볼 수 있는 자료가 될 것이라고 생각한다.

존 코벨 박사, 최태영 박사와 김영경 선생 모두 그새 고인이 되셨다. 이 책이 드디어 완성되어 나왔음을, 한없는 그리움과 존경으로 그분들께 제일 먼저 알리려 한다.

2006년 11월　김유경

서론

## 한국의 영향과 일본의 숨겨진 역사; 부여기마족

어느 나라나 그 역사 초기에 등장하는 중요한 지역이 있다. 예를 들면 미국의 경우 이민자들이 처음 미국 땅에 발을 디딘 플리머스록, 제임스타운, 세인트 오거스틴 같은 곳이다. 일본의 경우도 역사 초기의 결정적인 장소로 이즈모(出雲) 신사, 이세(伊勢) 신사 그리고 이소노카미(石上) 신사를 든다. 이곳은 관광 장소가 아니라 일본 신토(神道)신앙으로 닦여진 일종의 성소 같은 곳이다.

수백만 일본인들은 해마다 해의 여신 아마테라스 오미카미(天照大神)를 받드는 이세 신사를 방문한다. 이슬람 교도들이 적어도 일생에 한 번 이상 메카를 성지 순례하는 것과 같다. 이슬람 교도들은 메카에 와서 아라비아가 그 옛날 받들던 카바 신전의 검은 돌 주위를 여러 번 맴돈다. 이세 신사에 온 일본인들은 아마테라스의 청동거울이 소장된 곳의 두꺼운 장막 앞에서 절한다. 아마테라스는 712년과 720년에 편찬된 일본 역사서 『고사기』와 『일본서기』에 따르면 지금 천황 가계의 원조로 일컬어지는 신이다.

이즈모 신사는 이보다 방문객이 덜하다. 이즈모는 2000여 년 전 한국 땅에서 이주해온 사람들이 식민 구역으로 만들어 정착했던 곳이다. 이곳 신사에 모신 바람의 신 스사노오미코토(素戔嗚尊)는 아마테라스 오미카미의 오빠라는 것이다.

세 번째는 이소노카미 신사, 즉 '부여 바위신' 의 신사이다. 이곳은 일본이 처음으로 중앙집권 체제 아래 이룬 문화구역 아스카의 중앙 기차역에서 도보로 20분 거리 언덕 숲에 있다. 부여(夫餘) 왕족 혈통의 여걸 왕녀 진구(神功)가 이끈 일단의 기마족이 배를 타고 이곳 일본으로 건너와 선진문명과 기술을 전파한 것이다.

많은 일본인들이 일생에 한 번은 이세 신사를 참배하는 것이 애국적 도리라고 생각한다. 그곳에 보관돼 있다는 아마테라스의 거울은 오직 그녀의 후예, 왕위에 오른 지배자만이 볼 수 있다고 한다. 일본의 지식인들은 이즈모 신사가 이세 신사보다 더 역사 깊은 곳으로, 석기시대에 이곳으로 진보된 문명을 가지고 이주해 온 사람들은 주로 한국 신라인이었다는 사실을 알고 있다.

이소노카미는 일본 고대사에서 잘 알려진 곳이지만 이세 신사에 비하면 방문객은 많지 않다. 여기 보관돼 있는 칼은 스사노오가 용의 머리를 베었다는 그 칼도 아니고 아마테라스가 진무(神武)왕에게 '일본 땅을 정벌하라' 며 내려 주었다는 그 칼도 아니다. 그것은 무속적인 형태의 칠지도(七支刀)라는 칼이다. 칼 등에 서기 369년에 해당하는 연대와 금으로 한문이 새겨진 칠지도는 실제적인 '일본 정벌' 을 입증해 주는 유물이다.

369년 왜에는 한문을 읽을 줄 아는 자는 없었으며 백제에서도 오직 최고의 지식인만이 그 당시 동아시아의 유일한 기록 문자이던 한문을 읽고 썼다. 칠지도는 신공(神功, 진구왕후)이라는 이름의 젊고 아름다운 부여 왕녀가 이끌었던 기마족 일단이 369년 한국에서 건너와 일본을 정벌했음을 확증시키는 자료다.

이때의 외래 기마족에 의한 왜의 정벌을 감추려는 시도가 후일 8세기 일본 역사에서 행해졌다. 이들은 신공, 즉 진구왕후가 '한국을 정벌한 여걸'이라고 묘사했다. 너무나 극적이고도 대담한 이 역사왜곡은 진구를 한국의 왕녀가 아닌 순수 일본인으로 설정하고 한국에서 일본을 정벌한 사실을 180도 반전시켜 진구가 한국을 침입했다고 만들었다.

오늘날 일본인 중에는 이소노카미 신사 깊숙이 비장되어 있는, 기묘한 형태의 칼 칠지도의 본질을 바로 알거나 부여족의 이야기를 들어 알거나, 이 칼이 부여 지배자들이 남긴 성물 중의 성물로 성스러운 바위를 받드는 신사 이소노카미, 즉 석상 신궁에 보관되어 있음을 아는 사람은 드물다. 그들은 이세 신사의 '고대 거울'이 실은 오래 전에 망실되었음을 들어본 적도 거의 없고 이 책에서 밝혀지는 사실은 상상조차도 해 본 적이 없을 것이다.

본인이 『한국이 일본문화에 준 영향; 일본의 숨겨진 역사』를 처음 구상한 것은 1930년대 미국 컬럼비아 대학에서 연구할 때였다. 이후 교토, 하와이 그리고 서울 체재까지 40여 년 동안 자료가 모이고 사실이 구체화되었다. 마침내 이 모든 것을 가지고 1500년 이상 한국과 한국인이 일본과 그 문화에 끼친 엄청난 영향과 그 중요성을 밝힌 내용을 빙산의 일각이나마 우선 책으로 내기에 이르렀다.

중앙아시아 및 북아시아에서 기마 유목민족은 수없이 여러 번 역사의 변환을 불러온 막강한 힘으로 작용했다. 여러 부족이 함께 어울려 대집단을 형성하고 강력한 지도자를 따라 좀 더 살기 좋은 평원지대로 이주하고 중국과 인도의 부패왕조를 전복시키고 북극 아래 시베리아 지방에서부터 남으로 만주까지를 휩쓸었다. 요새를 불태우고 남녀 포로와 약탈한 전리품들을 챙겨 떠났다. 인도의 힌두쿠시 산맥도 중국의 만리장성도 이들을 막지 못했다.

기마 유목국가들은 역사상으로는 짧은 기간 밖에 지속되지 못했다. 후세까지 서구 연구자들에게 잘 알려진 쿠샨 왕조의 카니슈카, 훈족의 아틸라, 몽고의 칭기즈칸과 타머레인(티무르), 무굴제국의 호랑이 바부르 등의 존재와 스키타이, 훈, 타타르, 투르크(돌궐), 몽골과 만주족 들이 정복자 부족으로 이름을 떨쳤다. 아시아 초원지대의 잔혹한 기마민족들은 중국과 인도, 유럽인을 짓밟고 정복했다.

서력 기원이 열릴 무렵 지금 한국(북위 38도선에 이르는 지정학 구역)이라 불리는 나라의 남반부에는 농사와 수렵, 어업 등으로 살아가는 여러 부족이 서로 느슨한 연대를 맺고 있었다. 바다 건너 왜와의 해상교역에 나선 부족도 있었다. 이때까지도 강력한 왕국은 형성되지 않았다. 거리상 멀리 떨어지고 척박한 지역은 한반도에서 후일 삼국이라고 지칭하게 된 부족들의 영역 밖에 밀려나 있었다.

오늘날 한반도를 양분하는 선 이북에는 역시 알타이 계통어를 쓰는 기마종족들이 살면서 영토와 지배권을 두고 내부 분란과 함께 사나운 이웃들과 투쟁을 벌이고 있었다. 중국의 한나라는 한때 대동강 유역에 낙랑(樂浪)이라 불리는 소규모 관리구역을 설정했다 한다(역자 주; 최근 연구에 따르면 한사군(漢四郡)은 요동(遼東)에 있었다). 사나운 기마족들은 두 번 휜 활을 무기로 다루며 기마 전술에 능하고 용맹 무쌍하기 이를 데 없는 기질로 미개한 문명을 모두 정복했다.

4세기에 고구려가 한의 낙랑을 정복함으로써 중국이 심었던 식민시는 사라졌다. 이때의 고구려는 역사가 기록하는 대로 북부여족의 일파였다.

고구려는 한반도 내 여러 기마족 중에서도 가장 강력한 세력으로 급부상했다. 고구려는 북부여의 남진을 차단하여 지금은 동부여란 이름으로 알려진 일파를 통해 구석으로 몰아넣었다. 북부여에서 떨어져 나온 동부여는 한반도 남쪽으로 계속 남하하여 원주 부족들과 합류하고 이후 가야와 신라로 태어날 기반을 형성했다.

부여 왕국은 옥황상제의 자손이 세운 국가였다는 건국설화가 전한다. 부여의 통치자는 부족 전체의 행, 불행을 책임지는 무속적 지배자였다. 송화강과 압록강 사이, 비옥한 만주벌판에 자리 잡은 북부여는 여러 차례 기마 유목민족의 침략과 내부의 반란을 겪었다. 4세기 초에는 만주의 산림 속에서 쏟아져 들어온 선비(鮮卑)족의 외침을 받았다. 중국 한나라도 어지러운 내정으로 인해 자신들이 '선진화된 동이(東夷)'로 인정하던 부여를 도울 힘이 없었다.

이로써 북부여가 망하자 주요 인물을 포함한 난민들은 한반도로 남하해 들어왔다. 이들 방랑 부여족 (Volkerwanderungen) 에 대한 가장 오랜 기록은 그로부터 400년 후에나 쓰여진다. 이미 그들의 기마족 조상으로부터 멀어진 일본이라는 땅에 둥지를 튼 자손들에 의해, 단편적으로 축적된 이야기를 통해 나타나게 된 것이다.

부여기마족은 그 시대에 철로 제작한 신무기 칼과 갑옷을 장착하고, 전쟁에 임하여는 무당의 긴 사설을 듣곤 했을 것이다. 보다 살기 좋은 땅을 찾던 군사 강국 부여족은 한반도에 삼국시대를 열고 이어서 일본 야마토(大和) 평원을 정복한 '바위의 아이들 (Children of the Rock)' 이었다.

# 1 부여족과 말

## 일본문화의 근원 - 부여, 가야 그리고 백제

오늘날 여러 나라 지식인들 사이에 '뿌리'를 찾는 작업이 활발하다. 많은 일본 관광객들이 상용 업무가 아님에도 상당한 일정으로 한국 남부지방을 방문, 부산으로 입항해 경주를 보고 부여와 공주를 찾는다. 사실상 백제권의 박물관은 많은 일본인들이 한국인보다 더 진지한 자세로 둘러보는 장소다. 이곳은 한국으로부터 일본에 전래된 역사와 문화, 특히 6~7세기 문화의 원류이기 때문이다.

당시 한반도에 융성했던 국가들 중 백제는 오늘날 상하이 부근의 불교국가인 중국 양(梁)나라와 가까운 국교를 누렸는데 '가장 예술적이고 비전투적인' 성향의 나라로 간주되었다.

백제와 양나라 지도자들은 경쟁적으로 불교를 숭상했다. 이 당시의 불교는 대륙에서 한반도로 문자와 의학지식(의료사업은 불교 전도의 한 부분이었다) 외에도 여러 가지 예술을 전파하는 도구였다. 조각과 회화, 기타 세세한 예술도 불교를 장엄하는 목적으로 발전되었고 불교 건축 또한 성행했다. 불교의 대후원자들이 바로 귀족층 이었으므로 궁궐은 전 건축을 본뜬 것이 되었다. 지배 계층은 호국불교로서 이 종교를 받아들였다.

경남 창녕 출토 가야 금동관. 일본 오쿠라 컬렉션. 동경국립박물관 소장.

그러나 일본은 6세기 중엽까지도 불교를 접하지 못했다. 369년에서 506년까지 왜국(倭國)은 한국 혈통의 무속(巫俗) 왕들이 다스리고 있었다. 철기 사용과 군사 전략에서 왜 원주민보다 월등했던 한반도 부여기마족은 369년에서 370년에 걸쳐 왜국을 손쉽게 정벌하고 일본 최초의 중앙집권 체제를 수립, '신성한 왕권'을 누렸다. 부여족은 한반도의 가야와 긴밀한 외교적 유대를 가졌다. 근본적으로 부여족이 일본에 전파한 문화는 불교 이전의 무속문화권으로, 말을 숭배하고 강력한 통솔력과 대형 봉분 매장제도를 지닌 것이었다.

1973년 나는 일본 나라(奈良)의 가장 오래된 마을을 찾아갔다. '후루'라는 이름을 지닌 곳이었다. 컬럼비아 대학 개리 레저드(Gari Ledyard) 한국어 교수에 따르면 '후루'란 말은 '부루' 또는 '부여'를 이르는 것이다. 레저드 교수는 부여족이 상당수 바다를 건너와 일본을 정벌한 연대를 정확하게 369년으로 제시하고 있다.

필자 역시 오사카(大阪), 나라 일대에 산재한 떼 입힌 대형 고분들이야말로 일본을 정복했던 부여족의 무덤이라고 믿는다. 이 가운데 가장 큰 고분은 닌도쿠(仁德) 왕릉으로 알려져 있다.

일본 왕의 한국 부여족 혈통을 보다 일본적인 화족(和族) 혈통으로 변조하는데 정당성을 주기 위해 720년 편찬된 관찬사서『일본서기』에도 닌도쿠왕에 대한 기록이 있다.『일본서

김해 대성동고분 출토 4세기 가야시대 청동솥. 최고 권력자가 지니고 천제를 행하던 물건이다. 높이 18.8cm. 국립김해박물관 소장.

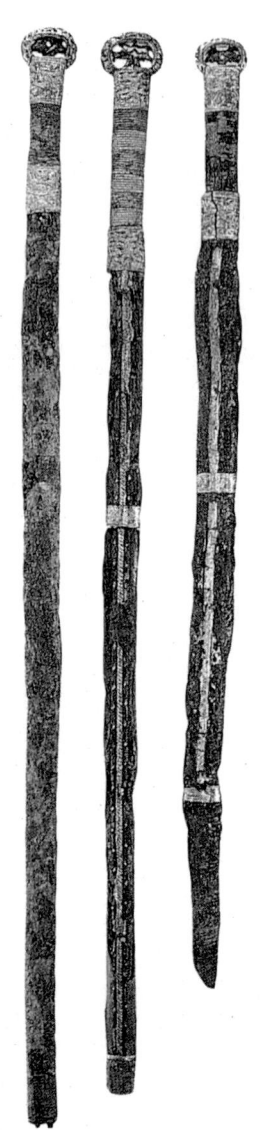

고령 지산동 출토 용봉무늬 금동고리자루 칼들. 길이 95.1cm(왼쪽). 국립중앙박물관 소장.

기』편찬자들은 그 같은 변조를 뒷받침하기 위해 부여족이 일본을 정벌하여 생긴 왕권 교체기에 어떤 왕들은 몇 백 년씩을 살았다고 조작해 놓았다. 또한 오진(應神)왕을 '진구(神功) 왕후가 한국을 정복한 뒤 10개월이 훨씬 지나 출산한 아기'라고 설명하고 있다.

'진구가 한국을 정복했다'는 이 기록은 물론 완전히 뒤집혀져 날조된 것이다. 사실은 그 반대로 부여기마족이 배를 타고 바다를 건너가 먼저 규슈(九州)를 정복하고 이어 서부 혼슈(本州)를 점령, 지금의 오사카-나라 일대 야마토 평원에 수도를 건설했다. 부여기마족은 월등한 전투력으로 신속히 정벌을 이뤄낼 수 있었다. 상대적으로 미개한 왜 원주민들은 쉽게 굴복했다.

그렇다면 부여기마족은 506년 내부 분열로 부여족 왕권이 끊길 때까지 왜를 보다 조직적으로 통합되고 개선된 군사력을 갖춘 국가로 이끌었다. 부여족은 무속을 신봉하고 있었으며 불교는 그때까지 전래되지 않았다.

이들 부여족은 어디서부터 온 것일까? 이들은 고구려에 인접한 한반도 북방계 부족으로 낙랑이 망한 뒤 남쪽으로 이동해 왔으며 일부는 선비(鮮卑)족에게 정복되었다. 부여 세력이 절정에 이르렀을 때 한강까지 접했으며 부족 일부는 백제와 합치고 일부는 가야를 거쳐 부산으로 이주, 정착했다.

일본이 '만세일계(萬世一系)' 혈통의 첫 왕으로 떠받드는 유명한 진무(神武)왕에게는 규슈에서 동쪽의 나라로 동정(東征) 했다는 이야기가 따른다. 이 사실은 바로 부여족의 왜 정벌을 나타낸다. 8세기에 와서 기록에 나선 일본 사가들에게 문자가 등장하기 이전 일본역사란 까마득한 것이었다. 이들은 진무왕의 거사를 서기전 660년의 일로 돌려놓았다. 어느 나라나 초기의 역사기록은 오랜 옛날 개국이 이루어졌음을 역설하고 있으며 일본도 예외는 아니었다.

규슈에는 한반도에서 바다 건너 일본에 상륙한 부여족을 묘사한 벽화가 전한다. 규슈는 그런대로 발굴이 가능했지만 일본 나라의 고분은 발굴이 금지되어 있다. 만일 닌도쿠 왕릉이 발굴돼 가야양식의 금관이나 귀걸이가 나온다든지 가야, 백제 토기와 같은 유물이 나오면 일본 왕실로서는 난처한 일이 될 것이다. 일본은 보다 자유로워져서 20세기 식민정책의 잔재를 청산하고 민중들이 진실을 알 수 있도록 해야 한다.

5세기 일본의 부여족들은 가야 출신 귀족 가문과 혼사를 맺었다. 부여족 후손들은 신라가 가야를 합병한 562년까지 가야에 대한 영향력을 지녔다. 7세기 말 일본이 처음으로 실시한 호구조사에서 귀족층의 30퍼센트가 외국인 성씨(姓氏)를 지닌 사람이었다. 대부분 한국인, 특히 660년 백제가 신라에 함락되자 유민이 되어 조국을 떠난 부여족 후예들이었다. 백제 인구의 상당 부분이, 그것도 지적으로 뛰어나고 유능한 전문가 다수가 동맹국 일본으로 피신해 온 것이다. 한국으로부터의 이러한 다량의 두뇌 유입은 7세기 들어 불교국가를 표방한 일본이 불교예술과 건축기술 등 차후 자국 문화를 건설하는 데 크나큰 힘이 되었다.

지난 역사에서 일본의 불교예술과 중앙집권제 같은 정부 행정법 등은 한국으로부터 지속적으로 유입된 것에 크게 의지한 것이었다. 이러한 유입은 기원전 330년 석기시대의 왜에 논 농사법을 전파한 이래 오랜 기간 수많은 영향의 전래로 이어졌다. 이중에도 가장 중대한 두 가지는 4세기 상당수의 부여기마족이 지배층으로 유입된 것과 대형 봉분 매장제의 도입, 그리고 7세기 후반 수많은 백제 유민들의 일본사회 편입에 따른 영향이다.

규슈 국립대학 다무라(田村) 교수는 1982년 출판된 저서에서 8세기 이후 중국이 일본문화의 종주국으로 나서기 전까지 한국은 수백 년 동안 일본문화의 모체였다는 사실을 인정했다. 그런데 다무라 교수는 이 책을 출판한 직후 교수직에서 물러났다. 일본에서는 그런 사실이 듣기 싫은 것이었을 수 있다.

## 부여기마족과 고고학

고고학은 군국주의자들에게 매우 위험천만한 학문이 아닐 수 없다. 일본 군부는 '현인신(顯人神) 천황' 개념을 불어넣기 위해 안간힘을 썼고 토착 신토(神道)신앙에 누구랄 것 없이 고개 숙여 절하도록 강요했다. 그들은 위의 두 가지 사실 모두가 한국에서 유래된 것이란 데까지는 생각이 미치지 못했다. 그 사람들은 학자는 아니었던 것이다.

오늘날까지도 대부분의 일본인들은 '서기전 660년 이래 만세일계'를 이어온다는 일왕 혈통이 사실은 여러 번 끊겼을 뿐 아니라 '현인신 천황'들이 무려 100년 이상 완전한 한국인 혈통으로 이어져 왔음을 생각지 않으려 한다.

일본의 신토가 한국의 무속에 그 뿌리를 두고 있음을 아는 일본인은 드물다. 한국 무속은 일본에 가서 미화되고 일왕 숭배사상과 결합됐다. 반면 한국에서는 유교 지배계층과 기독교 선교사들에 의해 비천한 것으로 격하됐다.

고분 발굴과 연구가 자유롭게 허용된다면 고고학은 과거 일왕의 존재를 제대로 밝혀낼 도구가 될 것이다. 1920년대 초 일본 고고학자들은 경주 일대 고분을 발굴, 여러 점의 아름다운 금관, 귀걸이, 허리 장식띠 및 수많은 부장품을 꺼냈다. 이들은 또 규슈의 한 고분에서 말과 배 그림으로 뒤덮인 벽화를 찾아냈다. 여기서는 금동관만이 나왔을 뿐 금관은 출토되지 않았다.

이러한 고고학 연구에서 밝혀진 것은 5~6세기 한국은 왜 보다 월등하게 앞선 선진국이라는 것이었다. 당황한 일본정부는 고고학 발굴을 금기시하게 되었다. 나라평원 일본 왕들 고분은 따라서 발굴이 엄격히 금지되어 있다. 부장품들이 그러한 사실을 더욱 입증하는 것이 될까 봐 취한 조치다.

아직도 일왕 고분은 발굴이 금지되어 있지만 정복자 부여기마족 1세인 오진왕이나 2세 닌도쿠왕의 능이 발굴된다면 가야양식 금관이 나올 소지가 크다.

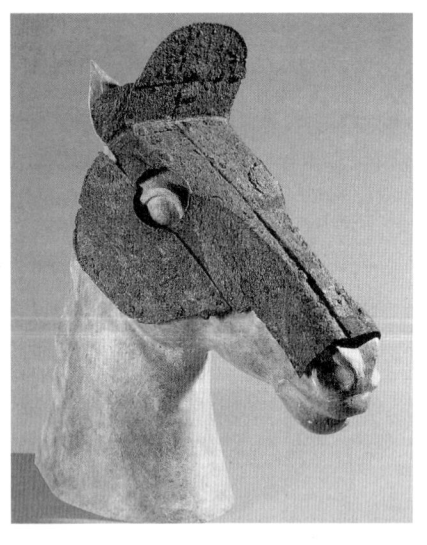 

부산 복천동 고분 출토 가야시대 말머리 갑옷. 경남 합천 옥전 고분에서도 이와 거의 동일한 말머리 갑옷이 출토됐다. 국립중앙박물관 소장.

일본 오타니(大谷) 고분 출토 말머리 갑옷. 가야 유물과 거의 똑같은 일본 내 단 한 점의 유물이다. 일본 와카야마박물관 소장.

고고학은 실로 무서운 것이다. 역사는 종종 지배자에게 야합하는 날조된 기록을 남긴다. 반면 고고학은 단지 있는 그대로의 유물만을 남기고 여기서 결론이 도출되는 것이다.

8세기 『고사기(古事記)』와 『일본서기(日本書紀)』를 쓴 일본 사가들은 일찍이 부여기마족이 와서 통치한 130여 년 간의 흔적을 없애고 당시의 신흥 화족 지배자에게 혈통의 정당성을 꾸며 주지 않으면 안 되었다. 그러기 위해 매우 기묘한 수단을 꾸며내었는데 그 때문에 결과적으로 이들 사서의 반쯤은 신빙성 없는 자료로 남았다.

사가들은 '규슈로부터 야마토, 나라로 들어온 정복자' 진무왕의 역정을 서기전 660년의 일로 각색했다. 그 당시라면 왜는 석기시대를 벗어나지도 못하다가 서기전 300년대에나 와서 한국인들의 도래로 논농사와 청동기 금속시대로 진입할 수 있었다. 한국은 서기전 4세기 이전에 이미 이러한 문명을 갖고 있었다.

이 당시 한국의 남부와 일본 규슈 및 서부 혼슈지방은 혈통과 언어에 연관이 있었던 것 같다(이 또한 별도의 해설이 필요하다). 한국으로부터 철기와 청동기, 도자기의 물레 사용법을 익힌 서기 3세기를 일본사회는 석기시대를 막 벗어난 야요이(彌生)시대로 부른다. 육로 교통은 보잘 것 없었고 주로 뱃길을 이용했다. 한반도의 김해는 이때 철광이 있어 한반도 북부와 중국, 일본으로 철을 선적해 수출하는 요지였다.

서기 240년 처음으로 중국 사신이 왜국에 왔다. 이들은 처음에 규슈에 상륙, 그곳에서 여러 지역의 정보를 들었던 것으로 보인다. 소규모의 부족장들이 그중 강력한 존재인 무당 히미코(卑彌呼)여왕과 더불어 나라지역의 비옥한 땅을 통치한다고 이들은 기록했다. 당시 일본 전역에 무속 신앙이 팽배해서 수많은 신령들이 있었다. 무속적 지배자는 예언을 하여 부족을 통치했다. 강신을 받은 무당들은 종종 여자였다. 크고 작은 수로를 파다가 잘 안 되면 산사람을 제물로 바쳤다.

『일본서기』는 또한 한국인에 의한 일본 정벌의 본말을 통째로 뒤집어 마치 일본이 한국(가야 및 신라와 백제도 얼마간 포함시켜)을 정벌한 것처럼 기록하고 있다. 그렇게 해놓음으로써 후일의 일본인들이 자기네 역사에 대해 만족하게 여기도록 한 것이다. 근세 들어 일본이 한국을 식민통치하던 시절, 일본으로서는 한국인의 피가 그들보다 더 우월한 것이라는 사실을 비롯해 일본문명이 전적으로 한국에 의존해 발아되었다는 것도 받아들일 수 없다고 여겼다.

그러나 일본에 처음으로 중앙집권 체제가 등장한 것은 한반도에서 건너온 부여족의 통치에 의해서이다. 부여족 출신 오진왕 이전의 왜국은 느슨한 부족사회로 그 중 강력한 우두머리가 비옥한 농경지대인 야마토 혹은 나라 일대를 다스렸다. 중앙집권 개념의 '국가'는 미처 형성되지 않은 상태였다. 레저드 교수에 따르면 부여족이 일본을 통치한 시기는 서기 369년부터 506년까지이며 이는 15대 오진왕(일명 호무다왕자)대부터 26대 게이타이(繼休)왕 이전에 이르는 것이다.

어떻게 이런 일이 가능했던가? 부여족은 말을 배에 싣고 바다를 건너왔으며 창, 칼 등 월등한 무기를 지니고 있었다. 그들은 손쉽게 원주민을 제압하면서 규슈에서 나라 야마토 평원으로 동진(東進)해 나갔다.

부여족에 앞서 야요이 시대에 일본으로 온 한국인들을 '문화적 침입자'로 부를 수 있겠지만 369년 일본에 온 부여족들은 달랐다. 이들은 군사집단이었으며 새로이 정착할 신천지를 찾아 일본에 온 것이다. 그 때문에 말을 대동해 갈 필요가 있었다. 일본에는 초기에 말이 없었다.

## 부여족의 항해와 말 1; 기병과 보병의 전투력 비교

1982년 현재 한국은 일본과의 치열한 경쟁 속에 세계 제일의 선박 조선국으로 위치를 굳혀가고 있다. 그러나 369년경에 있었던 한반도 최대의 선박 건조에 대해서도 알아두자. 그때 한국에서 건조된 배는 대마도에 중간 기착했다가 규슈로 향했다.

당시의 대담한 모험가이던 부여-가야인들은 이 배를 타고 가 후진국이던 왜 서부의 절반 너머를 정복하고 이후 130여 년간 일본왕의 자리를 대이어갔다.

이 장정에 대해 『고사기』, 『일본서기』의 기록은 모두 왜곡된 상태로 남아 있지만 말에 대한 지식 및 사람과 동물의 체력 조건 등을 따져 부여족의 항해를 재구성해 볼 수 있다.

4세기 부여-가야족의 현해탄을 넘는 항해는 그보다 500여 년 후 바이킹이 해낸 유명한 항해보다 훨씬 더 주목해야 할 것이다. 바이킹은 대담하고 강인한 뱃사람들이었지만 그들이 활동하던 10세기에도 말을 대동한 항해를 하지는 못했다.

그러나 한반도의 부여족, 또는 모호한 명칭이긴 하나 이들을 지칭하는 '기마족'들은 서양에서 로마제국이 '야만인'들에 짓밟혀 있을 무렵 약

동의 아시아에서 그 기록적인 항해를 성공적으로 해낸 것이다. 이 시절은 '힘이 정의'이던 때여서 잘 무장된 부여족 전사들은 쉽사리 일본 땅을 정복했다.

　오늘날까지도 고대 전투에서 말이 얼마나 중요한 존재였나에 대해 충분한 고찰이 되어있지 못하다. 부여 기마민족의 장거 이후 1000년이 지나 스페인의 피자로가 단 50기의 기병대를 이끌고 남미 페루의 전설적인 부(富)를 탈취했다. 그 당시 남미나 북미대륙엔 말이 없었기 때문에 페루가 황금을 얼마나 많이 보유하고 있건 간에 손쉽게 함락되고 말았다. 또 다른 스페인 모험가 코르테스도 말 탄 기병대를 이용해 멕시코 전역을 정복했다. 멕시코의 아메리카 인디언들도 말을 가지고 있지 않았던 것이다. 4세기 일본에는 약간의 말이 있었던 듯 하다. 그러나 몸집이 작고 닭과 같은 식용이었지 기마용은 아니었으며 기병대를 구성하는 전투용 말은 더더욱 아니었다.

5세기 초 고구려 삼실총 고분벽화의 무사도는 철제 갑옷을 입고 말도 철제 말갑옷으로 무장시킨 기마병의 전투 모습을 보여준다. 부여기마족과 말은 이런 모습이었을 것이다.

5세기 일본고분시대의 하니와토기 말. 한반도 삼국시대 출토 말갖춤과 같은 장식을 하고 있다. 동경국립박물관 소장.

배에다 무기로서 말을 싣고 바다를 건너간 부여족의 모험은 '수륙 양용의 상륙작전'이었다. 맥아더의 인천상륙보다 1600년 앞서 감행된, 그것도 과학적 현대 장비 없이 이뤄진 작전임을 생각하면 그 일이 얼마나 엄청난 것이었는지 분명하게 이해될 것이다. 이제 부여기마족이 어떻게 그 많은 말과 군사, 그 위에 무거운 쇠 갑옷까지 배에 싣고 바다를 건너갔는지 학구적인 추론을 해보자.

일본역사 기록엔 가을에 태풍이 인다고 했다. 그렇다. 병참상의 문제도 한두 가지가 아니었다. 그 중에도 말은 그 어떤 것보다 고생이 심했다(1000년 후 몽골족이 겪었던 어려움을 생각해 보라).

이 당시 부여족의 말은 아마도 페르가나에서 유래한 아랍종 같은, 소아시아의 몸집 큰 말과 몽골말의 교잡종이었을 것이다. 몽골말은 만주의 눈 내리는 산간지대나 고비사막, 툰드라의 지속적 영하의 날씨도 견뎌낼 수 있다. 그러나 전장에서 달려야 할 때는 그 속도가 떨어진다. 몽골말은 한도 끝도 없이 걸을 수 있지만 모양이 볼품없고 질주할 때는 여타 품종

말을 따라가지 못한다. 반면 아라비아산 말(그 비슷한 말까지도)은 다리가 길고 민첩하며 영특하다. 단점은 몽골말에 비해 살가죽이 얇아 추운 날씨에 몽골말처럼 잘 견디지 못한다는 것이다.

부여인들이 탔던 말은 교잡종으로 몽골말에 보다 가까웠을 것이나 현대적 기준에서 볼 때 비교적 큰 말에 속한다. 당시 군사들의 평균키는 164센티 정도였다.

기마전에서 가장 중요한 것은 단거리 및 장거리에서 얼마나 빠른 속력을 내느냐는 것이다. 거기에 더해 달리고 휘돌고 뛰어오르는 것을 지속적으로 버텨야 하고 박차가 가해지는 상황에서는 전광석화처럼 기민하게 움직여야 한다. 적군을 짓밟는 데도 말은 유용하게 쓰였다.

말의 등자는 여기서 아주 결정적 구실을 한다. 낙랑시대 그림이나 고고학 유물에서 보는 것처럼 등자는 기병에게 보병을 압도할 엄청난 이점을 주는 것이었다. 말 탄 기병이 창칼로 보병인 적을 향해 일격을 가할 때 등자는 지렛대 역할을 하여 힘을 가해주는 중요한 마구였다. 등자에 발을 버티고 섬으로써 무거운 갑옷을 입은 기병의 몸무게가 창칼로 찌르는데 그대로 보태어지기 때문에 그의 타력은 맨땅에서 대항하는 보병이나 안장과 등자 없이 말을 타는 경우보다 3배 이상 커졌다.

이렇게 해서 말은 무장한 기병에게 귀중한 기동성을 부여했다. 그렇다 해도 4세기

일본 고분시대의 하니와토기 무사. 동경국립박물관 소장.

경주 덕천리 출토 기마인물토기. 말갑옷과 안장 등 마구를 갖추고 있다. 중앙문화재연구원 소장.

부산 복천동고분 출토 금동 말안장. 금동 투조 아래 비단벌레 날개를 깔아 화려함의 극치를 구사했다. 국립중앙박물관 소장.

김해 대성동고분 출토 4세기 금관가야의 방패 꾸미개(지름 12.0cm)와 창끝 꾸미개(지름 13.5cm). 국립김해박물관 소장.

말등자, 말재갈, 말띠드리개, 방울 등 가야시대의 여러가지 말갖춤. 왼쪽 말등자 길이 29.1cm, 4세기.

의 기병은 36킬로그램 가량의 쇠갑옷을 걸친 듯하고 이 때문에 민첩성이 오래 유지되지 못했다. 말이나 기병 모두 그렇게까지 빨리 움직이지는 못했고 또 쉽게 지쳤다. 병사들은 또 갑옷 아래 맨살이 쓸리지 않도록 두껍게 누빈 속옷을 받쳐 입었을 것이다(이 시대에 군인 노릇 하기는 쉽지 않았을 것이다).

유물로 미루어 보건대 당시의 기마병은 코 주변 얼굴을 보호하는 투구에다 중세 유럽의 쇠사슬 갑옷 비슷한 갑옷을 입었다. 그것은 사슬을 연결한 것이 아니라 쇠편을 이어 붙인 것이었다. 말 갑옷 또한 안장 아래로 무게가 고르게 분산되도록 장착시켰다. 이렇게 함으로써 말 몸뚱이 어느 한 부분에 무게가 집중돼 살이 까지는 일이 없도록 했다. 말 다리만큼은 헐렁하게 감싼 편이었다. 말이 급회전을 하거나 기민하게 움직일 수 있도록 하여 적에 대해 보다 유리한 입장을 견지하기 위한 것이었다.

4세기 말 갑옷은 무게가 45킬로그램 가까이 나가는 것이었고 기병이 입는 갑옷 또한 그 절반은 나가는 것이었다. 갑옷은 특히 팔이 자유롭게 움직일 수 있어야 했다. 나머지 부분은 코트처럼 허리 아래까지 내려오게 걸침으로써 화살이나 창칼, 기타 무기로부터 보호했다. 다리 부분은 등자 위에 쉽게 버티고 일어설 수 있도록 헐겁게 감쌌다. 말에 올라탄 기병이 취하게 된 높이는 적의 머리와 어깨 부분을 내려다보며 공격하는

고령 지산동고분 출토 가야시대 철제 갑옷과 투구.
높이 47.5cm. 국립중앙박물관 소장.

부여, 가야기마족이 입었던 것과 같은 5세기 일본 고분시대의
갑옷 입은 하니와토기 병사. 동경국립박물관 소장.

데 유리했다. 이렇게 해서 기병은 그가 본래 지닌 타력에 중력을 실어 힘을 배가했다.

반면에 보병은 기병을 위로 올려다보며 창을 겨누는 자세에서 목과 팔 부위를 훤히 드러내 보일 수밖에 없었다. 무장한 기병은 상대적으로 몸을 드러내 놓은 부위가 적었으며 압도적인 힘과 속력으로 소수로도 대단위 보병을 제압할 수 있었다.

따라서 부여-가야족의 왜 정벌은 말이 바다에서 병날 위험을 감안하고라도 바다 건너 왜로 필요한 만큼의 말을 어떻게 해서든 싣고 가는 데 승패가 달려있었다. 이들은 과연 어떤 방법으로 말을 싣고 갔던가?

## 부여족의 항해와 말 2 ; 말을 싣고간 방법

　고분 출토 유물 중에는 4세기에서 6세기의 배 모양 토기, 석기가 상당 수 있다. 호암미술관에 가야시대 토기 배가 있는데 30센티미터 가량으로 작은 편에 속한다. 호림박물관의 가야시대 토기 배는 28센티미터이다. 고분에서 출토된 다른 몇 개도 역시 크기가 작다. 그러나 일본 미야자키 (宮崎) 현 고분에서 출토된 토기 배는 길이가 101센티미터나 된다.
　이 토기 배를 만든 사람은 배에 대해 자세히 알고 있었을 뿐 아니라 이 배가 말을 싣고 험한 파도를 넘어 수천 리 바다를 건너온 것을 알고 있었던 것 같다. 참고할 자료가 많지 않으니 부여족의 항해는 이 배 모양 토기를 염두에 두고 상상력을 발전시켜 나갈 방도밖에 없다.
　일본 사서에는 4세기 정복자의 배가 폭풍을 만나 정복자의 두 형제가 물에 빠져 실종됐다고 기록돼 있다. 8세기에 와서 쓴 이야기에 이만큼 자세한 설명이 되어있는 것으로 보아 항해는 무척 험난했던 것 같다.
　부여-가야족이 말을 대동해 대담한 왜 상륙을 하기 이전인 서기전 3세기에서 서기 4세기에 이르기까지 600여 년에 걸쳐 한국에서 왜로 많은 사람들이 이주했음을 인정하자. 소수 집단을 이뤄 초기에 이주한 한국인들은 왜 땅에 마을이나 자치구를 만들고 그곳에서 원주민들보다 앞선 양

일본 규슈 다케하라(竹原) 고분 벽화. 5세기경. 항해해 온 배에서 말을 부리는 사람이 있고 공중에는 또 하 나의 커다란 천마가 그려져 있다. 한반도에서 건너가 왜에 들어온 부여족과 말을 그린 것이다. 동시에 천마의 개념도 따라왔다. 7개의 가지를 지닌 종려나무도 보인다. 사진 후쿠오카 현 미야와카교육위원회.

일본 미야자키 현에서 출토된 4~6세기의 토기 배. 부여인들이 말을 대동하고 한반도에서 왜로 타고 간 배를 이로써 짐작해 볼 수 있다. 이 토기 배는 지금까지 출토된 배 유물 중 가장 큰 것으로 길이 101cm이다. 이 시대에 사용된 상선이나 군선을 본딴 것으로 보인다. 배의 구조는 이중으로 갑판을 만들고 한쪽 끝에 문을 여닫을 수 있게 했다. 동물이나 가축을 운반하는 데 쓰였는지 알 수 없다. 미야자키역사관 소장.

가야시대 배 모양 토기, 높이15.5cm, 길이18cm, 호림박물관 소장.

잠술이나 도자기 제조, 논농사로 생활을 일구어갔다. 그와 함께 자신들의 종교이던 무속 신들을 받들어 그들을 모신 사당도 지었다. 이즈모 신사가 그 중의 하나이다. 이 신사는 일본 민족주의자들도 일본에서 가장 오래된 신토 사당임을 인정한다.

지금 하는 이야기는 『일본서기』에 세 갈래의 맥락으로 나타나 있는, 당시의 대규모 '외적 침입'에 대한 것이다. 세 갈래의 맥락이란 제1대 일본 왕으로 알려진 진무, 해의 여신 아마테라스 오미카미의 맹렬한 오빠인 바람의 신 스사노오 미코토, 그리고 왜에서 신라, 가야로 항해했다고 일본에 알려져 있는 진구왕후를 말한다.

그러나 진구의 항해는 『일본서기』가 말하는 것과 정반대로 가야에서 왜 땅으로 향했던 것이며 이 담대한 한국 여성은 일본에서 왕의 가계를 장악해 일본 전역을 통일한 최초의 부여족 왕 오진과 닌도쿠를 배출했다.

일본 고고학사에는 부여족의 도래 이후 강력한 중앙집권의 한국왕조

분위기를 감지케 하는 거대한 봉분의 매장제도가 등장한다. 말은 이들 거대 고분의 중요한 부장품이 되었다.

그렇다면 고대 한국인들은 어떤 구체적 방법을 동원해 배에다 말을 실어 일본 땅까지 수송하고 그 지역을 정복, 일본의 고고학 유물을 갑작스럽게 변화시켰던 것일까?

4세기 부여족의 항해선단은 전투용 배와 식량과 물 등 보급품을 실은 병참용 배 두 종류로 구분돼 있었을 것이다. 배는 20미터 이상 크지 않았으리라 보이며 한 척에 최대한 말 15마리와 기병, 마부 15명, 수병 3명이 함께했을 것이라는 계산이 나온다. 여기에 식량과 마실 물을 선적할 공간이 따로 마련돼야 했다. 안전한 항해를 기원해 용왕에게 바치는 상징적 예물도 실려 있었을 것이다.

항해중의 말에게는 한 마리당 기병 한 사람씩이 배치돼 이 성질 사나운 짐승을 돌봤을 것이다. 말은 머리부터 발끝까지 꽁꽁 묶어서 날뛰지 못하게 했다. 말 두어 필 당 시중꾼 하나가 말의 오줌 똥을 치우는 것 같은 잡역을 떠맡았을 것이다. 배의 항해를 책임지고 노 젓는 일에는 한 척당 최소한 네 명의 인력이 필요했다. 거기에다 상륙시 기병들이 말을 부릴 때 이들을 엄호하기 위한 사수나 보병 4,5명이 더 있어야 했다. 실제로 전투선은 적어도 20-25미터 길이에 폭 4미터 가량 됐으리라는 계산이 나온다.

보급품으로는 배 한 척마다 사람 수에 맞춰 하루 항해에 필요한 쌀 등의 곡식 2홉, 채소 5백 그램, 물 5백 그램 정도를 실어야 했다. 말은 하루에 2리터의 물을 마셔야 한다. 배에 타고 있는 동안 말 먹이로 하루 1킬로그램 남짓한 곡물과 사람이 먹다 남긴 채소나 먹고 움직일 만큼의 무 따위가 필요했다. 말은 풀을 먹지 않으면 물도 그렇게 많이 마시지 않는다. 그렇지만 곡물만 먹게 되면 섬유질 사료가 반드시 필요하다. 비상시 얼마 동안은 말에게 곡물만 먹여서 배설물의 양을 줄일 수 있다.

정복군에 앞서 척후대가 먼저 현지로 갔다. 이미 왜 땅에 정착해 있던 한국인 마을이 교두보로 이용됐을 것이다. 서기 220~265년간의 중국사서『삼국지(三國志)』「위지(魏志)」에 의하면 왜에는 이때 100여 개 부족사회가 있었다. 즉 한반도에서 온 부여-가야 기마족에 대항할 만한 강력한 지도자가 없이 소규모 부족사회가 산재해 있었던 것이다. 하지만 한반도에서 온 기병 전사들이 진실로 우수한 집단이었다면 그들은 뱃머리를 상륙용으로 경사지게 설계했을 것이다. 과연 토기 배에는 이런 흔적이 보인다.

배가 일단 해안에 닿으면 말들은 별 수 없이 무장 안 된 상태로 물속을 헤엄쳐 나와야 했을 것이다. 대마도는 중간 기착지로서 선단은 이곳에 들러 말을 운동시키고 쭈그리고 있던 사람들도 몸을 풀 여유를 가졌다. 물론 물도 갈아 넣고 식량도 보충했다. 대마도(對馬島)라는 이름은 의미심장한 것이다.

상륙지에서 먼저 적의 저항이 없었다면, 기병들은 맨 먼저 말을 끌어내 말 갑옷으로 무장시킨 다음, 자신의 무장을 갖추고 나서 전투가 벌어질 장소로 이동했다. 해안에서 적의 저항을 받는 경우에는 말을 내려 절대적으로 필요한 절차인 말을 무장시킬 동안 배에 남은 군사들이 불을 먹인 화살을 쏘아 이들을 엄호했다.

해안에 상륙한 기마병들은 긴 줄을 이뤄 돌격하면서 변변찮은 무기를 들고 모여서 대항하는 보병 원주민들을 대량 살상할 수 있었다. 말이 발목을 다치면 무용지물이 되기 때문에 뱃전을 뛰어넘지 못하게 하고 대신 뱃머리를 비탈지게 하여 내리거나 아니면 배 안에서부터 완전무장을 한 채 기병이 타고 내려 적진 한가운데로 뛰어듦으로써 적을 심리적으로도 제압하는 효과를 냈다. 앞머리가 경사진 상륙용 램프로 이루어진 배

408년의 고구려 덕흥리고분 벽화의 행렬도. 창과 활을 들고 갑옷으로 무장한 기마병과 말 갑옷으로 무장한 말의 대열이 보인다.

4세기말 고구려 무용총 벽화의 수렵도. 말 잘 타고 활 잘 쏘는 부여-고구려족의 대담함이 느껴진다.

라면 기병은 첫 말부터 미리 무장시켜 날쌔게 몰아나갔다는 얘기가 된다. 앞 말이 나가면 뒤에 내릴 말들도 속속 상륙준비를 갖추어 따랐다.

부여기마족들이 무장을 하고 말을 달려 질주해 오는 광경은 일찍이 일본에서 보도 듣도 못하던 일이었음을 쉽게 상상할 수 있다. 고대사에 있었던 전차부대 정도의 위력 같다고나 할까.

말은 파도를 싫어하기 때문에 배안에서 파도에 시달리며 7~10일간 꼼짝 못한 채 처박혀 있다 보면 뭍에 닿기를 고대하기 마련이다. 규슈의 한 고분 벽화에는 항해중인 뱃전에 새가 앉아있는 그림이 있다. 일본으로 간 부여족의 항해를 입증하는 기록이다. 역사서에는 이때 바다에 폭풍이 일었는데 세발 달린 까마귀가 나타나 진무왕이 탄 선두의 배를 일본 본토로 인도해갔다고 적혀있다. '정복자' 혹은 '신성한 진무천황'이 이때 두 형제를 잃었다고 한 것으로 보아 상당수의 배와 말이 함께 망실되었을 것으로 짐작된다. 얼마만한 규모의 기병들이 일본 본토 공략에 가담했었는지는 가늠하기 어렵다. 이 부여족 원고의 공저자인 나의 아들 앨런 코벨은 기병 500과 보병 700 명 정도가 한국에서 와서 규슈에 상륙했으리라 보고 있다. 이 정도 병력이면 당시 일본을 정복하기엔 충분한 규모였다. 노비는 부여족이 전장에서 사로잡은 사람들로 충분히 확보할 수 있었던 것이다.

일본 원주민들은 이때 청동기 초기와 철기시대 양식에서 벗어나지 못하고 구식 무기인 창 정도를 든 보병이 고작이었기 때문에 말 탄 부여족들은 이들 한가운데로 돌진해 눈을 후벼 파거나 목을 쳐서 실수 없이 정복을 이룩했다. 전쟁 포로들은 보급품을 나르고 다음 전투 준비에 동원됐다. 부여족은 전쟁 포로를 '인간 이하의 노비'라는 뜻의 '하호(下戶)'라고 불렀다. 그런데 일본인들도 제2차 세계대전 중 그들의 전쟁 포로를 역시 하호라고 불렀다. 흥미로운 사실이 아닐 수 없다.

## 부여족과 말

인류역사상 인간의 말 지배는 불의 발명에 버금가는 중요성을 갖는다. 특히 아시아 역사는 많은 부분이 말과 연관되어 있다. 369년 한반도에서 일단의 사람들이 바다를 건너 왜를 정복한 것도, 왜에는 말이 없던 차에, 한반도에 존재했던 말 덕분이었다. 넓은 바다를 가로질러 근대 품종의 말을 수송해 가는 일은 매우 어려운 일이다. 근대 들어서는 15세기에 스페인이 시도하여 남미대륙을 휩쓰는 힘을 과시했다.

피사로가 페루를 정복하는 불과 50마리의 말과 기병으로 족했다. 코르테스는 200명의 기병과 말로 멕시코를 제압했다. 이때 스페인 군사들이 미국대륙 원주민들이 써보지 못한 화약을 사용했던 것도 정복을 용이하게 한 요인이었음은 물론이다. 그보다 기마병의 존재는 화력을 쓰든 안 쓰든 보병을 제압하는 위치에 있었다.

369년 배를 타고 일본 규슈에 처음 상륙한 부여-가야 기마족은 전투용 말을 어디서 획득했던 것일까? 규슈를 비롯해 일본 본토의 서부지역 절반(혼슈)에 해당하는 땅을 정복하는 데 필요한 수의 말을 어떻게 배에 싣고 건너올 수 있었을까? 지금 '대한민국 코리아'로 일컬어지는, 그 당시 한반도에 거주하던 이 기마족 한국인들은 도대체 누구였더란 말인가?

'일본'이라는 이름이 생겨나기 훨씬 전, '고요한 아침의 나라'라든가, '해 뜨는 나라'라는 개념이 생기기도 전에 이들 땅에서 살던 이들은 누구였던가?

오늘날 그 당시 기마족들이 어떻게 생겼으며 어떤 옷들을 입었고 정복을 목표로 만들어 타고 간 배의 모양새와 사용한 무기 등에 대한 의문점들이 상당 부분 밝혀지고 있다. 4~6세기에 걸치는 유물 다수를 통해 볼 때 일본의 고고학은 여지없이 한국 땅을 근원지로 가리키고 있고 '삼국'이라고 일컬어지는 당시 한반도 거주자들을 나타내고 있다.

369년 한반도 부산 근처 김해에서 떠나온 사람들은 한국인 무녀 왕녀 신공(진구왕후)이 이끄는 무속의 특권적 소명의식을 지닌 사람들이었다. 이 여성에 대한 8세기 일본 역사서의 기록은 그녀가 신과 소통하는 능력이 있었으며 신들로부터 한국에서 '바다 건너 땅(왜를 말함)을 정복하라'는 계시를 받았다고 되어 있다.

대륙에 보편화된 철기에 힘입어 신예 무기를 갖추었을 뿐 아니라 '네 발 달린 탱크' 격인 말을 소유한 군대를 왜 땅의 비무장 보병들이 막아내기엔 절대 역부족이었다.

부여족은 쉽게 이 지역 지배계층으로 자리 잡았다. 언제 어디서나 최첨단의 무기와 전술을 구사하는 자는 양적인 숫자에 상관없이 적을 물리치고 승리한다는 것이 고금의 역사를 통틀어 숱하게 입증된 사실이다.

이때 부여-가야인들이 싣고 간 말은 오늘날에 보는 몽골말에 가까운 땅딸막하고 몸통이 넓으며 참을성이 강한 말이었다. 그러한 사실은 당대 '기마족 침입자'의 우두머리들(일본의 왕이 된 사람들) 무덤을 지키는 수많은 말 모양 토우 하니와(埴輪)를 보면 명확해 진다. 일본에서 출토된 관(冠)에는 이런 종류의 말 모습을 여실히 보여주는 것이 있다. 지금의 도쿄 부근에서 출토된 이 금동관은 부여-가야 기마족의 행동반경과 힘이 어디까지 미쳤는지를 증명해주는 자료이기도 하다.

한국사에서 말이 차지하는 중요성은 경주 고분을 통해서 입증되었다. 또한 일본사를 바꿔놓은 말의 중요성도 5세기 이후 일본 고분의 부장품이 그 이전 초기 무덤의 부장품과는 아주 다른 것이라는 사실로 증명된다. 그 이전 일본 고분에는 한국 또는 중국에서 들여온 청동거울을 부장품으로 묻었다.

그러다가 서기 400년 이후의 고분에서부터 갑작스럽게 마구(馬具)들이 출토되기 시작했다. 말굴레, 손잡이 달린 금속제 칼 등 일본 고분에서 출토된 이런 유물은 현재 경북대박물관에 소장된 대구 근교의 출토품들과 완전히 똑같다. 당시 일본에서 그런 무덤을 마련할 수 있었던 지배계층은 단연코 새로운 철기술과 기병술을 도입한 사람들이었다.

신라의 일본 정착지 이즈모에 거주했던 신라 뱃사람들, 어부들은 3세기까지 일본 북방 및 중앙 해안지대를 지배하고 있었다. 또한 400~500년에 걸쳐 일본의 왕이 된 기마족의 무덤에서 나오는 부장품은 대구에서 낙동강을 따라 부산까지 뻗쳤던 가야지역 출토품과 흡사한 게 많다.

미국의 웬만한 박물관이나 파리의 박물관 일본실에는 몽골 조랑말 형태를 한 하니와 토기가 반드시 진열돼 있다. 진흙으로 빚은 말 재갈, 고삐, 말방울, 높이 올린 말안장 같은 것들이 붙어있는 이 하니와 말은 일본 고분 출토품으로 일본학자들의 '결코 정복된 적 없다' (물론 1945년 이전에 한해)는 자랑을 떠올리게 하지만 일본 초기 역사를 아는 사람들에게 이 말은 '역사 기록이 남기 시작한 시대 이후'로나 고쳐 써야 할 것으로 보인다. 그 이전 일찍이 왜를 정복한 것은 분명히 369년 '금의 바다 김해(金海)'를 떠나온 야심만만한 일단의 한국 기마족이었다.

부여기마족의 일본 정벌을 뒷받침하는 것으로, 『삼국지』「위지」에 '3

일본 고분시대의 하니와 토기 인물상과 말.

세기 왜국에는 말이 없었다'고 했다. 3세기경에는 배가 작아서 말을 실을 수 없었거나 상인들이 난관을 무릅쓰고 배에다 말을 태워 원거리로 가져다 팔기가 그다지 내키지 않는 것이었을 수 있다. 그러다가 4세기 부여기마족이 왜에 들어온 뒤 갑자기 말은 무덤의 부장품이 되고 벽화에 말 그림이 그려지고 토기 말이 빚어지는 등 일본 예술의 중요한 주제가 되었다.

4세기 고분 벽화에는 말과 함께 배가 그려져 있는데 사람이 배를 젓고 있거나 노가 달려 있는 정도의 단순한 그림이다. 후기의 그림에는 말이 배에 실려 있거나 내리는 장면 모두가 그려져 있다. 이들은 부여기마족의 침입을 말해주는 것이다.

부여기마족은 100여 년이 넘게 왜국의 지배자로 군림하면서 일본역사에 무슨 영향을 끼쳤던가? 중요한 것은 통일에 따른 안정이었다. 강력한 군벌의 지배는 영토 전역에 단일 집권체제를 실시하여 보다 평화로운 상황을 가져왔다. 부여족은 발달된 무기류를 가졌던 만큼 중요한 기술의 진보가 이루어졌다. 마구 제작은 대단히 중요한 금속공예였다. 건축에서도 부여족은 무덤 주위를 물도랑 해자로 겹겹이 두른 거대한 능묘 매장제도를 행했다. 능 주변을 토우로 둘러 장식함으로써 일본의 토기 발달이 이루어졌다. 도기 제작에서 한국은 일본보다 선진국이었다. 도자기 빚을 때 쓰는 회전판과 물레의 도입은 그 당시 왜의 야요이 토기에 자극이 되었다. 이 모든 것이 2000년 전에 일어난 일이다.

  그 뒤 일본으로 건너간 한국인들은 지금도 일본에서 쓰이는 오름가마(登窯)를 소개했고 4세기 후반에는 한국에서 온 새로운 타입의 받침대 있는 가야토기가 일본에서도 중요한 비중을 차지했다. 이것이 일본의 스에키(須惠器) 경질토기로, 이 귀족적 토기는 일본이 또다시 한국으로부터 새로운 기술을 받아들일 때까지 1000년간 줄곧 쓰였다.

## 페르가나의 말과 천마

한국의 고고학과 역사는 한반도에 일찍이 두 종류 말이 존재했음을 밝히고 있다. 몽골말이 땅딸막하다는 것은 누구나 아는 사실이다. 그러나 경주 제155호 고분 천마도의 천마는 몽골말과는 달라 보인다. 여기 그려진 말은 긴 다리, 아름답게 곡선을 그리고 내려온 목덜미, 처지지 않고 하늘을 향해 솟구친 꼬리를 하고 있다. 천마도의 천마가 실제 말을 그린 것인지, 아니면 이상적인 표현으로 미화된 것인지, 확실히 알 수는 없다. 그러나 그처럼 날렵한 말은 틀림없이 신라 무속왕의 것으로 한반도에서 그같은 말은 매우 귀했을 것으로 보인다. 실제의 말이었다면, 그 조상은 아라비아 종으로 13핸즈(역자 주; hands는 땅바닥에서 말 등까지 말의 키를 손바닥 폭으로 재는 단위. 1 hands는 4인치.)를 넘어선 16핸즈의 말이다. 그처럼 훌륭하고, 우아하고 힘차 보이는 말은 대체 어디서 온 것일까?

4~5세기 한국의 무속적 지배자들이 지녔던 천마의 근원이 어딘지는 불가사의로 남아 있었다. 그러나 오늘날 어느 정도 이것을 파악할 수 있게 되었다. '천마'는 신라금관의 무늬가 유래한 곳으로부터 온 것으로 보인다. 승국의 한 부제(漢武帝)가 재위한 서기전 141~87년 간에 벌인 두 가지 업적에서 이 일의 실마리를 풀 수 있을 것이다.

무제는 중국말의 품종을 개량하고 싶어해 군사들을 페르가나(역자 주; 아프가니스탄 국경 너머 우즈베키스탄 동부, 타지키스탄에 걸친 지역. 중국에서는 대완국(大宛國)으로 불렸다)로 파견, 오늘날의 아라비아말과 연관된 품종인 핏빛 땀을 내며 질주하는 기마를 확보토록 하였다.

2005년 아프가니스탄 수도 카불에서 말을 달려 승리를 겨루는 축제에서 질주하는 말들. 페르가나 말과 기마인의 모습이 짐작된다. 사진 연합뉴스.

5세기의 신라 회화로 그 출토가 너무 극적이라 이름 또한 천마총으로 명명된 고분 출토의 이 천마는 일찍이 중국의 한 무제가 그처럼 우아하고 빨리 달리는 종의 말을 구하려고 수단 방법을 가리지 않았던 시점에서 500년 후에 그림으로 남은 것이다. 이 당시를 말해주는 한국의 고대 역사서는 남아있지 않지만, 한 무제의 말 이야기는 사마천의 『사기(史記)』에 기록된 바 있다.

서기전 138년 한 무제는 서방의 흉노족을 정찰할 사자(使者) 장건(張騫)을 서역으로 보냈다. 장건은 서역에서 흉노족의 포로가 되었다가 12년 뒤에 돌아왔다. 그는 흉노와의 동맹을 이끌어 내는 데는 실패했으나 놀라운 정보를 입수해 왔다. 그의 견문록 일부는 다음과 같다.

그곳 페르가나 오랑캐들은 포도를 재배해 먹으며 아주 뛰어난 말을 기른다. 핏빛 땀을 흘리는 이들 한혈마(汗血馬)는 천마의 혈통을 이어받은 말들이다.

말 중의 말, 최고의 훌륭한 말로서 이미 천마가 거론되고 있었던 것이다(그리스신화에 나오는 날개 달린 천마 페가수스도 이와 같은 것으로 칠 수 있다). 피 같은 땀을 흘리는 페르가나의 뛰어난 말, 천마는 한 무제의 정열이 되었다. 그는 어떻게 해서든 이들 말을 갖고 싶어했다. 결국 군대를 풀어 흉노족을 몽골로 내몰고 감숙성 지역을 통과하는 길목을 차지, 서역으로 이어지는 길을 지니게 됐는데 이것이 바로 유명한 실크로드이다.

핏빛 땀을 흘리는 페르가나의 한혈마에 대해 설명하자면, 이 말은 피부 밑에 서식하는 균들이 있어 달리면서 땀을 흘리는 것이 마치 피를 뿌리는 것처럼 보이기 때문이다. 이 때문에 더욱 빨리 치닫는 것처럼 보이기도 했다. 중국에서 온 사자가 말 무게만큼의 금을 주겠다는 데도 페르가나의 통치자는 이 귀한 말을 팔지 않았다. 그러자 6만 한나라군은 페르가나의 식수원을 끊어놓는 데 성공, 갈증을 이기지 못한 페르가나군은 항복했다. 핏빛 땀을 흘리는 최고 우량 종마 30마리와 여타 말 3000필이 한나라에 귀속되었다. 서기전 102년의 일이었다.

페르가나의 한혈마는 오늘날 어떻게 알려져 있는가? 한 무제가 군사 5만 명을 희생시켜 가며 서역에서 얻어낸 말은 반아라비아말이라고 할 수 있다. 이들 말은 처음엔 짙은 밤색이다가 점점 밝은 색으로 착색되어간다. 순백색 아라비아말은 아주 드물지만 점박이나 얼룩말은 많다. 이들이 공중으로 차오르듯 질주하는 모습은 하늘을 나는 것처럼 장관이다. 보통 말들은 꼬리를 아래로 내려뜨리지만 아라비아말은 하늘로 감아올린다. 경주 천마총 천마의 말꼬리가 위로 솟구쳐 있음을 생각해 보라.

이후 수세기가 지나면서 중국 왕실의 말은 중국미술사에서 보는 개량종으로 바뀌어갔다. 땅딸막한 몽골말은 점차 이상적인 질주마의 형태로 닮아가고 있는 것이다.

그러나 부여·가야 기마족들이 일본에 실어간 전투용 말은 당시 한반도의 일상용이던 몽골말이었다. 그러나 부여족은 통치자용의 천마도 그 개념을 지니고 갔다. 땅을 밟을 필요가 없이 하늘을 나는 천마는 부여·가야족 통치자 오진, 후일 진무천황으로도 불리게 된 왕을 위한 것이었다. 한국 무속의 '천마(天馬)'와 '일본 건국의 아버지'로 불리는 자와의 묘한 결합은 별도의 설명이 필요하다.

108년 한 무제는 한사군을 설치했다. 그러나 페르가나의 말이 이로 인해 곧바로 한나라에서 낙랑에 수입된 것은 아니라고 생각한다. 경주 제155호 고분의 말은 오히려 다른 경로를 통해 들어왔다고 본다.

기록에 의하면 부여왕 위구태(尉仇台)가 이 중국 황제를 만났다. 부여족은 당시 선비족과 고구려 양쪽으로부터 공격을 받고 있었으므로 중국과 친선관계를 유지하려 했다. 부여의 지배층은 한나라 수도 낙양성에서 이 놀라운 말을 목격했을 것이다.

페르가나의 말은 시베리아 초원지대를 거쳐 온 천마의 전설에 꼭 맞아 떨어졌다. 3세기, 아니면 늦어도 4세기 후반 부여는 페르가나의 말 여러 필을 확보했으며 무속신앙의 부여왕이 천계를 나는 데 이 말이 사용됐다.

한나라가 망한 뒤 313년에는 한사군도 부여 군사들과의 접전에 시달리다가 망했다. 326년 선비족의 침략으로 패망한 부여족의 일부는 남쪽으로 내려와 이미 남하해 있던 낙랑일족과 합류했던 것으로 보인다. 이들의 이동 상황은 확실히 밝혀지진 않았지만 부여족들은 피신할 때 페르가나 말을 대동하고 남하했음이 분명하다.

페르가나는 서기전 102년 함락되어 없어졌으나 그들의 훌륭하고 힘차며 나는 듯 질주하는 천마는 중국에 남았다. 부여가 이들 말을 확보하고 있었다면 남으로 이동할 때 당연히 데리고 나왔을 것이다. 이 말은 너무나 귀한 것이었으므로 오로지 왕만이 소유할 수 있었다. 경주 제155호 천마총의 천마는 상류계층의 말이 점진적인 우량종으로 개량되면서 형

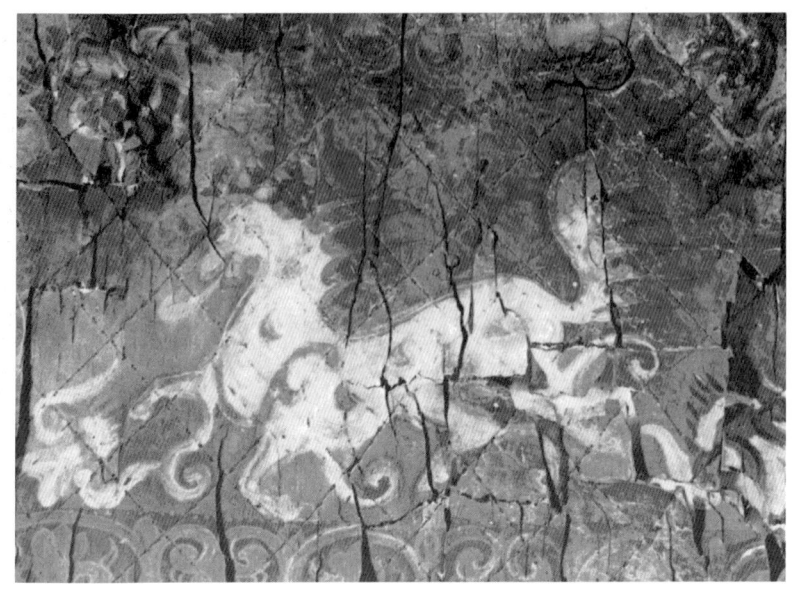

경주 천마총에서 발굴된 천마도의 천마. 이 말은 분명 몽골말은 아니며 치달을 때의 모습이 마치 하늘을 나는 것처럼 아름다운 아라비아산 백마로 그 옛날 페르가나의 종마가 유입된 것으로 추측된다. 국립중앙박물관 소장.

성된 진짜 말을 그린 것으로 보인다. 369년 부여족들이 일본정벌을 위해 바다를 건너갈 때도 이 말을 가져갔으리라 생각한다.

20세기 히로히토 일왕의 '성스런 백마' 또한 페르가나에서 핏빛 땀을 내는 말을 쟁취했던 한 무제로부터 재차 부여기마족의 일본 정벌을 통해 전래된 것이 아닌가 생각해 본다.

# 2 바다 건너 왜로;
부여기마족의 왜 정벌

## 쓰루가의 한국인 자취

한국인들은 쓰루가(敦賀)란 지명을 들어본 적이 거의 없을 것이다. 그러나 고대에 이곳은 매우 중요한 곳이었다. 1500~1600년 전 한국 땅을 떠난 사람들은 일본 서부의 이곳 쓰루가에 배를 대고 왜 땅에 들어와 정착했다. 일본인들도 이곳을 통해 한반도의 문명이 일본에 전파되었다는 사실을 모른다.

그 옛날 부산 김해항을 떠난 한국인들은 우선 북규슈를 거친 뒤 왜국 내륙으로 들어가 야마토 지방에 정착했다. 후쿠이(福井) 현 쓰루가는 위도상 부산의 동쪽에 마주해 있다. 북대서양과 동해의 해류를 타고 한반도를 떠난 배는 자연스럽게 북쪽으로 올라갔다가 다시 조류를 타고 내려와 쓰루가에 닿게 된다. 이 일대에서는 일본 제일의 항구로 꼽힌다. 삼면이 산으로 에워싸여 있고 수심이 깊은 만이라 큰 배가 들어올 수 있기 때문이다.

미국인 최초로 한국사(그리고 일본사) 『은자의 나라, 조선(Corea, the Hermit Nation)』를 쓴 그리피스(William Elliot Griffis)는 1880년대에 처음 일본에 갔을 때 이곳 쓰루가에 오게 되었다. 그리피스가 쓴 책의 앞부분에는 그가 어떻게 만을 너머 들리는 명랑한 종소리를 알게 됐으며 그곳에 애초부터 있던 두 개의 무속사당이 신공왕후(진구)와 그의 휘하 장군 다케우치노 스쿠네(武內宿禰)를 받드는 신토 신사로 바뀌었는지가 쓰여있다. 다케우치노 스쿠네는 '용감한 큰 곰(역자주; 『고사기』를 영역한 도널드 필립은 무내숙니를 Old Valiant Bear Lord로 해석했다)'이란 의미로, 이름에 내포된 고마, 혹은 곰이란 말은 그의 조상이 부여-고구려 사람임을 말해주는 것이다.

위의 두 사람이 한 사당에 같이 봉안된 사실은 매우 흥미롭다. 내가 조

1593년 일본이 가져가 후쿠이 현 조구(常宮) 신사에 안치된 신라 흥덕왕 8년(833) 경남 진주 연지사(蓮池寺)의 안해애(安海哀)가 주조한 동종. 현재 일본의 국보이다. 전체 높이 111cm, 입지름 66.3cm, 사진 최응천.

사한 바로는 두 사람은 비밀의 연인관계로서 신공왕후는 왕족 여성이고 다케우치는 고령가야 출신의 장군이었다. 그들 사이에 낳은 아들이 바로 일본의 제 15대 왕이자 부여기마족의 일본 통치 초대 임금인 오진이다. 369년 신공은 부여족뿐 아니라 백제, 가야, 신라의 모험적인 전사들을 거느리고 바다 건너 왜로 떠났다. 말을 대동해 떠난 전투 선단은 한반도 남쪽 항구에서 출발했다. 일부는 후사를 위해 한반도 본토에 남았다.

쓰루가에는 이곳에 상륙한 잊지 못할 두 사람에 대한 많은 전설이 전해 내려온다. 그리피스가 말한 종(鐘)은 쓰루가 시 조구(常宮) 신사에 소장된 신라종인데 물론 일본이 한반도에서 탈취해 가서 일본 절이나 신사에 걸리게 된 수십여 개 한국 청동종 가운데 하나다.

4세기에 왜로 떠난 한인들은 농부가 아닌 상류계층의 인물들이었다. 쓰루가에는 지금도 농부와 그보다 앞서 이주해온 어민, 뱃사람간의 싸움을 되살린 신토 무속축제가 있다. 매년 정월 대보름날 열리는 행사인데 흡사 전투와도 같은 양상을 띠었다!

양측에는 각기 받드는 신이 있다. 신토에서 유래한 신들이다. 농민측의 다이고쿠(大黑) 신은 농민에게 풍년을 가져다 주는데 잘 먹어서 뺨이 불룩한 얼굴에 양팔에는 쌀이 가득 담긴 가마니를 안고 있다. 에비쓰(惠比須) 신은 바다에 의지해 사는 어민, 뱃사람, 항구 사람들의 수호신으로 바다에서 나는 산물, 큰 도미를 꿰어 든 낚싯대를 높이 쳐든 모양이다.

오후가 되면 마을 젊은이들은 다이고쿠 혹은 에비쓰처럼 보이는 옷과 가면을 쓰고 나온다. 농민과 상인이 편을 가른다. 줄다리기를 할 굵은 동아줄이 미리 준비돼 있다. 청년들이 가면을 쓰고 쓰루가의 거리 곳곳을 행진하고 난 다음, '전투' 같은 줄다리기가 시작된다. 에비쓰 편이 이기면 물고기가 잘 잡힐 것이라 하고, 다이고쿠가 이기면 농사가 풍년 들겠다고 한다. 오직 역사가들만이, 이들의 상징적 줄다리기 싸움에 감춰진

가야 토기. 국립김해박물관 소장.

부여족이 왜에 건너간 뒤 가야 토기와 비슷한 모양으로 발전된 일본의 스에키토기. 동경국립박물관 소장.

역사적 진실, 1500~1600년 전이나 그보다 더 오래전 한반도를 떠나 왜국 땅으로 새 삶을 찾아 온 개척자들이 그들보다 앞서 자리잡고 살고 있던 사람들과 벌였던 실전을 깨달을 뿐이다.

　일본 역사서는 이러한 사실을 기록하지 않았지만 일본에서 출토되는 토기유물엔 그 자취가 남아있다. 서기전 200년 경부터 서기 250년 사이에 만들어진 야요이(彌生)토기를 보면 한반도에서 쓰던 물레와 회전판이 비로소 수입되어 쓰였음을 알 수 있다. 또한 한국 부산 근처 고분에서 출토되는 김해토기와 같은 경질토기의 제작기법도 들어왔다.

일본에서 출토되는 스에키토기는 대구, 고령 일대에서 출토되는 가야토기의 완전한 복제품이다. 가야토기는 부산대박물관과 진주박물관(김해박물관으로 옮김)에 훌륭한 소장품들이 많다. 긴 목과 나팔꽃처럼 퍼진 밑바닥, 귀신이 제기에 접근하는 세모, 네모 또는 다른 모양의 가파른 수직 상태로 뚫린 구멍(역자 주; 이런 구멍은 받침대에 숯을 넣고 그릇의 음식을 데울 때 공기가 통하도록 하는 환기창이었으리라 생각한다. 현대의 신선로 그릇 받침대를 보면 명확해진다) - 같은 이런 요소는 김해토기와 스에키토기 모두에서 볼 수 있다.

신공왕후와 무내숙니는 왜를 정벌하러 올 때 군사뿐 아니라 도공들도 대동하고 온 것이다. 전쟁이 나면 통치자들은 전쟁에 임하기 전 하늘에 제사지내기 위한 제기용 토기를 빚었다. 일본 역사서가 감추고 있는 부분은 고고학자들이 발굴해 낸 토기 형태를 통해 구체화된다.

나는 1960년대 어느 날 한반도를 마주보는 일본 서해안 후쿠이 현 최북단의 가파른 어촌 도짐보(東尋方)의 여관에서 보낸 밤을 잊을 수가 없다. 강한 바닷바람을 그대로 맞으며 파도에 씻겨 암석들이 기괴한 모양을 한 어촌 마을이었다. 화산의 절벽이 가파르게 90미터 높이로 솟아있어 거친 자연의 본색을 그대로 접할 수 있었다. 본토의 나라 교토의 안온한 지형과는 아주 다른 일본 북부지역은 접근이 제한된 곳이다. 5세기, 6세기, 7세기에 왜로 이주한 한국인들이 지금의 오사카 나라의 비옥한 지역에 정착한 것은 너무나 자연스런 일이었다.

## 신공왕후와 아리나례강

346년, 선비족의 침입으로 초토화된 조국을 떠나게 된 한 무리의 부여족이 지친 행색으로 한반도 남단을 향해 움직이고 있었다. 용맹한 부여족의 무리들로서, 적의 포로가 되어 끌려가지 않고 살아남은 왕족, 지배계급들은 순수 부여 왕통의 마지막 피붙이가 된 어린 공주 하나를 조심스레 보호하고 있었다. 계속 남쪽으로 나아가는 도중 낙랑에 예속됐던 용병들이 이들에 합류했다.

처음 몇 백 명에 불과했던 일행은 여자와 어린이까지 합해 긴 행렬을 이루며 역시 과거 북으로부터 난민들이 내려와 건국한 백제 땅을 향해 나아갔다. 이들에게 어린 왕녀의 존재는 신천지에서 삶을 펼쳐나가게 힘을 추슬러 줄 유일한 불씨였다.

부여족은 한반도 남단의 원주민인 농부나 어부에 비해 훨씬 전투적인 종족이었다. 백제 건국을 말하는 백가제해(百家濟海)(역자 주; 『수서(隋書)』 「백제」편에 있는 기록. 많은 사람들이(百家) 바다를 건넜다는 뜻)의 사실에서 일백의 숫자를 말하는 백가는 고구려를 떠난 백제의 시조들이 이끌고 온 추종자 무리를 가리킨다. 부여기마족은 소수로도 쉽사리 대규모 원주

357년 고구려 안악3호분 벽화의 행렬도 일부. 보병부터 기마병까지 각종 무기를 들고 갑옷 입은 전사, 의장대, 악대, 관리 등 2백50명의 인물이 높이 2m, 길이 10m의 벽에 웅장하게 배치되어 있고 중앙의 수레에 왕이 타고 있다. 재현한 그림이다.

민을 제압할 수 있었다.

백제의 근초고왕(近肖古王, 재위 346~375)은 북부여에서 남하하는 난민들에 대해 우려하고 있었음이 틀림없다. 이들을 왕의 계속되는 전투에 참여시켜 백제에 충성하는 신하로 붙들어 놓지 않는다면 북방에서 백제 영토에 와닿기까지 1천 수백 킬로미터의 고된 장정으로 난폭해진 이들과 정면 대립을 해야 할지도 몰랐다.

이들이 받들어 온 어린 왕녀가 하늘의 아들 해부루의 직계손이듯, 백제 왕가 또한 해부루의 자손이었다. 골육상쟁은 부여속 사회에 흔한 섯이지만 여자인 공주라면 경쟁 상대가 아니니 제거할 필요도 없었다. 오히려 정략결혼에 유용하게 활용할 수 있을 것이었다.

백제 왕실에 접수된 뒤 부여족은 '지도자'를 잃은 셈이었다. 어린 왕녀 신공은 무계(巫系)를 계승하지만 아직 어려서 신을 받을 수도 없었고 남자들을 이끌고 전쟁에 나갈 수도 없었다. 대부분의 부여 난민은 백제 근초고왕을 도와 마한(馬韓)정벌에 가담했다.

왕녀 신공이 성숙해졌다. 왕은 그녀를 직계혈속으로 잡아두느니 다른 정략을 구사하기로 했다. 왕비의 입장에서는 신공이 왕의 아이를 갖게 될 경우 왕권 계승에 경쟁자가 된다는 것을 생각해야 했다.

백제 왕국의 동쪽에 오래 전 건국된 가야연합이 있어 역시 천제(天帝)의 후손임을 내세우는 도시국가의 지도자가 통솔하고 있었다. 4세기 중엽의 가야는 중애왕(仲哀王. 역자 주: 『고사기』, 『일본서기』에 14대 주아이천황으로도 기록되고 있는 인물)이 집권하고 있었다. 젊은 신공이 중애왕의 비가 된다면 백제와 가야간의 평화적 유대는 보다 확실히 다져질 것이다.

모든 역사서에는 중애왕이 신공보다 나이가 많았다고 기록하고 있다. 신공왕후가 지금의 대구지방인 고령가야의 조정에 왕의 말년을 즐겁게 해줄 젊은 후궁이었다는 것은 의심할 여지가 없다.

압록강. 『일본서기』를 영역한 애스턴은 신공왕후 항목에 나오는 아리나례강을 조선의 압록강으로 해석했다. 이는 신공왕후가 한반도의 북방에 뿌리박은 조상을 두었음을 암시한다. 사진 연합뉴스.

그러는 동안 신공은 신내림을 받는 전통적인 무병을 앓고 드디어 신의 뜻을 읽어내는 능력을 갖추게 되었다. 이후 신공왕후는 신의 권위를 가지고 전투의 승리나 왕실의 비극 등을 예언하게 되었다.

중애왕의 비가 된 신공은 기쁠 리가 없었다. 늘그막의 중애왕은 대마도와 북부 규슈를 포함해 여러 지역을 잇는 느슨한 무역업에서 낙동강을 끼고 지금의 부산과 대구를 연결하는 선박 조직을 장악하고 있었다.

일본 나라 약사사(藥師寺) 소장 신공왕후상. 한국 왕녀 출신의 여걸이다. 믿을 수 없을 만큼 아름다운 왕녀였다고 역사는 기술하고 있다.

신공이 독자적으로 권한을 행사할 여지는 없었다. 앞날의 중요한 위상을 확보하기 위해서는 오직 왕의 아이를 갖는 방도밖에 없었다. 이 또한 쉽게 될 일이 아니었다. 720년의 『일본서기』에 따르면 50대 초반이던 중애왕에게는 왕위를 물려줄 적통의 아들이 둘이나 되었다. 새로 얻은 젊은 왕비에게서 또 후사를 본다는 것은 생각지도 않았다.

중애왕 휘하의 최고대신으로 '용감한 큰 곰 공(公)'으로 불린, 뛰어난 무인이자 무당인 무내숙니(다케우치노 스쿠네)가 있었다. 그는 고령가야의 장군으로 왕위 계승권이 있는 5명의 신분에서 한발 비껴난 6인자의 서열에 있었다.

이제부터 펼쳐질 역사에 이 최고의 신하이자 무속 제관인 무내숙니는 신공의 야심만만한 정벌계획에 참여할 뿐 아니라 그녀의 첫사랑이 되기까지 한 인물로 보인다.

서기 712년과 720년에 편찬된 두 일본 역사서 『고사기』와 『일본서기』는 중애왕의 죽음을 두고 다른 기술을 하고 있다. 중애왕은 천수를 마치지는 않았다. 그는 규슈 남부의 반란지역인 구마소(熊襲)를 평정하려는 중이었다. 『고사기』에 따르면, 중애왕이 그의 계획에 대한 신의 뜻을 알고자 점을 쳐 여러 신령을 청했을 때 신하인 무내숙니가 궁전의 의례장소에서 하늘의 뜻을 물었다고 한다. 무속적인 예언 점이었던 것이다.

신공의 입을 통해 내려진 신의 뜻은 중애왕으로 하여금 '금과 은이 가득 찬', '바다 건너 땅'으로 가서 정복하라는 명령이었다. 중애왕은 신들이 그를 속인다고 화를 내면서 예언을 곧이듣지 않았다. 『일본서기』에는 신공이 신의 영감을 받았으며 그녀의 목소리를 빌어 신은 다음과 같이 말하였다고 기록되어 있다.

내게는 이 (새로운)나라의 모습이 마치 천국 앞에 펼쳐 있는 것처럼 물속에 비쳐 보이는데 어찌하여 그대는 (정복할)그 같은 나라가 없다고 말하여 내 말을 욕되게 하는가? 왕인 그대가 그 같은 말을 하여 내 말을 거역하니 그대는 이 (새로운) 땅을 갖지 못할 것이어늘 그 땅은 이제 왕후가 방금 잉태한 아이에게 주겠노라.

미심쩍은 태도를 보인 중애왕은 새 영토를 갖지 못하고 대신 태중에 있는 아기가 사내아이로서 그 땅을 통치하리라는 예언이었던 것이다.

고령가야의 통치자인 중애왕은 절대군주라기보다는 엇비슷한 가야연합의 수장들 중 제일 강한 정도였다. 가야연합은 널리 분포된 소규모 해운 도시국가들의 집합체였다. 그는 아마도 힘이 달렸거나 그럴 만한 정벌 동기를 이끌어내지 못했던 것이다.

『고사기』는 중애왕이 신의 예언을 거부한 바로 그날 밤 가야금을 타다가 죽었다고 분명히 서술하고 있다. 그는 젊고 아리따운 아내 뱃속에 있는 아기가 장차 위대한 인물이 되리란 예언에 온통 불안해진 상태였다. 어떤 예언을 듣고 놀라서 죽게 되는 일은 중애왕이 처음은 아니었을 것이다.

그보다는 노인과의 결혼생활과 종속적인 처지를 지켜워하던 신공이 약을 탄 술 같은 것으로 중애왕을 죽이고 무내숙니에게 이 일을 수습토록 했으리란 게 보다 타당한 추측이다.

기록에 따르면 이들 두 사람은 중애왕의 죽음을 공포해도 괜찮을 때까지 상당기간 최대한 노력해서 비밀에 부쳐 놓았었다. 1년 뒤 이들은 규슈에 중애왕의 능을 조성했으나 애초에 어디에다 그를 매장했는지는 알려져 있지 않다. 일본 침략이 마무리된 뒤에야 중애왕은 고귀하게 추존되었다.

### 아리나례강을 두고 한 맹세

중애왕을 처치한 신공왕후와 무내숙니는 빨리 서두르지 않으면 안 되었다. 그들은 고령을 수도로 한 대가야 일대에서 바다 건너 왜를 정벌할 군을 징발했다. 또한 백제왕에게 사신을 보내 바다 건너 왜 땅을 정벌하여 백제의 속국으로 삼는다는 신공의 계획을 백제가 지원토록 하고 가야연합의 영토 또한 지배하에 둔다는 협의를 이끌어냈다.

『일본서기』는 신공이 이끄는 정벌군이 처음 고령(대구)에서 발진하여 남쪽으로 내려오면서 가야연합의 여러 도시를 지날 때 저항하는 일단을 동해안 지역으로 밀어붙였다고 쓰고 있다. 이러한 진군은 타당한 행로를 따라간 것이었으며 군사상으로도 성공적인 것이었다.

그러나 신공을 일본인으로 위장하기 위해서 일본 역사가들은 신공이 처음에 규슈에서 출발해 고령으로 갔다가 거기서 되돌아 다시 남쪽으로 밀고 내려왔다고 주장할 필요가 있었다. 다시 말하면 일본 사가들은 처음에 신공은 싸우지 않고 평화롭게 한반도 남쪽에서 위로 전진해 올라갔다가 코스를 되짚어 전투를 벌이며 내려왔다고 주장하는 것이다.

여기서 짚고 넘어갈 것은 5세기에서 6세기에 걸쳐 신라와 백제 양국이 모두 가야 영토를 차지하려는 전쟁을 벌인 끝에 궁극적으로 가야가 신라에 병합되었다는 사실이다. 8세기 일본 역사가들이 언급한 '신라'는 지리적 개념의 가야를 일컫는 것이다.

4세기의 가야가 후일 신라에 병합된 영토를 소유하고 있었다는 것은 일본 역사책에 나오는 신공왕후의 원정로가 근거를 갖게 된다고 볼 수 있다. 즉 '미마나(任那, 가야를 의미함) 정복'이라는 일본 역사가의 주장을 신공이 고령으로부터 남쪽으로 진격하여 백제 군사와 합류한 것으로 풀이하면 이치에 닿는 해석이 되는 것이다.

흥미로운 것은 신공의 조상이 광대한 압록강 너머 북방에 뿌리를 두고 있다는 암시가 『일본서기』에 들어있다는 사실이다(일본 역사가들이 미처 알아차리지 못한 부분인가?). 그 내용은 신공이 '신라왕'을 굴복시키자 신라왕은 '아리나례(阿利那禮)강이 거꾸로 흐를 때까지' 신공에게 복속할 것을 맹세했다고 하는 대목이다. 『일본서기』를 영역한 애스턴(W.G. Aston)은 한국의 민족주의를 도모할 아무 이유가 없던 입장에서 아리나례강을 현재 북한 국경의 서쪽 절반을 가로질러 흐르는 압록강으로 생각했다.

신공이 만일 정말로 왜 태생이었다면 아리나례라는 강 이름을 들어보기나 했겠는가? 무엇 때문에 신공은 다른 것을 놔두고 먼데 떨어진 이 북방의 강을 걸고 신라왕이 맹세를 하게 했던 것일까? '신라왕'은 동부여에서 가야로 남하한 부여족의 이야기에서 아리나례라는 강 이름을 들어 알고 있었을 것이다. 그 맹세는 후일 8세기에 이르러 '신라'로 이름 붙여진 나라의 왕과 신공이 공통의 전통을 누리고 있었음을 가리키는 것이다.

'압록강의 용왕'을 두고 했다는 이 맹세는 가장 강력한 것으로 압록강 용왕은 다른 어떤 강의 용왕에 비할 바 없이 강한 신이었음을 말해준다. 4세기 중엽 동북아시아에서는 무속, 샤머니즘이 지위 고하를 가릴 것 없이 모든 사람에게 공통된 종교였다.

## 신공과 '용감한 큰 곰' 무내숙니

 용감한 큰 곰 무내숙니 공을 최고 군사고문으로 거느리고, 백제로부터는 군사적 지원과 함께 장도(長途)에 대한 기대까지 받고 또한 신라의 도움을 받아 바다 건너 일본을 정벌하려는 신공의 계획은 순조로이 진행되었다.
 8세기의 두 일본 역사서에 따르면 "신라는 금과 은을 가득 실은 80척의 조공 배를 보냈다"고 한다. 이는 전적으로 수사적 과장에 불과한 기록이다. 많은 군사가 새로운 땅에 처음 상륙하는 거사에는 필연적으로 많은 배가 소요됐다. 이들 선단은 신점을 받고 무녀 왕녀인 신공왕후의 앞으로 태어날 아들이 지배할 땅을 정벌하러 가는 특별한 무적함대였다. 가야의 남자들은 뱃일에 능한 사람들이어서 신공왕후의 원정에 큰 도움이 되었다.
 모든 배(현대의 가라노(枯野) 배 치수에 기준하여)들이 말 20마리와 군사 40명, 대마도에서 물을 보충하더라도 원정기간 내내 필요한 물자를 한꺼번에 실을 만큼 큰 규모였다.
 절반의 배를 도중에 폭풍우로 잃거나 대마도에서 배가 묶인다고 가정하더라도 기마 전술에 무지한 일본 본토를 침입하는 정벌군에게는 아직도 많은 말과 군사가 있었다. 배는 상인들이나 바다 건너온 정착자들도 쓰던 것이었다. 신공왕후의 군사가 일본열도 상당 부분을 통일할 수 있었던 것은 이들이 기마 군사였기 때문이다. 이들에게는 새로운 영토를 정복해야 한다는 지상과제가 있었다.

『고사기』와『일본서기』는 모두 신공과 군대가 거의 아무 피해도 입지 않고 규슈에 도착했다고 쓰고 있다. 거기서 신공은 신이 예언한 대로 바다 건너 땅 일본을 지배할 운명을 타고 난 사내아기, 후일의 오진왕으로 알려진 아기를 낳았다.

### 가지가 500개 있는 자작나무와 애스턴이 말하는 한국 신

무녀 왕후 신공이 중애왕의 아이를 뱄노라고 했을 때 그녀가 내세운 왕권 계승의 땅은 가야가 아닌 '정복해 가질 새 땅'이었다. 신공이 아이를 출산한 것은 9개월이 훨씬 넘어서였다. 『일본서기』는 신공이 임신 10개월이 지나서야 분만했다고 적고 있다. 그녀는 자궁을 돌로 막아 출산을 늦추었다고 한다(오랜 세월 이어져 온 부여족의 돌에 대한 숭배를 나타내는 대목이다).

그러나 좀 더 사실적인 이유들을 생각해보면 다른 설명이 가능하다. 중애왕이 죽고 한 달 뒤 신공은 신의 뜻을 묻는 굿판을 베풀어 '정벌에 나서라'는 점괘를 받아냈다. 가지가 500개 달린 자작나무(사카키나무)의 혼이 무카쓰 여신으로 나타나 그녀에게 '바다 건너 새 땅'을 통치할 것을 명했다.

이 점괘 예언을 받는 굿은 7일 낮밤으로 계속되었으며 신공을 대동해 여기 참가한 것은 오직 용감한 큰 곰 무내숙니 최고 무당 대신과 의례의 집전자(나카토미(中臣), 이카쓰노 오오미) 뿐이었다.

500이라는 숫자는 시베리아의 무속에서 매우 중요한 의미를 가졌다.

터키와 시베리아의 신화에는 500개의 가지마다 20개씩의 잎이 달려 1만 개의 잎사귀를 가진 생명의 나무가 등장한다. 각 잎사귀는 인간의 운명을 결정짓는 힘을 가졌다고 믿는 것이다. 일본 신토에서 신성시되는 사카키나무가 500개의 가지를 가졌다는 것은 신공왕후에게 수많은 사람들의 운명을 좌우하는 힘이 있음을 암시하는 것이다. 일본 역사에서 신공왕후를 무적의 여걸로 취급하는 까닭이 여기 있다. 이 시대는 무속이 지배하던 때였다.

애스턴이 『일본서기』를 영역하면서 붙인 주석을 보면 신공에게 나타난 신은 자신의 정체를 일본 아닌 한국의 신으로 밝히고 있다. 신공의 굿에 나타난 또 다른 신은 하느님이라는 이름을 가진 한국 신이며 세 번째로 나타나는 신은 한국과 규슈 사이의 바다를 다스리는 신이었다고 한다.

높은 벼슬의 무내숙니는 중애왕의 죽음 이후 신공과 단둘이만 있게 된 기회가 잦았으며 달리 이들을 지켜본 사람들도 없었던 만큼 아기의 진짜 아버지는 중애왕이 아닌 무내숙니일 가능성이 높다. 그는 신공의 바다 건너 정벌 계획을 실제로 수행한 사람이었다. 그러나 중애왕이 제거된 이후에도 무내숙니가 정권을 잡을 수는 없었다. 그는 왕권 계승 서열에서 너무 멀리 비껴선 신분이었기 때문이다. 대신 중애왕의 친아들로 위장돼 있긴 해도 사실은 그의 아들인 오진이 은밀하게 왕이 될 수 있었던 것이다.

모든 기록은 다 같이 신공왕후가 '젊고', '믿을 수 없을 만큼 아름다웠으며', '능란한 무녀'였다고 강조하고 있다. 무내숙니는 여러 처첩에게서 아들을 낳아 후대에 6개 가문으로 분가했다. 신공은 무내숙니에게 여러 번 특별한 기용의 기회를 제공했다.

신공은 분명히 외강한 여성이었던 것 같다. 임신 4개월 때, '몸에 날개가 돋았다'고 알려져 나는 능력을 지닌 남자 무당을 제거할 수 있었다. 그 무당은 신공의 명령을 거역하고 백성을 약탈했으므로 신공은 그를 죽여버렸다. 『일본서기』에는 신공이 임신한지 열 달하고도 열나흘째에 오진왕을 낳았다고 적혀 있다. 중애왕은 그녀가 임신한지 한 달 닷새째 되던 날 죽었다. 이 사실은 『일본서기』 9월 8일 조에 다음과 같이 서술돼 있다.

여왕이 해산할 시간이 다가왔다. 자궁을 막느라 끼웠던 돌을 빼내며 다음과 같이 빌었다. '일을 다 끝내고 오는 날 이 땅에서 출산을 할지어다'

'돌'은 달걀 모양의 것이었다고 전해진다. 일본을 통치하기 위해 오진은 한국 땅이 아닌 일본 현지에서 출생해야만 했던 것이다!
중애왕의 두 장성한 아들 또한 왜로 건너왔다. 이들은 신라인 거주지 이즈모로 가는 길이었을 것이다. 규슈에 상륙한지 3개월 후 신공의 군대는 두 왕자의 군대와 맞붙게 되었다. 신공의 군대는 지금의 오사카 근방에 닿아서 무내숙니의 통솔 아래 두 왕자의 군사와 싸우기 위해 내륙으로 들어갔다. 신공이 낳은 아이는 무내숙니의 보호 아래 있었다.
초반에는 두 왕자 측이 우세했다. 그래서 신공의 군사들은 꾀를 내었다. 군사들은 머리 속에 여분의 활시위를 감추고 나무칼을 차고 강을 사이에 두고 대치한 싸움터로 나아갔다. 무내숙니는 왕자를 보고 말했다.
"나는 그대들과 싸울 이유가 없다. 원컨대 우리 모두 활시위를 끊고 칼을 던져버린 뒤 화해하자"
무내숙니가 군사를 호령하여 활줄을 끊고 칼을 강물에 던져버리자 이를 믿은 왕자의 군대도 똑같이 했다. 그러자 무내숙니는 다시 김추이둔 활시위를 메게 하고 진짜 칼을 꺼내 무장했다. 『일본서기』는 이들이 어디다 진짜 칼을 숨겨왔는지는 말하지 않고 있다. 말할 것도 없이 무내숙니가 이끈 신공의 군사가 승리했다. 적군은 모두 사망했다.

### 백제로부터의 선사품 칠지도와 칠자경(七子鏡)

백제 왕실이 왜에 보낸 선사품에 대한 신공 52년조 기록 중 가장 흥미로운 것은 근초고왕이 보낸 칠지도(七支刀)라 불리는 특이한 칼과 여러 가지 귀중한 물건과 함께 한 칠자경(七子鏡)이라는 동경이다. 흥미진진하게도 두 가지 물건은 지금 일본에 전해져 내려온다.

모두 일본의 국보로 지정되어 있으며 초기 역사에 기술된 대로의 모양과 연대가 분명하다. 『일본서기』에 따르면 칠지도는 백제 근초고왕 때인 372년 백제 사신 구저 등을 통해 왜에 전해졌다. 신공의 일본 정벌을 지원했던 근초고왕은 375년 사망했다.

일본을 통틀어 칼신 양옆에 6개, 모두 7개의 날이 붙은 칼은 현재 이소노가미 신궁에 소장돼 있는 이 칠지도 하나뿐이다(역자 주: 1935~1936년 부여 군수리사지에서 또 다른 칠지도 유형의 유물이 발굴됐다).

여기의 '칠지'는 무속 상징의 칠천(七天)세계를 나타낸다. 당시 백제의 왕이나 일본에 간 신공이나 모두 무속신앙의 열렬한 신봉자였다. 7이라는 숫자는 많은 부족이 믿고 있던 7천세계를 말하는 것이다. 이와 같은 예가 5세기 경주고분에서 출토되는 금관 대부분에서 볼 수 있는 '칠지'이다. 후일 한국과 일본은 모두 불교로 개종하면서 사람들은 한때 그렇게도 강한 이 같은 무속 상징을 잊었다.

여기서 지적되는 문제는 다음과 같다. 신공은 백제왕이 그녀의 장도를 축수하며 내린 선물인 이 칼을 실제로 지니고 정벌에 나섰던가? 칠지도에 쓰인 연대는 태　4년(太　四年; 학자들은 泰和 4년으로 본다), 369년이다. 또한 칠지도가 왜에 왔다고 하는 『일본서기』의 372년 기록은 정확

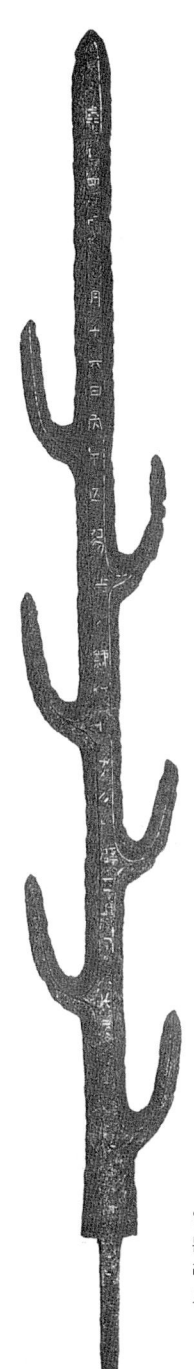

일본 하치만 신사에 소장된 인물화상경. 일본 국보 131호 동경(銅鏡)이다. 이 동경이 백제가 신공에게 보냈던 『일본서기』 기록의 그 거울인가?

일본 이소노카미(石上) 신궁에 소장된 칠지도. 『일본서기』에는 이 칼이 백제로부터 신공왕후에게 내려진 하사품임을 밝혀놓고 있다. 명문의 일부는 의도적으로 훼손된 것으로 알려졌다. 길이 74.5cm

한 것인가? 틀린 것은 아닐까? 아니면 이 칼은 신공이 성공적으로 일본을 정벌한 이후에 이를 인정하는 증표로 보내진 것인가? 천관우의 해석에 따르면 칠지도 명문의 뜻은 다음과 같다.

이 칠지도는 이를 지닌 사람에게 어떤 날카로운 적병이라도 물리칠 힘을 준다. 백제의 왕세자(근초고왕의 아들)가 369년 왜왕을 위해 백제왕의 상의(上意)로 이를 만들어 속국 왜왕에게 하사한다.

칠지도가 어째서 백제왕이 아닌 왕세자에 의해 만들어져 신공에게 내려졌는지는 두 가지로 설명할 수 있다. 당시의 백제 근초고왕은 고구려와의 전쟁으로 전장에 나가 있었다. 그는 남쪽으로 내려온 고구려군을 퇴각시켰으며 평양을 공격해 고국원왕을 살해했다. 4세기 후반의 백제는 가장 강성하던 시기였다. 신공이 통치하는 왜는 백제의 속국이었다.

일본학자들은 칼의 명문을 왜곡해 백제가 신공에 의해 통치되던 속국이었다고 해석하려 든다. 신공과 무내숙니는 일본의 한복판을 정벌하는 순간부터 논쟁 소지를 지니게 된 것이다.

와카야마(和歌山) 현 스다하치만(隅田八幡) 신사에는 일본의 국보 131호로 지정된 지름 20센티미터의 동경(銅鏡)이 소장돼 있다. 거울 뒷면에는 일본 건국신화에 나오는 태양신 아마테라스와 폭풍신 스사노오미코토의 관계를 말해주는 몇 장면이 새겨져 있다.

이 거울이 바로 백제 왕실에서 왜에 보낸 신공 52년 조의 그 거울 칠자경(七子鏡)인 것일까? 신공이 낳은 아들 오진왕이 나중에 이곳 하치만 신사에 군신으로 신격화되어 있다는 사실로 하치만동경의 존재 이유를 설명할 수 있는 것으로 보인다. 아니면 하치만 신사의 동경은 단순히 칠자경의 고대 복제품인가?

'양의 해' 계미년으로 나와 있는 명문의 한 구절은 서기 383년, 443년, 또는 503년에 해당하는 연도이다. 이중 가장 이른 시기인 383년은 신공의 섭정 시기가 일단락되고 아들 오진이 지배자로 즉위하려던 시기이다.

동경에 새겨진 48자의 한자는 해독하기 모호한 구석이 있다. 내용은 대략 다음과 같다.

'계미년, 대왕의 재위시, 남쪽에 있는 형제왕에게, 이시사카(意紫沙加)궁에서의 장수를 위해. 그가 두 사람에게 백동 200한(旱)으로 이 거울을 만들게 했다(癸未年 八月 十日 大王年 南弟王 在意紫沙加宮時 斯麻 念長壽 遣開中費直 穢人 今州利 二人等 取上同二百旱 作此鏡).'

폭풍신 스사노오가 저지른 나쁜 짓이 여기 새겨져 있다. 그는 얼룩망아지를 타고 태양신인 누이 동생 아마테라스의 전답을 가로질러 가고 있다. 다른 장면에는 아마테라스가 숨어있는 동굴로부터 그녀를 불러내려고 유혹하고 있다. 다음은 가슴을 드러낸 채 우스운 춤을 추어서 마침내 아마테라스를 동굴 밖으로 불러내는 장난기 많은 신이 그려져 있다. 춤추는 신이 긴 실에 꿴 곡옥을 손에 들고 있는 것이 분명하게 보인다. 또 다른 장면은 다리의 입구에서 가슴을 드러낸 또 다른 여성이 다리를 지키고 있는 남자를 놀래켜 손에 든 삼지창을 떨어뜨리게 한다. 다음 장면은 중앙 갈대평원에 강림하는 왕손 니니기가 그려져 있다. 스사노오가 머리를 쥐어뜯으며 추방당하는 장면도 있다. 공간을 어떻게 나누느냐에 따라 동경의 안쪽 선에 새겨진 장면은 5개 혹은 7개로 나뉘는 것이다.

일본이 주장하는 만세일계의 신화적 배경을 이루는 고대설화가 여기 동경에 확실하게 새겨져 있다. 일본의 왕권을 상징하는 삼종 신기(二種 神器)의 하나, 아마테라스의 성스런 거울이란 것도 이 동경과 같은 것인가?

하치만 신사에 봉납됐던 이 동경은 1872년 닌도쿠왕의 무덤이 무너졌을 때 나온 동경과 관련이 있는 것은 아닌가? 닌도쿠 왕릉에서 나온 수대경(獸帶鏡)은 현재 보스턴미술박물관에 고리자루 칼 등 다른 유물과 함께 소장돼 있다.

도대체 얼마나 많은 일본의 고대신화가 한국에서 비롯된 것인가?

(역자 주 : 1991년 원광대 소진철 교수는 「일본국 국보 스다하치만 신사 소장 인물화상경(人物畵像鏡)을 보고」란 연구논문을 통해 이 48자의 명문은 '백제 대왕년 계미년(서기 503년) 8월 10일 사마(백제 무령왕)는 의자사가궁에 있는 제왕(弟王; 왜국의 계체왕)의 장수를 위해 예인 하내국(河內國; 오사카)왕 금주리와 다른 한 사람을 시켜 양질의 백동 200한으로 이 거울을 만들었다'고 해석했다. 사마는 백제 무령왕의 이름임이 1971년 무령왕릉 출토 지석에 의해 밝혀졌다.)

## 부여 바위왕자 진무왕 그리고 오진

한국과 중국 사료에는 신라가 일본에 정복되었다는 이야기는 전혀 나오지 않는다. 한 가지 가능한 해석은 8세기 초 『고사기』와 『일본서기』가 편찬되기 200년 전 가야는 이미 신라에 통합되어 신라의 일부분을 이루고 있었다는 사실이다.

일본 측 자료에 따르면 신공왕후는 야심에 찬 인물이었으며 다케우치노 스쿠네(무내숙니)가 항상 그녀의 강력한 오른팔 역할을 하고 있었다. 필자가 추측하는 바는 신공왕후가 낳은 아이는 분명 중애왕의 아이가 아니고 무내숙니의 아들일 가능성이 높다. '용감한 큰 곰' 무내숙니는 동부여의 후손으로 아마 고령가야에서 높은 벼슬을 지낸 손꼽히는 장군이었을 것이다.

신공은 신의 뜻을 전한다면서 자신이 중애의 아이를 가졌으며 그 아이가 장차 신공 자신이 정복할 나라를 다스릴 인물이 될 것임을 예언한다. 6개월 후 그녀는 원정 날짜를 택일하는 무속의례를 벌인다. 일본을 무력 정복한 이 역사적 사건에서 '신의 뜻'을 앞세운 무속의례의 역할은 매우 중요한 것이었다. 역사 초기에는 한국, 일본 할 것 없이 징조라든지, 무속적인 강신술 같은 것이 모든 중요한 일의 방향을 결정했다. 무내숙니와

일본 고분에서 출토된 이 왕관 쓴 토용은 고구려 고분벽화에서 보듯 물방울 무늬 옷을 입고 왕관을 쓰고 있다. 왕관은 더욱 현재 호암미술관소장의 가야 금관과 비슷한 형태이며 일본의 초기 임금들이 혈통상 한국인이었음을 증명해 주는 자료이기도 하다. 일본 천리(天理)참고관 소장.

신공은 이렇게 왜 정복의 계획을 세운 뒤 백제에 자신들과 합세하여 신라에 대항할 것을 종용했을 것이다. 이를 위해 신공은 자신의 칭호를 가야의 여왕 또는 왜왕으로 고쳐 백제에 종속되었음을 나타내고자 했을 것이다.

그런데 무내숙니와 신공이 단 둘만 있었던 것으로 보이는 이 무속의례의 날로부터 정확하게 9개월 11일이 지나 호무다(譽田) 왕자(후일의 오진왕)가 태어난다. 두 사람은 의례 후 16일 동안 그 장소를 떠나지 않았다고 하는데 생물학적으로 보아 이 기간에 '용감한 큰 곰' 무내숙니와 '위대한 왕후' 신공이 그 '성스러운' 아기를 만들었다고 보아야 할 것이다.

그 아기가 자라서 오늘날 일본이 '진무천황'이라는 이름으로 부르는 인물이 되며 또한 만세일계를 자랑하려 꾸며낸 일본 왕가의 족보상 15번째를 차지하는 오진왕이기도 한 것이다. 그리고 『일본서기』 가운데 규슈에서 일본 내륙으로 진격해가는 진무의 동정(東征) 부분에 가서는 이와레(磐余彦)왕자, 즉 '부여 바위왕자'라는 이름으로 불리는 인물이기도 하다. 지금껏 한국 사람들은 어린애 이름을 '바위'라고 부른다.(역자 주; 『도깨비를 이긴 바우』동화가 그 대표적인 예이다. 『바위고개』라는 노래도 있다.) 이것은 고조선, 부여 이래 한국 전통의 한 면모다.

일본이라는 국가 형성이 갖는 중요성을 강조하기 위해 역사가들은 역사 이전에 살았던 몇 사람을 합성하여 진무라는 이름의 위대한 신화적 존재를 탄생시켰다. 사실 진무(神武; 하늘로부터 받은 용기를 지닌 왕이란 뜻)라는 이름은 『고사기』, 『일본서기』가 편찬된 8세기를 훨씬 지난 후대에 붙여진 이름이다.

당시의 실정을 보면 고구려를 통해 내려온 부여족이 남이(南夷)라 불리던 마한을 정복한 다음 백제 지역에서 결속을 강화하고 있었다. 그 후 부여족의 일부, 즉 346년 북부여가 멸망한 뒤 백제의 사촌들과 합류한 무리가 낙동강 하류인 김해 및 부산지방을 향해 더욱 남쪽으로 내려갔다.

거기서 규슈로 건너가고 다시 일본 내륙 나라를 향해 동쪽으로 옮겨간 부여족과 그들이 탄 말의 이동이 일본 역사에는 '신성한 야마토 정권의 이와레 왕자에 의한 기나이(畿內)지방의 정복'으로 탈바꿈했다. 다급한 경우를 당하면 신공은 어린 왕자를 '용감한 큰 곰'에게 맡기기도 했는데 여하튼 이 아이는 씩씩한 이와레 왕자로 자라나 어머니의 원정길을 돕게 된다.

이와레왕자는 나중에 진무왕이라는 칭호를 갖게 되지만 진무라는 이름보다는 이와레(磐余)라는 이름이 그의 근본을 잘 나타내 준다. '이와'라는 말은 아직도 일본에서 바위를 뜻하는 말로 쓰이며 부여 정복자들이 일본을 정복한 후 바위, 또는 돌을 상징하는 인명 및 지명을 많이 만들어 낸 사실과 떼어서 생각할 수 없다. '레'라고 발음하는 이 이름의 두 번째 글자인 여(余)는 씨족과 비슷한 의미를 갖는 말이다. 바로 부여(夫餘)의 두 번째 글자와 무관하지 않을 것이다. 진무라는 이름으로 부르면 옛 이야기에 남아있는 이 같은 흔적을 지워버릴 수 있는 것이다. 바위라는 뜻의 옛날 이름이 나타날 때마다 그것이 사람 이름이건 지명, 또는 사건 이름이건 우리는 부여의 자취를 느낄 수 있다.

일본이 말하는 신공황후의 '한국 정복'이 한국에 의한 일본 정복을 뒤

집은 것이며 부여 바위왕자의 이름이 수많은 지명에 나타나 있음을 염두에 두면 비로소 『고사기』나 『일본서기』에 묘사된 군사 이동경로가 눈에 들어오게 된다. 『고사기』와 『일본서기』는 세밀한 부분에 이르면 서로 다른 점이 나타나지만 적어도 부여 바위왕자에게 일어난 몇 가지 사건에서는 일치 하는 설명을 하고 있다. 지도를 보면 그는 먼저 규슈에 상륙한 다음 내해(內海)를 따라 천천히 나라평원을 향해 진출했다. 그것은 400킬로미터가 넘는 거리였다. 이보다 빠른 길은 시코쿠(四國) 남쪽의 바다로 가는 것이었으나 그때는 배가 발달하지 못했으므로 내륙의 수로를 따라가는 것이 훨씬 안전했다.

그 과정에 정착민들(야요이 혹은 왜)의 저항에 부딪힌 부여 바위왕자가 내해를 지나는데 4년을 소요했다는 것이 『일본서기』의 주장이고 『고사기』에 따르면 무려 16년이 걸렸다. 마침내 그가 이끄는 군사는 요도가와(淀川) 강의 연안, 현재 오사카라고 부르는 지점에서 상륙을 시도했으

통구제12호고분. 벽화의 고구려 무사도. 말과 무기, 갑옷과 투구가 승리자의 기세를 보여준다.

나 먼저 자리 잡고 살던 정착민들의 반격을 받아 패하고 말았다.

『고사기』는 이때의 패전에 따른 뒷이야기를 다음과 같이 전한다. 즉 싸움에 패한 이와레 왕자가 가만히 생각해 보니 그때까지는 태양을 향해 진격해서 태양의 여신을 노엽게 했던 것이다. 그러므로 이후에는 기병을 실은 배들이 기이(紀伊)반도를 돌아 서쪽에서 태양을 등지고 야마토평원을 향해 나가면 되리라는 결론에 도달할 수 있었다. 이때 바다에 폭풍이 일었는데 까마귀가 나타나 선두의 배를 본토로 인도해 갔다고 적혀 있다. 그리고 나서 큰 폭풍이 몰아쳐 부여 바위왕자의 두 형이 바다에 빠져 숨겼다고 한다.

이때 여러 신에게 제사를 올리기로 결정하고 흙으로 빚은 토기에 제물로 바칠 음식을 가득 채웠다. 이 토기가 바로 기마족들이 가야를 떠나올 당시 만들어지던 것과 비슷한 받침대 달린 잿빛 토기였다. 부여 바위왕자도 토기를 직접 만들었다. 그가 만든 것과 비슷한 토기가 현재 부산대 박물관에 진열되어 있다.

그런데 또 하나의 기적이 일어났다. 그것은 다시 시작한 싸움에서도 이길 기미가 보이지 않자 왕자의 활에 마치 매 모양의 황금빛 깃털이 달린 연이 내려앉아 적의 눈을 어지럽게 만든 것이다. 결국 적은 패하여 물러나고 이와레왕자의 군사가 승리했다.

훗날 일본 군대에서 가장 높은 훈장이 바로 황금빛 연(鳶) 모양으로 만들어진 것은 바로 '제1대 전황(戰況)' 과 연관된 이 신화에서 비롯됐을 것이다. 매사냥이 400년경 한국에서 전래되었다는 것은 일본에서도 수긍하는 일인데 이 연대는 바로 이 원정과 대강 일치한다.

지금 와서 유추할 수 있는 것은 서로 대항하여 싸웠던 일본 내 두 개의 집단이 알고 보니 결국 비슷한 무기를 가졌으며 밀기는 하지만 분명 어떤 관계가 있는 사이였음을 깨닫게 되었으리라는 점이다.

먼저 정착해 있었던 무리는 백제지역에서 건너갔을 것으로 보이는데 야마토평원에 자리 잡은 이들이 후일 부여기마족이 세운 정권 및 6세기에 이를 계승하는 왜왕 통치 아래 군부를 관장한 모노노베(物部) 가문을 이루었음이 암시되어 있다. 초기의 기마인들은 먼저 정착해 살던 씨족들을 봉건 영주로 고용해서 다스렸다고 하는데 모노노베의 경우가 그 좋은 예이다.

8세기 일본의 사관들이 이처럼 중애왕의 두 아들을 물리친 무내숙니가 신공의 뱃속에 있는 아기가 태어나기까지 왜왕 자리를 아무에게도 내어주지 않은 채 오랫동안 신공에게 섭정의 권리를 맡겼다고 서술한 것은 분명 왕조의 교체를 숨기기 위한 은폐 작업에 지나지 않았다.

이들은 부여족에 의한 일본 정복을 언급하지 않고 애매하게 흐려놓고 그 연대까지 '신화시대'인 서기전 660년으로 끌어올려 놓았지만 무내숙니, 즉 다케우치 가문만은 결코 생략해버릴 수가 없었다. 부여족이 일본 중심지역의 세력을 장악하는 과정에서 보여준 다케우치 가문의 막강한 정치적 영향력을 무시할 수 없었기 때문이다.

『고사기』를 읽어보면 조상, 또는 혈통이 얼마나 대단한 것이며 일본의 봉건주의에서 우지(氏), 즉 신분이 높은 귀족 가문의 역할이 얼마나 중요한 것이었는가를 알게 된다. 그들은 심지어 신화시대까지 거슬러 올라가 조상을 찾았고 중요한 가문일수록 부여 바위왕자와 함께 한국에서 건너온 조상을 떠받들었다.

## 오진과 백제의 우정

정력적이고 뛰어난 지도자의 자질을 지닌 신공왕후는 그 아들 오진(應神)왕이 태중에 있을 때부터 섭정하며 군림하다가 100세에 죽었다고 『일본서기』는 기록하고 있다. 그러나 그녀의 섭정기간은 20년 정도였고 아들 오진이 20세가 되자 즉위했다.

신공의 정부(오진왕의 생부?)였던 다케우치는 더 큰 영광을 누렸다. 그는 이후 5대 왕에 걸친 높은 벼슬로 거의 300년을 살았다고 기록됐다. 실제로는 그의 자손들이 같은 이름인 다케우치로 세습화된 직위를 지속적으로 이어간 것으로 보인다. '용감한 큰 곰' 다케우치는 일본 조정에서 막강한 힘을 행사한 여러 가문 - 소가(蘇我), 기(紀), 고세(巨勢), 헤구리(平群), 가즈라기(葛城)의 시조가 되었다.

부여-가야계의 한국인들은 수세기 동안 다대한 역할을 수행했다. 오진왕은 이로써 4세기 후반부터 510년에 이르기까지 기마족의 피를 이어받은 10명의 일본 왕가 계보를 연 첫 번째 인물이었다. 그 이후에는 중도파의 인물이 일왕 자리를 승계했다. 그 후손은 기마족의 피가 절반이고 나머지 반은 기마족보다 먼저 야요이시대에 한반도에서 왜로 건너와 신토를 숭상한 한국인의 피를 받은 사람들이었다.

초기의 부여기마족 후예 일왕들은 가야와 밀접한 관계를 유지했으며 이곳에서의 해상무역으로 부를 누렸다. 정치적으로는 신라보다 백제와 강하게 결속되어 있었다.

규슈에 남은 군사들은 얼마동안 바쁘게 돌아갔다. '용감한 큰 곰' 다케우치는 친동생에게 자신이 이들 군사들을 데리고 음모를 꾸미고 있다는 모함을 받았다. 처음에 오진왕은 다케우치를 사형시키려다가 재판에 넘겼다. 중세 유럽에서 그런 것처럼 끓는 물에 손을 넣어 시험하는 방식이 행해져 다케우치는 이를 이겨내야 했다.

두 당사자가 모두 끓는 물에 팔을 넣었다. 그 중 옳은 자는 신의 가피를 받아 무사할 것이었다. 이때도 다케우치의 무당 능력이 그를 비방한 친동생보다 더 우월하게 나타났다. 불을 관장하는 힘은 무당들의 보편적 능력에 속하는 것이다. 외견상으로 오진왕에게는 그의 출생 비밀이 알려졌던 것 같지 않다.

**오진왕에게 보낸 백제의 여러 선물**

백제가 왜의 새로운 통치자를 일종의 원격 조종하는 속국의 왕으로 인정했던 것은 분명하다. 백제는 이 섬나라와의 유대를 돈독히 하기 위해 각종 물건이며 인재들을 실어 보냈다. 중국, 한국, 일본의 역사가들은 하나같이, 국가 간에 교환된 모든 것을 상대국의 2차적 입장을 적용해 '조공'을 바쳤다고 말하는데, 특히 중국에 대해서는 더 유별났다. 그러나 이러한 '조공 물품'이란 사실상 국제무역의 형태를 취한 것이며 반드시 국가 간의 열등한 입장을 반영한 것은 아니었다.

오진의 재위 동안에 백제로부터 여러 씨성(氏姓)이 도래하여 일본에 정착했고 옷 만드는 기술자들도 왔다. 『일본서기』에 이르기를 "백제 국왕(근초고왕)이 아직기(阿直岐) 편에 암수 두 마리의 말과 횡도(橫刀)를

경주 불국사 다보탑의 기단 위에서 4방향을 지키는 돌사자상 중 남은 하나. 사진 박보하.

보내왔다."

　오진왕은 말을 통솔해 온 아직기가 한문을 많이 알고 있음을 보고 백제에 한문을 가르쳐 줄 스승을 천거하도록 했다. 시간의 운행을 살피기 위해선 책력이 필요하다. 백제로 부터 역박사(易博士)가 왔다. 정략결혼으로 비빈들이 양국 간에 오가기 시작해 역대 왕가의 관습이 되었다. 또한 양국 모두 상대국 왕의 어린 동생이나 사촌 등을 인질로 와 있게 하는 제도를 썼다.

　405년 백제에서 왕인(王仁)이 도착했다. 그는 일본의 사관(史官) 가문의 시조가 되었다. 이 연대는 일본에서 가장 중대한 일을 나타내고 있다. 『일본서기』는 왕인이 일본 왕자들의 스승이 되어 그들에게 오래된 중국 문명과 그 역시 중국의 문물에서 익힌 백제의 지식을 주입시켰다고 쓰고 있다.

　이 시기에는 일본과 중국을 바로 연결하는 직항로가 불가능했다. 따라

교토 야사카 신사의 13세기 고마이누 암수 한 쌍. 부여기마족들은 늑대와 개를 교배시킨 이런 개들을 일본에 들여가 신사를 지키는 문지기로 썼다.

서 일본과 중국 간의 직접적인 교류는 불가능했다. 『일본서기』는 중국으로부터 두 명의 재봉사를 구해오는 일의 어려움을 기술하고 있다. 일본은 두 한국인을 배편으로 고구려에 보내 이 일을 도와달라고 요청해야 했다. 고구려왕은 백제인에게 두 명의 안내자를 붙여 중국으로 가도록 조치했다. 『일본서기』는 이들이 항로로 갔는지 육로로 갔는지에 대해선 언급하지 않고 있다.

한반도에서 직접 온 것이든 중국에서 한반도를 거쳐 온 것이든, 한국으로부터 일본에 건너온 장인에 대해서는 거듭거듭 기록에 나타난다. 기마족의 일본 조정은 한반도에 대단히 의존적이었다. 무엇보다 옷감 짜는 직조 공인들이 와서 기술을 가르치는 것이 필요했다. 이 시대 왕실에서는 지금의 일본도 마찬가지지만 정략결혼이 아주 큰 비중을 차지했다. 예를 들면 백제왕은 그의 누이동생을 오진왕의 비로 보냈다. 여자들은 마치 가축마냥 이리저리 거래되긴 했어도 무기력한 노예 같은 존재는 결코 아니었다. 신공왕후도 그와 같은 과정을 거쳐 나온 것이다.

일개 국의 왕녀가 다른 나라 왕한테 시집가게 되면 대규모 인원이 수행 동반했다. 이들은 실제 정보 집단으로 움직였다. 이들의 매력적 자태는 대궐의 비밀스런 일을 알아내는 데 유용하게 활용됐다. 그렇게 빼낸 정보로 자신들이 받드는 비가 다른 경쟁자들과의 권력 다툼에서 유리한 입장을 차지하도록 했다. 그렇게 해서 왕의 총애를 받게 되면 권력을 누리게 되고 후계자를 탄생시킬 수도 있었다.

### 오진, 일본 신토의 군신(軍神)으로 신격화

시간이 흐르면서 부여기마족 피를 지닌 첫 번째 일본왕인 오진은 스다하치만(隅田八幡) 신사에서 모시는 군신(軍神)이 되었다. 부여기마족이 야마토 왜를 정벌한 것과 연관되는 사실이다.

오늘날에도 신성시되는 하치만 신사의 입구는 무섭고 용맹해 보이는 두 마리의 특별한 개의 조각이 지키고 있다. 이것은 고마이누(高驪), 즉 고구려 개라 불린다. 이 이름은 혼돈될 여지가 있다. 한반도 북부에서는 개를 늑대와 교배시켜 나온 용맹한 종자를 경비견으로 썼다.

그 중 몇 마리가 신공의 선단 구성원에 섞여 일본 땅으로 건너왔다. 나중에 이들 종자는 멸종되었지만 하치만 신사를 지키는 조각으로 남아 전하게 되었다. 후세에 미나모도 요리도모 같은 일본의 무인들은 싸움에 나가기에 앞서 이곳 하치만 신사에 와 기도했다.

기마족 출신 지배자들이 일본왕으로 통치해온 100여 년의 세월동안 무속은 이들이 전적으로 신봉한 종교였다. 인간이 죽으면 이승과 별다를 것 없는 저승생활을 지속하리란 것은 일반적인 믿음이었으므로 무덤에는 저승에 가서 쓸 물품을 함께 묻었다. 당연히 고귀한 신분일수록 무덤은 크게 구축되고 시신과 함께 다양한 부장품들이 묻혔다.

이들 통치자의 영혼이 먹고, 마시고, 놀고, 사랑하고, 사냥하고, 낚시할 것에 대비한 음식과 술이 차려졌다. 북방 기마족에겐 순장 풍습이 있어서 왕이 죽으면 비빈이나 말, 음식, 여타 신분을 상징하는 것들을 모두 산채로 같이 묻었다. 알타이와 한국은 전통적으로 무덤 내부에 왕이 살아생전 누렸던 생활 모습을 그린 그림 외에 저승에서 앞으로 요구될 것까지도 그렸다. 사방 벽에는 사신도(四神圖)를 그려 방위를 표시하고 수호했다.

왕권을 상징하는 부장품인 칼, 활과 화살, 의례용 신발도 들어있었다. 금과 은이 풍부했던 한국은 사자를 위한 치장을 금, 은으로 했다. 그러나 일본은 이런 귀금속이 아주 귀했으므로 금 대신 금동으로 했다.

제물은 받침대 달린 토기에 담았다. 가야 도공은 전투에 앞서 제사 지낼 때나 무덤의 부장품으로 꼭 필요한 토기 제작을 위해 부여기마족과 함께 일본에 들어왔다. 기마족들은 또 들어앉아 술 마시기를 즐겼으므로 부장품에는 술잔용 토기들이 반드시 포함되었다.

언젠가부터는 산 말과 인간을 순장하는 대신 토용을 부장했다. 열쇠구멍 모양의 전방후원분(前方後圓墳)은 통치자의 능 축조형식으로 추측되지만 규슈의 최고 부족들도 대형의 전방후원분을 축조했다. 한국에도 공주 이남에서 부산에 이르기까지 이런 열쇠구멍 모양의 전방후원분 고분이 있는데 그 중 다수는 논밭으로 변했다.

새로운 왕가의 첫 임금인 오진의 능은 권위와 나라의 불멸을 기원하는 상징으로 장대하게 축조되었다. 그의 통치기간은 대체로 평화로웠다. 왜국의 부족 지도자들은 한국에 뿌리를 둔 한인계 사람들로, 이들은 임금에게 협력하는 대가로 영지를 얻고 통치권을 유지했다.

오진왕릉으로 알려진 고분은 길이 419미터, 봉분 높이 35.8미터에 이른다. 해자까지 포함하면 길이 500미터가 넘는다. 처음에는 해자가 세 겹으로 둘러쳐졌을 것이다. 무덤 축조에 필요한 인력을 엄청나게 강제노역을 시켰거나 전쟁 포로를 부렸으리라는 것은 쉽게 짐작된다.

중세에 와서 일 왕릉들은 버려지다시피 했지만 메이지 일왕 때 신토가 부활하면서 능도 재정비되었다. 현대에는 신토 제관들이 해마다 제일(祭日)에 아스카(飛鳥) 지역의 능을 찾아 산과 바다에서 나는 산물을 제물로 바친다. 제일은 720년 편찬된 『일본서기』에 기록된 날짜에 따른 것이다. 오늘날 신토의 제관들로서 이들 능이 '도래인 임금'의 무덤이란 사실을 아는 이는 드물다. 비록 방계로 멀어지긴 했지만 어떤 면에서 오진의 임금 혈통은 상당히 오랜 기간 이어졌다.

## 닌도쿠왕 시대 ; 바위공주, 매사냥, 거대 고분

　아시아 전역에서 여러 기마족들은 권력 세습에서 엄격한 장자 상속을 고집하지는 않았다. 그래서 왕이 죽으면 정쟁이 일어났다. 강력한 지도자 한둘이 자기 세력을 거느리고 서로 상대방의 영토를 노린 혈투로 힘을 소진했다. 왜 땅에 새로 들어선 부여기마족도 예외는 아니었다. 왕이 바뀔 때마다 싸움이 벌어졌다.

　『일본서기』에는 오진왕이 큰아들 작은아들 구별하지 않고 왕위 경쟁을 시켰다고 적혀 있다. 맏아들 닌도쿠(仁德)는 아버지가 동생을 더 총애하는 것을 알았다. 서로 상대방의 영역을 인정하기로 했지만, 이것은 속임수였다. 닌도쿠는 나니와(지금의 오사카)에, 동생은 우지에 자리 잡았다. 결국 동생은 자살하고 닌도쿠가 왕위에 올랐다. 이 경우는 그래도 괜찮은 것이다.

사가들은 닌도쿠를 미화하는 내용을 역사책에다 기록했다. 예를 들면 그가 3년동안 세금을 면제해 주었다든가, 대궐 지붕이 새는데도 고치지 않았다든가 하는 것이다. 그러나 이와 같은 기록은 중국 사서에 이미 나와 있는 것이며 이는 단순한 모방에 지나지 않는다.

통치자의 궁전이라 해도 신토 사당과 크게 다를 것이 없었다. 둘 다 일반인의 집보다 컸지만 이제 생각해 보면 환상적이거나 광대한 저택은 아니었다. 기둥을 땅에 바로 박아 세운, 통나무집 비슷한 긴 네모 꼴의 집을 지었다. 주춧돌을 놓고 그 위에 기둥을 세우는 고급 기술은 6세기 말 백제의 사찰건축이 왜에 도입되기 전까지 존재하지 않았다. 긴 덩굴로 기둥과 서까래, 들보를 엮고 문틀도 했다.

부여기마족 지배자 임금들의 대형고분이 몰려있는 일본 나라 우네비(敏傍) 산과 아스카 계곡의 전경. 사진 조재환.

이렇게 지은 집은 너무 약해서 20년도 못갔다. 이세 신궁은 지금도 20년마다 재건축된다. 오랜 관습을 그대로 재현하는 것이다. 왕이 죽어 장사 지낸 뒤의 대궐은 오염됐다고 여겼다. 새로 즉위한 왕은 조금 떨어진 장소에 새 대궐을 지어 살았다.

기마족은 말 잔등에서 살 수 있는 사람들이었다. 그들에게 공들여 집 짓는 일은 무의미했고, 사후의 영원한 거처를 더 믿었다. 진구(神功)왕후와 오진왕의 후손이 일본의 중앙과 서부를 통치할 때 오사카 부근 아스카 계곡에는 기마족 왕과 그 배우자, 고위 관리의 무덤 수십 여 기가 들어섰다. 그 중 다수가 지금까지 보전돼 왔다. 그러나 일본 당국은 규슈의 고위 계급자들 무덤은 발굴하면서도 아스카 왕족들 능은 발굴을 엄격히 금하고 있다.

닌도쿠왕은 교역을 중시했던 듯, 수도를 내해의 나니와 항구(오사카)로 옮겼다. 닌도쿠는 한반도 가야의 명문 갈성(葛城) 가문의 조상, 가츠라기 소츠의 딸인 이와노 히메(磐之媛), 즉 바위공주에게 장가들었다. 『일본서기』에는 도처에 바위와 관련된 기적들이 많이 기록돼 있다. 아마

5세기 초 고구려고분 삼실총 벽화의 매를 팔에 앉히고 말 탄 사냥꾼.

테라스의 손자 니니기는 바위로 만든 배를 타고 강림했다 한다. 바위를 깎아 배를 만들 수 없는 노릇이지만 바위의 마력이 드러나 보인다.

바위공주는 질투로 유명하다. 그녀는 닌도쿠왕이 눈을 두리번거리는 것조차 못하게 해서 왕이 후궁을 들였을 때는 아예 왕을 떠나버렸다. 바위공주는 배를 타고 궁 밖으로 나가 33년 동안, 즉 죽을 때까지 돌아오지 않았다. 그녀의 손녀 하에는 23대 겐쇼(顯宗; 재위 485~487)왕과 24대 닌켄(仁賢; 재위 488~498) 왕의 어머니였다.

『일본서기』에는 왜를 무시하던 백제왕자 주군(酒君; 사케노키미)이 사슬에 묶인 채 왜국 사신들에게 넘겨졌는데, 왕자는 탈출해서 숨어 있다가 사면되었다고 쓰여 있다. 아마도 백제에서 일어난 반란에 관련된 왕자가 바다 건너 일본으로 탈출해 온 것을 그런 식으로 은폐해 기록한 것이거나 왕실의 볼모에 대한 반감을 나타낸 것일 것이다. 그러나 그는 백제의 왕자였다. 그는 일본 왕실에 매사냥을 처음 가르쳐주었다.

한 사냥꾼이 그물에 걸린 기이한 새를 잡아 닌도쿠왕에게 바쳤다. 무슨 새인지 왜인들은 아무도 몰랐으므로 백제왕자 주군에게 물으니 주군은 백제에서 길들여 사냥할 때 쓰는 새임을 알아보았다. 다름 아닌 매였다. 주군왕자는 그 매를 사냥용으로 길들여서 팔목에 앉히는 가죽 끈을 매고 꼬리에 방울을 달아 닌도쿠왕에게 보냈다. 닌도쿠는 매를 데리고 꿩사냥을 해서 수십 마리를 잡고 매우 즐거워했다고 한다. 이후 왜는 백제로부터 사냥매를 수입했다. 사냥매를 관리하는 관청 응

사냥용 매를 든 하니와 토용. 백제 왕자 주군이 닌도쿠 왕실에 매사냥을 가르쳤다. 나라 야마도문화관 소장.

감부(鷹甘部)가 설치됐다. 주군왕자가 그 수장이 된 것은 물론이고 그는 사후 닌도쿠왕으로부터 응견신(鷹見神)이라는 시호를 받았다.

이 시기의 기마족 출신 임금들은 문맹이었다. 405년 백제에서 왜로 보낸 왕인 박사가 비로소 일본에 학문의 직능을 전파했다. 일정 기간 한반도로부터 끊임없이 왜국으로 들어온 인적 자원이 상황을 변화시켰다. 이들은 지식과 고급기술의 전수자들로 귀족 지위와 신분을 부여받았다.

기마족 왕실에 비단 짜는 직조술을 가르쳐준 하타(秦) 가문은 일종의 재무장관으로, 조정의 지출 관리를 맡아 신뢰를 받았다. 또 다른 가문인 소가(蘇我)는 모든 창고를 관리했다. 점차로 한반도 대륙에서 온, 한문을 읽고 쓸 줄 아는 지식인이 많아지고 이들 귀족층 다수는 한국이름을 그대로 지녔다. 815년에 나온 『신찬성씨록(新撰姓氏錄)』에는 일본 귀족의 30퍼센트가 일본인 아닌 외국인 조상을 둔 가계였다.

이와 함께 한국에서 전해온 풍습은 여름에 귀족들이 쓸 얼음을 창고에 저장하는 법이었다. 경주에 보존돼 있는 석빙고를 보면 그 모습을 짐작할 수 있을 것이다. 한편으로는 한국을 통해 중국으로부터 고급비단과 무명, 금, 은, 구리와 서적을 수입하는 무역도 활발했다. 그러나 불교는 아직 소개되지 않았다.

495년 처음으로 곡수연(曲水宴)이 열렸다. 좋은 봄날, 삼월 삼짇날에 열리는 것이었다. 초대받아 참석한 공경(公卿)과 여인들은 굽어지며 흐르는 물길 옆에 자리를 깔고 앉았다. 물에 술잔을 띄우고 그 술잔을 집어 올리는 사람은 시를 지었다. 주목할 것은 신라에서도 포석정에서 이런 연회가 있었고 그 자리는 지금도 경주에 보존되어 있다. 이러한 문명의 세례는 기마족의 거친 면모를 부드럽게 다듬어 주는 것이었다.

**쓰노다 류사쿠 교수가 본 닌도쿠 왕릉 내부**

기마부족의 무덤은 그 크기도 대단하거니와 그 중에서도 닌도쿠 왕릉은 가장 규모가 크다. 이미 코카서스지역에서는 100여 년 전부터 석실에 관을 안치하고 그 위를 잔돌로 채우는 석실 무덤이 축조되고 시베리아를 건너 퍼졌다. 오늘날 한반도에도 봉분을 높이 쌓아올린 고분군을 많이 볼 수 있으나 생전에 자기 무덤을 축조했다던 닌도쿠 왕릉만큼 크지는 않다.

그 왕릉은 오사카에서 좀 더 들어간 곳에 있는데, 길이가 475미터에 세 겹의 해자가 둘러져 있다. 그 후 왕에 대한 존경심이 별로 없어지면서 해자 두 개는 농부들이 야금야금 논밭으로 만들고 지금은 한 겹만 남았다. 능 내부는 2만6000개의 돌을 쌓고 그 위에 흙을 덮었는데 원래 능역은 이집트 피라미드의 절반 정도라 한다.

능 주변에는 호위용으로 제작한 진흙 토용이 몇 겹이나 둘러져 있었다. 토용은 잘 부서져 해자 물로 빠져버리곤 했다. 그 중 몇 개가 다른 데로 치워졌다가 왕보다 장군이 더 막강하던 몇 백 년 동안을 견디내고 남았다. 『일본서기』에는 1만 개의 토용이 왕릉에 있었다고 하였지만 지금 제자리에 있는 것은 하나도 없다. 닌도쿠 능의 토용인지 다른 무덤의 것인지는 알 수 없지만 오늘날 박물관에서 볼 수 있는 이들 하니와 토용은 당시 부여기마족 임금과 그 백성들이 살았던 삶과 종교에 대해 많은 것을 시사한다.

일본 당국은 '무덤 속 임금님 뼈를 귀찮게 해드리면 안 된다' 는 이유로 능의 고고학적 발굴을 엄금하고 있다. 석기시대의 신화적 발상으로 임금 무덤까지 성스러운 존재로 여기는 것이다. 그래도 규슈 대학 발굴단은 왕릉보다 못한 귀족 계층의 무덤을 발굴할 수 있었다. 나라~오사카에 걸쳐 있는 수백 년 된 고분군은 왕의 세력이 미약해지고 막부의 장군 세력이 그를 능가하는 공포와 외경의 대상으로 지배하던 시대의 것이라 한다. 이집트 나일 강가 왕들의 계곡처럼 일본의 대형 고분은 오직 나라~오사카~아스카를 잇는 지역에만 축조된 특징이 있다.

컬럼비아 대학의 쓰노다 류사쿠(角田柳作) 일본사 교수는 1872년 태풍으로 닌도쿠 왕릉 일부가 무너져 보수하는 동안 내부를 들여다 볼 기회가 있었다. "그 안에는 너무도 많은 대륙적 솜씨의 부장품이 있어 놀라웠다. 4세기에 살았던 이 임금 능의 부장품은 한반도, 한국과의 연관성을 증명하는 부정할 수 없는 물건들이었다"고 그는 말했다.

### 경주의 천마와 신토 사당의 마구간

5세기에 축조된 신라의 고분이 발굴되는 것을 이미 보고난 뒤라 닌도쿠 왕릉의 부장품 역시 그와 비슷하거나 아니면 보다 이른 시기의 원초적 물건들일 것으로 보인다. 일본으로 간 기마족들은 신라 경주의 임금들만큼 정교한 솜씨의 장인을 둘 수가 없었다. 그런데 모든 대형 고분에서 공통적으로 볼 수 있는 것이 부여의 천마 그림이다.

여덟 개의 다리를 그린 천마도는 알타이에서 경주에 이르는 지역에서 나타난다. 그림 모양은 다르지만 어느 천마나 길게 빼어 문 혀와 위로 솟구친 꼬리로 질주하는 속도감을 표현하고 있어 샤먼 지배자를 위한 천마로서 임무 수행중임을 말하고 있다. 천마는 임금을 태우고 마지막 안식처인 그의 사후세계를 향해 질주하고 있는 것이다.

일본에 산재한 많은 신토 사당에는 흰말에 대한 의례를 치르는 부속시설이 딸려 있다. 칸막이를 한 마구간에 검은 갈기와 꼬리를 단 실물 크기의 석고나 시멘트 말 형상을 안치해 놓고, 금줄을 쳐서 부정 타면 안 되는 성역임을 표시해 놓았다. 말 머리 앞에는 나무로 된 제상(祭床)도 놓여 있다. 그 앞에서 읽는 축문의 내용은 무엇인가.

## 부여족의 바위신사, 이소노카미 신궁

기마부족 출신 닌도쿠왕이 죽자 두 아들이 계승을 위한 권력 투쟁에 나섰다. 승자는 리츄(履中)왕이 되어 400-405년간 재위하며 일왕 가계의 공식적 17번째 왕이 되었다. 왜에 온 기마족들은 서서히 유목민적 본성을 잃어갔지만 술 잘 마시는 것은 여전했다.『일본서기』에 따르면 "왕자 리츄가 술이 취해 일어나지 못했다. 옆에서 서너 명이 부축하여 그를 말 등에 올라 앉혀 도망하게 했다."

왕권 경쟁이 일어나자 리츄의 동생은 궁에 불을 질러 경쟁자인 형을 죽이려 했다. 살해의 위협에서 도망 나오고 술도 깬 리츄는 이소노카미(石上) 신궁에 기거했다고『일본서기』는 쓰고 있다.

이소노카미 신궁은 부여 조상 바위의 신사로서 이곳은 도피 성역이었다. 리츄와 그 일당은 이곳을 근거지로 삼고 무기를 가다듬고 재정비했다. 리츄는 또 다른 동생과 공모해 자객을 시켜 도전자인 동생을 죽일 계획을 짰다.『일본서기』에 따르면 "모역한 왕자가 집에 올 때를 기다려 칼로 찔러 죽였다."

이로서 리츄왕자는 도피 성역에서 나와 왕으로 즉위했다. 그는 바위공

나라 천리(天理)시에 있는 부여족의 바위신사, 이소노카미(石上) 신궁. 사진 조재환.

주(이와노히메)가 낳은 아들이었고 다케우치의 두 후손인 헤구리(平群)와 소가(蘇我) 가문 사람들을 조정의 중신으로 삼았다. 모든 것이 기마족의 지배 아래 있었다.

바위(石上)신사의 음덕을 잊지 않고 신사 근처 이와레에 대궐을 지었다. 이와레는 부여를 의미하는 '바위의 자손들', '바위가문', '록클링'의 뜻이다. 일본의 건국자로 알려진 전설적인 진무왕 이름에도 이와레가 들어있는데, 그는 초기 기마족 임금의 혈통을 이은 수세대 후손으로 보인다.

즉위하고 3년 뒤 리츄왕은 이소노카미 신사에 새 우물을 팠다. 왕은 그때 "신기한 바람이 불더니 그 속에서 큰소리로 '그대는 칼의 후계자이로다' 하는 말을 들었다."

칼의 후계자, 이 칭호는 중국계 한국인 하타 가문 출신 왕비의 죽음을 귀신이 왕에게 알릴 때도 사용되었다. 이 당시 귀신에 대한 믿음은 지대한 것이어서 앞으로의 행동 혹은 과거의 행위를 판단케 하는 기적이자 예언으로 받아들여졌다. 당시 고구려와 백제는 불교를 이미 받아들인 뒤였지만 신라와 야마토 왜왕은 그때까지 샤먼 왕으로 통치했다.

기마족의 6대 왕은 안코(安康; 20대 일왕), 즉 평화의 왕이었다. 그러나 이 시대 5세기 초에는 평화 아닌 다른 조짐이 있었다. 안코왕은 대궐을 도피 성역인 부여 석상, 이소노카미 신궁 부근으로 옮겼다. 그의 일생은 격렬한 것이었다. 안코는 그의 형을 죽이고 형수를 빼앗았다. 그가 무장을 풀고 더운 물에 목욕중일 때 죽은 형의 일곱 살 난 아들이 아버지 대신 복수하여 그를 죽였다.

### 바위는 부여의 정통성 표시

유랴쿠(雄略; 21대 일왕), 즉 기마족의 7대 왕은 『일본서기』에 기록된 바 '피 묻은 손', 백성들이 사악한 임금으로 여겼던 왕이었다. 그는 즉위하자 모든 경쟁자의 일가 구족을 다 죽였는데 그 와중에 두 조카가 부여 석상신궁으로 도피했다. 이들은 신궁 근처에서 농부로 자랐다.

어느 날 왕의 사자가 와서 두 왕자에게 춤을 추어보라고 했다. 한 왕자는 더 이상 숨어있을 수 없다고 생각해 다음의 시를 지었다. 『일본서기』에는 이렇게 기록되어 있다.

> 석상신궁의 삼나무 줄기는 시달리고 가지는 모두 꺾었네
> 이치노베 궁에서 하늘 아래 모든 것을 다스리던 자,
> 조정의 오시하의 무수한 하늘, 무수한 땅, 8월의 아이들이 바로 우리들이다

이 시는 두 초동(후일의 겐쇼왕과 닌켄왕)이 부여 가계의 마지막 두 후손임을 알려준다. 『일본서기』에는 이런 이야기도 있다. 유리야쿠 조에 구니미라고 하는 왕실 목욕탕 관리자가 왕실의 여성과 정사를 가졌다는 혐

의를 받았다. 그의 아버지는 잘못을 고치게 하는 뜻으로 아들을 죽였다. 그 일로 왕실의 공주가 수치심으로 목을 매어 죽었다. 그 아버지가 공주의 배를 갈라보니 자궁에는 돌이 들어있었다. 관리 시종의 아버지는 아들도 공주도 모두 무고하다는 것을 그제야 알았다. 왜냐하면 부여기마족의 바위가계가 생겨난 바윗돌은 바로 부여 왕실의 손을 의미하는 것이기 때문이었다.

결국 이소노카미, 즉 부여 석상신궁의 두 고아 중 한 사람은 498년 닌켄왕으로 즉위했다. 그는 젊은 날의 생명을 구해준 석상신궁에 대한 감사로 그곳을 대궐로 삼았다. 석상신궁 세력이 있고 그 이름을 받은 왕자도 있었지만 이제 기마족 출신 지배자는 여타 귀족층들을 더 이상 통솔하지 못했다. 진구왕후와 다케우치가 세웠던 부여기마족 가문의 혈통은 이때부터 힘을 잃어 갔다.

아이러니컬하게도 얼마 뒤 석상신궁의 관리권은 기마부족 지배자의 경쟁 가문으로 후일 부여족의 마지막 직계손인 소가 가문을 제거하는데 힘쓴 모노노베(物部) 가문으로 넘어갔다.

『고사기』와 『일본서기』에 모두 나오는 부레츠(武烈)왕은 정말 미쳤었나 보다. 아니면 중국 역사가 늘 써먹던 대로 왕조가 바뀌는 것을 정당화하는 방편으로 지어낸 이야기에 불과한가? 『고사기』에는 이 임금에 대해 별로 언급하지 않았고 『일본서기』를 명료한 영문으로 번역한 애스턴은 이 부분을 라틴어로 남겨놓았다. 이러한 수법은 중국역사에서 왕조를 바꿀 때 으레 취하는 것으로 『일본서기』는 1권에서 2권으로 권을 바꿨다.

부레츠는 서양의 사드 후작을 연상시키는 행동을 했다고 하는 왕으로 나무에 올라가 사람을 활로 쏘아 죽이고 뱃속의 태아를 확인한다며 여자들 배를 갈랐다. 그는 여성을 말과 교미하도록 했다. 그러한 황음(荒淫)

백두산. 북방지역에 살았던 부여족들은 바위공주, 바위왕자 등 바위가 들어간 이름이나 지명을 많이 남겼다. 바위는 한국 고래로 씩씩한 소년을 부르는 아명이기도 했다. 사진 염정의.

은 왕조가 바뀔 것을 예고하는 것이며 그 뒤를 이은 26대 게이타이왕은 타협적인 사람이었다. 그는 왜족-일본의 피와 부여기마족의 피를 반반씩 나눠가졌다. 실제로 먼저 후보자는 왕위에 접근했다가 달아나서 숨어버렸다. 임금이 된다는 것은 때로 오래 살고 봐야 되는 일이기도 하다.

중도파 게이타이왕은 대궐을 이와레에 세웠다. 이곳은 진구왕후, 리츄, 세이네이(淸寧)왕이 거처했던 곳이기도 했다. 이 사실은 새로운 혈통의 지배자라 해도 기마족 혈통의 정통성만은 흔들지 못했음을 알게 한다. 30대 비다츠(敏達)왕 대에는 구다라(백제)에 대궐을 지어 옮겼는데 그 후대에는 도로 이와레로 옮겨갔다.

새로운 활동 중심지는 한국에서 온 첫 기마부족 임금의 능이 있는 우네비산에서 4킬로미터 떨어진 아스카가 되었다. 552년 불교 유입은 '용감한 큰 곰' 다케우치에서 비롯된 기마족의 또 다른 후예, 소가 가문 사람들의 권력 독점으로 이어졌다. 예술과 종교, 정치의 강력한 후원자, 소가 가문이 646년 종말을 고할 때까지 6~7세기 일본의 전통 확립에 지울 수 없는 자취를 남긴 사람이 소가였다.

## 부여족의 바위와 이름 - 닌도쿠왕과 바위공주

오늘날에도 한국인들은 산천과 바위를 사랑한다. 일찍이 부여기마족도 사람이름이나 땅이름에 '바위'를 많이 붙였음은 흥미로운 사실이다. 지금도 한국의 어린아이 이름은 바우, 돌이, 차돌이 그런 아명이 많다.

일본 건국시조 진무(神武)왕의 이름도 이와레(이와레 히코노 수메라 미코토)이다. 일본어로 '이와'는 바위, '레'는 족속이란 뜻이다. 진무는 바위배(天岩舟)를 타고 일본 본토로 동정(東征)해 갔다 한다. 이와레(磐餘 혹은 余)의 레는 부여의 여(餘)와 같은 한자다. 부여라는 이름은 영어의 록클링(Rockling)과 같다.

컬럼비아 대학의 개리 레저드 교수는 『삼국유사』에 나오는 "동부여가 동해의 가섭원(迦葉原)으로 갔다"는 구절을 '부여족의 한 일파가 왜국의 가시와라평원으로 갔다'라고 해석한다. '가시와라'는 『삼국유사』에 나오는 가섭원이라고 한다.

부여족이 왜국에서 왕권을 잡은 이후 100여 년간 그들의 배필은 가야 혈통의 가츠라기(葛城) 가문 여성들이었다. 부여족 2대 왕인 닌도쿠는 가장 거대한 능묘를 남긴 임금으로 가야의 왕족 아니면 귀족여성인 바위공주, 일본어로 이와노 히메(磐之媛)에게 장가들었다. 바위공주의 집안 가츠라기는 가야에 뿌리내린 호족이면서 동시에 왜국의 화족들과도 관련된 것으로 보인다.

가츠라기 가문은 바다 건너 왜에 정착한 부여기마족과의 동맹을 기꺼이 받아들였다. 그 집안은 가야와 왜국 양쪽에 모두 근거를 두었고, 여러 나라 언어에 능한 만큼 한국과 중국과의 대외 업무를 담당하는 인물, 일종의 외무장관을 많이 배출했다.

후일 조선(朝鮮)에서 적대적인 가문 출신의 왕비 때문에 왕권에 문제가 생겼듯이 5세기 부여족 통치자들도 갈성 가문만이 아닌, 비(非)가야

고령의 가야왕릉. 사진 하지권.

출신 여성도 비로 맞아들였다. 결국 500년 경에는 내분이 일어나 부여족의 왕권이 약해졌을 뿐 아니라 '신성한 임금'의 부여 혈통이 500년에서 505년 사이에는 다른 혈통 출신에게 넘어가는 결과를 불렀다. 부여 왕권의 재정적 힘은 한반도에 입지한 것이었는데 그 연줄이 약화되면서 권력 또한 손에서 떠난 것이다.

그때까지의 순수한 부여족 혈통의 왕이나 그 뒤를 이은 화족 혈통의 왜국 통치자 모두 무속을 신앙하는 사람들이었다. 중국의 사서『삼국지』「위지」에는 왜의 원주민을 두고 "사람이 죽으면 하늘로 날아오르도록 큰 새의 깃털을 덮어 장사 지낸다"고 묘사했다. 오늘날에도 한국의 무당은 모두 새털을 머리에 장식한다. 나아가 경주의 아름다운 금관에도 5세기의 무속왕이 사후 하늘로 날아 오르도록 하는 날개장식을 붙였다.

일본의 고대 기록에는 귀신을 쫓는 액막이 행사가 많았다고 적혀있다. 왕비들에게 자주 신이 내렸고 그녀들은 앞 일을 예언하곤 했다. 무당이 그러한 것처럼 왕녀들이 신내림 경지에 들어간 것이다. 수군 병사들을 이끌고 왜국으로 원정 온 용맹한 전사 진구왕후 또한 무당이었다. 초기의 일본 역사가들이 쓴 역사서에 나오는 오진왕은 여기서는 부여기마족 신성한 왕통의 제1대 왕 오진을 말한다.

일본 초기의 역사가는 전부 한국에서 온 학자들이었다. 뒤이어 일본에도 유교서적이 들어왔다. 그렇다고 해도 불교만큼은 부여기마족의 전래물이 아니다. 백제를 떠날 때 부여족들은 무속을 믿고 있었다. 366~367년, 그리고 368~369년 두 번에 걸쳐 부여족이 백제권역에서 마한을 축출했다고 레저드 교수는 주장한다. 그리고는 369년 왜를 정벌하러 온 것이다. 불교가 백제에 들어온 것은 공식적으로 372년이었다. 그 뒤 200여 년 지난 552년에 이르러 백제 성왕이 비로소 왜에 여러 가지 불교용품을 전했다.

# 천황 가계의 한국 산신과 삼종 신기

### 일본 천황 계보에 따라붙는 산신 - 고황산령신

오진왕의 아버지, 다시 말하면 진무왕의 아버지가 하늘에서 규슈의 산 꼭대기에 내려온 '천조대신의 손자'였다는 설화는 다시 말하면 바위, 혹은 산을 숭상한 원시신앙을 뒷받침해주는 이야기다. 『일본서기』는 그를 니니기노미코토(瓊瓊杵尊)라는 이름으로 부른다.

"니니기는 '위대한 산신(山神)의 딸'을 만나고 그로 인해 '산신의 딸'이 아기를 낳게 됐다"고 했다. 이 또한 단군역사와 비슷한 이야기다. 따라서 일본 왕가의 계보에는 천조대신 등 자연현상이 인격화된 여러 신들 가운데 산신도 분명히 등장하고 있는 것이다. 그리고 신화와 전설이 뒤섞인 이 고지식하고 천진난만한 역사가 후일 충성심을 가진 백성이라면 누구도 겉으로는 의심할 수 없는 신토의 '종교적 진실'이 되어버린 것이다. (역자 주 : 니니기의 외할아버지가 된 고황산령신(이 글에 산신으로 나와있는)에 대해서 최태영 저 『인간 단군을 찾아서』의 「다카모토(高本政俊)의 가야 지명과 고목신(高木神;高皇産靈神; 다카미 무쓰비노 미코토 혹은 고마노 가미」 항목 및 「환국과 단군과 조선」을 참조하기 바란다.

천조대신의 아들과 고황산령신의 딸이 결합하여 일본 왕가의 첫 조상 니니기를

한국의 절 어느 곳이나 걸려있는 산신도. 소나무 있는 산을 배경으로 호랑이와 동자를 거느린 산신은 일본에서 고황산령신이라는 일왕가계의 한국 산신으로도 나타난다. 정규진 그림 영월 보덕사 산신도.

출생시킨 이야기에서 고황산령신이 누구인가에 대한 다카모토의 일본 고대 지명 연구가 소개되어 있다. 고황산령신은 결국 고령가야의 한국인이었다. 코벨은 일본 왕가의 최고 조상이 한국 산신임을 밝혔고 최태영은 고황산령신의 존재를 문헌연구로 밝혀냄으로써 일본 왕가의 최고 조상이 가야에서 간 사람임을 분명히 했다.)

그렇다면 일본 왕실의 '삼종 신기(三種 神器)'라는 거울, 칼, 곡옥은 어떻게 그리고 왜 존재하게 되었을까?

### 거울

옛날 야요이인들은 중국에서 수입한 청동거울을 부장품으로 사용했다고 한다. 중국에서는 한나라 때 거울을 일종의 주술 도구로 사용한 것은

백제 무령왕릉 출토의 자손수대경(宜子孫獸帶鏡). 지름 23.2cm. 길상구와 짐승무늬가 새겨져 있다. 공주국립박물관 소장.

5세기 일본 닌도쿠왕릉 출토 수대경(獸帶鏡). 지름 23.5cm. 방위를 나타내는 주작 등이 주물로 새겨져 있다. 보스턴박물관 소장.

2 바다 건너 왜로; 부여기마족의 왜 정벌 119

잘 알려진 일이다. 거울과 그 속에 비치는 영상이 두 개의 중요한 상징이기 때문이다.

그 하나는 태양숭배 사상에 관련된 것이다. 햇빛 없이는 곡식이 자랄 수 없는 까닭에 고대 농경시대에는 전 세계적으로 태양숭배가 일반화되어 있었다. 거울에는 또한 사람의 얼굴도 비쳤으므로 거울이 영혼을 나타낸다 하여 죽은 사람의 가슴에 올려놓고 묻었다.

기마족이 도착할 무렵 일본에서도 스스로 청동거울을 만들 수 있게 되었는데 아직 초기 단계라 어떤 것은 중국 것을 본떠 만들기도 하고 어떤 것은 비교적 새로운 모습을 한 것도 있었다. 기마인과 함께 들어온 발달된 금속기술로 일본은 점차 대륙으로부터 수입을 줄여도 되었을것이다.

경주에서 출토되는 5~6세기 신라의 신관 통치자인 무속왕들이 썼던 금관에는 금으로 만든 조그맣고 둥근 금판이 많이 달려 있다. 그 위에 비쳐 반사되는 빛은 태양을 연상시킨다. 한국의 샤머니즘도 시베리아와 마찬가지로 태양숭배 요소를 갖고 있었다. 추운 북방지역에서는 태양이 귀한 존재일 수밖에 없으므로 북방의 고대인들은 대부분 태양을 숭배 대상으로 삼았다.

일본의 태양숭배는 아마테라스 오미가미(天照大神)라는 태양의 여신으로 의인화되었으며 천조대신은 일본 건국신화에 나오는 여러 신들 가운데 가장 높은 자리를 차지하고 있다. 태양숭배는 부여족이 일본에 당도하면서 더욱 열기를 띠고 보다 발달된 형태의 주술 신앙으로 바뀐다.

『일본서기』가 편찬된 8세기에 이르러 태양숭배는 다른 모든 주술신앙을 누르고 독보적인 자리를 차지했다. 이에 따라 당시의 통치가문에게 만세일계의 훌륭한 혈통을 만들어 주려면 태양의 여신에게까지 족보를 연결 지을 수밖에 없었다. 삼종 신기 가운데 거울은 태양숭배 사상이 인격화된 천조대신을 상징하는 물건이었다.

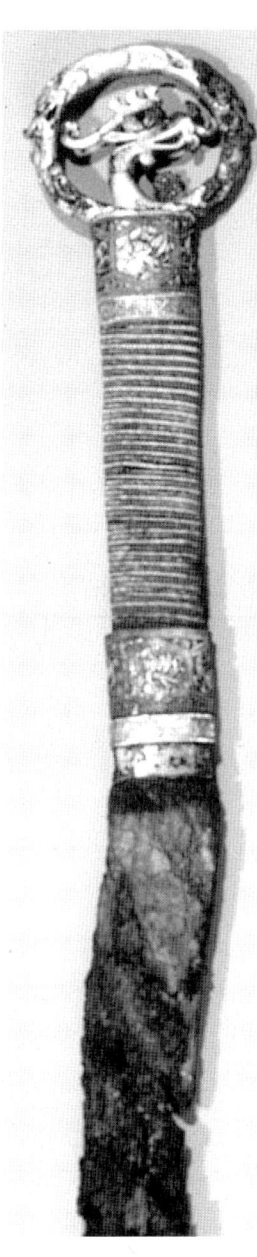
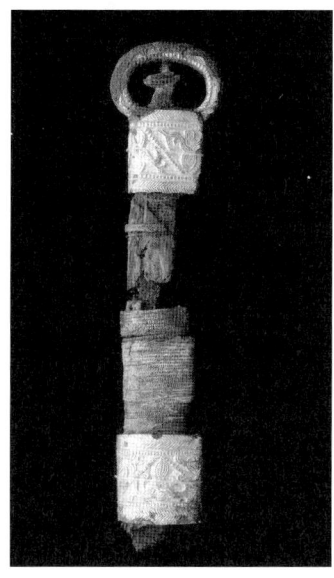

(좌) 백제 무령왕릉 출토 용무늬 금동 고리자루 칼. 자루에는 금실 은실을 감고 그 위에 다시 금판을 붙이고 무늬를 투조했다. 국립공주박물관 소장.

(우) 일본 닌도쿠왕릉 출토 용무늬 장식 고리자루 칼. 5세기. 가야 칼, 무령왕릉 칼과 흡사하다. 보스턴박물관 소장.

## 칼

칼은 야요이시대 이즈모(出雲)에 세력을 구축한 초기 한국 이주민들을 상징한다. 칼은 무력의 상징으로 경주지역에서 5세기 왕들의 무덤에도 함께 묻었던 물건이다. 미추왕릉으로 알려진 경주고분 출토의 칼은 스키타이적 배경을 말해준다. 이것은 역대 왕에서 칼의 후계자인 다음 왕권자에게로 전래되던 보물이었을 것이다.

일본에서 천황의 신기로 받드는 칼은 옛 문헌에도 나와 있는 폭풍의 신, 또는 성급한 남신으로 불리는 스사노오미코토의 소유였다.

스사노오는 신라에서 건너온 실존 인물로 그

의 아들은 신라에서 옷감을 취급하던 상인이었음이 『일본서기』에 암시되어 있다. 오늘날 이즈모 대신사는 바로 이 스사노오를 받드는 일본의 가장 오래된 신사이다. 그는 머리가 여덟 개 달린 용에게 여덟 통의 술을 먹여 취하게 한 다음 그 용을 죽이고 기적적으로 이 칼을 얻게 되었다고 한다.

후에 그는 이 칼을 여동생인 아마테라스 오미가미에게 주어 보관토록 하였다는 데 문헌에서는 '오로시노 가라스키', 즉 '한국의 용검(龍劍)'이라는 이름으로 불린다.

12세기 일본에서는 다이라(平)와 미나모토(源) 두 무인 가문이 적이 되어 세력 쟁탈전을 벌였다. 1185년 500척의 다이라 함대가 700척에 이르는 미나모토 함대를 만나 싸우게 되었다. 이들은 노를 저어가는 조그만 배를 타고 싸웠는데 배에는 아무런 무기도 부착되어 있지 않았으며 멀리 있는 사람에게는 활을 쏘고 가까이 접근하면 칼로 치는 싸움이었다. 당시의 해상전략이란 바람 부는 방향에 활을 맞추고 화살을 갈아 끼우는 정도에 지나지 않았다.

마지막 순간 다이라 쪽의 한 무사가 이탈하면서 전세가 균형을 잃기 시작했다. 당시 싸움에서는 이기는 쪽으로 이탈하는 행위가 빈번히 일어났다. 다이라는 패배하고 여섯 살된 안도쿠(安德)왕이 타고 있던 배마저도 포위되었다.

미나모토 편 무사가 배에 올라타기 전에 다이라 기요모리의 미망인이자 안도쿠(安德)왕의 외할머니가 어린 왕을 품에 안고 바다로 뛰어들었다. 왕의 어머니와 친할머니인 태후도 뒤를 따랐다. 그때 그녀의 손에는 삼종 신기가 들려있었다.

태후는 즉시 구출되었고 삼종 신기 중 동경과 곡옥은 건져냈으나 스사노오가 여덟 개의 머리를 가진 용에게서 뽑아내었다는 용검은 끝내 건지지 못했다.

### 곡옥(曲玉)

삼종 신기 중 세 번째는 구부러진 모양의 곡옥을 꿰어 만든 목걸이로서 일본인들이 이것만은 그들 고유의 물건이라 믿었던 것이다. 그런데 곡옥은 일본에서는 전혀 생산되지 않는 경옥(硬玉)으로, 한반도 북부나 중앙아시아의 투르키스탄에서만 나는 보석이다. 곡옥으로 만든 이 신표는 태고로부터 특별한 주술 능력을 가진 것으로 여겨져 한때 이것을 소유한 자가 합법적인 천황으로 간주되었다. 1920~130년대에 초군국주의

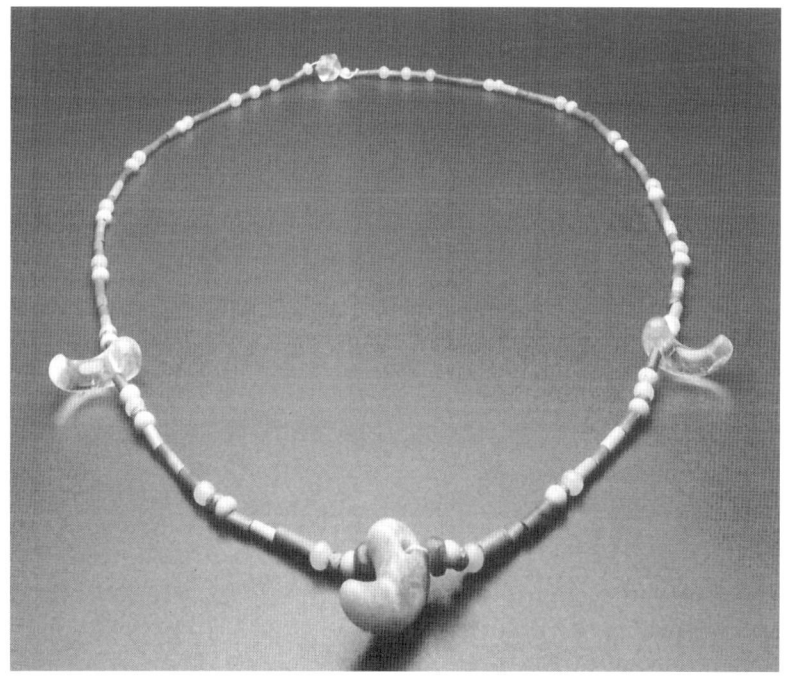

비취와 수정 곡옥으로 장식된 5세기 신라시대 목걸이, 길이 31.5cm, 보스턴박물관 소장.

가 휩쓸 무렵 일본인들은 마가타나라고 부르는 이 곡옥이 일본 고유의 유물이라고 강력 주장했다. 그러나 이것은 물론 사실이 아니다.

고고학자들은 곡옥을 일본보다는 한국에서 더 많이 발견하고 있는 것이다. 중국에서도 거의 알려지지 않은 곡옥은 시베리아 샤머니즘 양식으로 보인다. 한국에서는 이 구부러진 모양의 구슬을 곡옥이라고 부르며 백제, 신라의 왕릉에서 출토되는 목걸이, 금관 등에 장식되어 흔히 보이는 물건이다. 여하튼 곡옥은 왕권, 혹은 지배계급의 권위를 나타내는 강력한 상징이었다.

곡옥이 무엇을 뜻하는지는 학자마다 의견이 다르며 구부러진 모양도 조금씩은 다르다. 올챙이, 혹은 태아의 모습이기도 한 것을 보면 이것은 다산의 상징인지도 모른다. 물고기 같이 보이기도 하는데 물고기는 동아시아 전역에서 다산과 풍요를 뜻했다. 일본에서는 지금도 잉어가 자손의 번성을 기원하는 음식으로 쓰인다. 어떤 사람들은 곡옥을 두 개 마주보

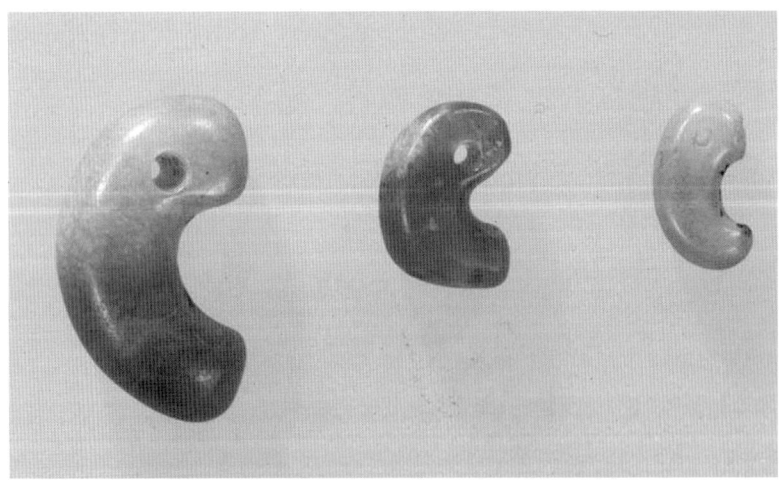

일본 규슈 후나야마고분 출토 곡옥.

도록 놓으면 음양의 조화를 상징하는 것으로 보인다고 한다.

그러나 부여족이 정벌한 이후 일본은 시베리아 양식의 무속이 주류를 이루던 시대였으므로 동물을 상징할 가능성도 무시할 수 없다. 곡옥은 곰의 발톱으로도 보인다. 그렇다면 단군의 어머니가 곰토템의 웅녀였다는 것과 어떤 관계가 있을까. 더 나아가 일본의 소수민족인 아이누족은 오늘날까지도 곰을 신으로 섬기고 있다.

369년 북부여의 유민을 이끌고 일본 원정길에 오른 신공왕후의 측근 다케우치의 별명이 '용감한 큰 곰'이었다는 사실도 결코 잊어서는 안 될 것이다.

오늘날 한국에 남아있는 무속신앙에서는 호랑이가 악귀를 쫓는 수호신이다. 그리고 보면 곡옥이 악귀로부터 무덤 주인을 보호해 주는 '호랑이 발톱'일 수도 있다. 샤머니즘의 주변에는 항상 악귀라는 존재가 따라다니기 때문이다.

산 또는 바위를 숭배하는 관습은 한국에서 유래된 것으로 보인다. 한국의 무속신앙을 나타내주는 민화에서는 호랑이가 항상 산신의 옆에 있다. 또한 바람신 스사노오가 태양의 여신 아마테라스의 곡옥을 씹어 삼킨 후 여러 신을 낳았다는 일본의 신화도 있으니 이 많은 이유들로 곡옥은 신성시될 수밖에 없어 보인다.


삼종 신기가 모두 고대 신앙과 깊은 관련이 있으며 무력으로 구체화되는 초자연적 능력의 상징임이 분명해졌다. 이 같은 삼종 신기가 짝을 이룬 것은 부여기마족이 통치하던 시대의 일이었다. 후대에 가서 많은 천황들이 어떤 것은 잃어버리기도 하고 모조품을 만들기도 하여 세월 따라 우여곡절을 겪었다.

1930년대 초군국주의가 일본을 휩쓸 즈음에는 심지어 '성스러운 천황' 만이 이들을 볼 권한을 가졌다며 다른 사람이 보면 충격을 받아 눈이 멀어버릴 것이라고 했다. 그러므로 이세 대신궁에서 신기를 다루는 관리인들은 흰 장갑을 끼고 붕대 같은 것으로 눈을 가리기도 했다. 그러나 중세에는 이 '신성한 천황의 신기' 들이 험하게 막 다뤄지기도 했다. 따라서 5세기 삼종 신기의 원본은 이미 오래전에 자취를 감추었는지도 모른다

(역자 주; 『일본서기』 중애왕 8년 춘정월 4일 조에 이런 구절이 있다. "천황이 츠쿠지(筑紫, 지금의 후쿠오카)로 갔다. 그때 강현주의 선조 웅악(熊鰐)은 천황의 거가가 왔다는 것을 듣고, 미리 500지의 현목을 뿌리째 뽑아 구심(九尋)의 뱃머리에 세우고, 상지(上枝)에는 백동경을 걸고, 중지에는 십악검(十握劒)을 걸고, 하지에는 팔척경(八尺瓊)을 걸고서 주방의 사마의 포구에 마중 나왔다." 전용신 옮김『일본서기』에서 인용).

이처럼 세 가지 특정한 물건을 지정하여 왕가에 초자연적 능력과 함께 그 합법성을 부여해 준다는 점을 주지시켰다 함은 곧 지역에 따라 산만한 집합체를 이루었던 다양한 원시신앙이 통일된 종교로 변천됐음을 암시한다. 또한 이 같은 사실로 확실히 알 수 있는 것은 부여라는 씨족이 통일된 지배체제를 이루고 다른 씨족들을 일종의 봉건적 신하로 받아들였으리라는 점이다.

## 오진부터 게이타이 이전까지 완전한 부여혈통

1985년 11월 1일자 『코리아헤럴드』에 370년부터 645년에 이르기까지 한국인들의 거주지였던 아스카에서 나무판에 그려진 키치(미완성 작품) 유물이 발견됐다는 기사가 실렸다. 초기 한일 관계사를 밝혀줄 많은 유물이 들어있다고 한다. 일본학자들은 궁중 쓰레기 더미 속에서 발견된 이 유물이 『일본서기』의 폐기된 초고가 아닐까 생각한다고 했다.

7세기 왜 조정은 역사 편찬에 대한 고도의 검열을 했다. 이때부터 한일 관계 역사가 왜곡되기 시작됐다. 최근 오사카 거주 한국인 동포 일행이 내한, 광주에서 부산까지 도보여행하면서 영암의 왕인사당에 참배했다. 왕인은 405년 왜에 당도하여 일본 왕족을 교육시킨 두 번째 한국인이었다. 그의 후손들은 대대로 한문을 수학하는 집단을 이루고 대궐의 역사학자가 되었다.

왕인보다 1년 전에는 백제인 아직기가 왜에 와서 글을 가르쳤다. 그는 백제 임금이 왜왕에게 선물하는 길들인 두 마리의 말을 가져온 사람이었다. 아직기가 말 다루기 말고도 한문에 유식한 사람이었으므로 왜왕 오진은 그에게 공부 스승이 돼 줄 것을 청했다.

왜왕이 묻기를 "백제에는 당신 말고도 학문에 유식한 사람이 있소?"

하기에 아직기는 "왕인이 나보다 낫소이다" 하고 왕인을 추천해 그 다음 해 왕인이 왜로 임금을 가르치러 왔다. 왕인은 학업의 신이 되고 후손들은 독점적으로 학문에 종사했다.

이 당시 왜국의 조정에는 두 개의 전문인 조합이 있었던 듯하다. 두 집단 모두 한문을 아는 자들로, 대궐에서 학자로 통했는데 왜는 당시 한자로 밖에 달리 기록할 문자가 없었다. 백제인 아직기와 왕인의 시대에 왜는 369년 한반도에서 건너와 규슈를 정벌하고 이어서 혼슈 본토의 서쪽 절반을 점령한 부여 기마민족의 후예들이 통치하고 있었다. 이들은 한국인이었지만 무인일 뿐 한문을 아는 유식한 학문인들은 아니었다.

왜에 와서 학문의 바탕을 닦은 두 백제인은 모두 진구왕후의 아들 오진왕 대에 왜로 건너왔다고 기록되어 있다. 진구왕후가 궁금한 독자라면 본인의 저작에 소개된 대로 진구가 자기 아들에게 왜국 통치자의 자리를 주려고 왜로 건너온 저간의 사정을 이해해야 할 것이다.

일본역사에 공식적인 16대 왕으로 기록된 오진과 그의 후대를 이은 임금들은 지금 일본왕으로 알려져 있지만 적어도 507년 왕위에 오른 26대 게이타이 이전 부레츠(武烈)까지는 의심할 바 없는 한국인들이었다. 게이타이는 4세기에 왜에 온 순수 부여, 백제, 신라 혈통의 기마민족 계열과 그보다 앞서 1세기경부터 왜국에 정착한 한국계 간의 왕권투쟁에서 타협안으로 채택된 인물이었다.

507년부터 531년까지 재위한 게이타이는 기마족의 딸을 왕후로 맞고 그 사이에 출생한 김메이(欽明)가 29대 왜왕이 되었다. 그의 통치 때 소가(蘇我) 가문이 왜국의 실권자가 되었다. 소가집안은 오진왕의 실제 부친인 것으로 보이는 다케우치노 스쿠네(武內宿禰)의 직계손이었다. 다케우치는 진구왕후 생존 시 그녀와 협력해 섭정정치를 했던 듯하다. 그의 이름은 '용감한 큰 곰'이란 뜻이다.

가야 양식의 관을 쓴 일본 하니와 토용. 일본 아리가와고고학박물관 소장.

다케우치의 수많은 자손들은 부여왕족의 특징인 바위를 섬겼다. 나라(奈良)와 텐리(天理)시 중간에 기마민족들이 참배하고 군수품을 간수하던 부여 바위 공주 사당(石上, 즉 이소노카미 신궁)이 아직 있다. 바위는 한때 부여 왕가의 적통을 상징했다. 일본이 받드는 건국 신화에서 해의 여신 아마테라스 오미가미가 돌로 된 동굴을 단번에 수리하고, 신토의 무속신들이 일본을 건국하려고 돌로 된 배를 타고 강림했다는 것 등을 기억해야 한다.

바위가 물에 뜰 리 없으니 이는 바위의 굳센 힘을 말해주는 전설에 그칠 뿐이지만 712년이라는 시기에도 신토의 역사서라 할 『고사기』에 하늘에서 내려온 돌로 된 배의 이야기가 기록될 만큼 강한 전통인 것이다.

추측건대 아직기의 후손은 왕인의 후손보나 너 친한석(親韓的)이었던 듯하다. 왕인의 후손들은 몇 백 년 뒤에는 자연스럽게 더 이상 백제가 아닌 일본에 최고의 충성을 바치기에 이르렀다. 660년 백제가 신라에 망해서 흡수된 뒤로는 멀리서 바치는 조국에의 충성도 쓸데없었고 그보다 훨씬 전에 망한 부여에 대해서는 더 말할 나위가 없었다.

그렇게 해서 이들 학자들이 『일본서기』를 편찬하게 되자 망한 백제의 역사에서 많은 부분을 차용하되 그것을 반(反) 신라적으로, 일본의 통치자 입맛에 맞게 왜곡해 기록했다. 그들은 친한 세력인 소가 가문을 타도하고 새로운 왕가로 등극하여 한국의 영향력을 축소하려 한 후지와라(藤原- 中臣 가문의 후손, 현재 일본 천황 가문) 가문에 아부했다.

『일본서기』의 저자는 후지와라 신생 왕가의 역사 검열을 감수해야 했다. 그렇지 않으면 목이 날아가 버렸을 것이다. 아직기의 후손들은 이에 덜 적극적이었다. 그들은 5-6세기부터 한국인 마을 아스카에 그대로 거주한 반면 왕인의 후손들은 후지와라 가문이 통치하는 새로운 도읍으로 이사 갔다. 물론 후지와라 혈통에도 한국인의 피가 섞여 있다. 그렇지만 그 이전의 천황들처럼 그렇게 압도적인 한국피의 혈통은 아니었다. 이 때문에 그들은 왕실 소속의 역사가들을 감독했다.

오늘날 벌어지는 일본의 역사왜곡은 이처럼 흥미롭다.

## 부여족의 권력 투쟁과 변신

지배 가문이 보다 뛰어나기 위해서는 항상 적절한 '조절정책'을 써야 하는 법이다. 이 때문에 부여 통치자들은 일본 안의 다른 씨족뿐 아니라 가야의 가츠라기(葛城) 가문 딸들과도 혼인하였다. 이러한 조절정책은 1세기 반에 걸쳐 계속되었다.

가야 호족 가츠라기 가문의 딸 바위공주 이와노 히메는 닌도쿠왕에게 시집갔고 그들의 손녀인 하에는 겐쇼와 닌켄 두 왕의 생모였다. 가츠라기 일가는 그 시조가 신화와 연결되어 있을 만큼 명문이었다. 그들은 기마족 통치자들에게 재정적 지원을 하고 가문의 여자들을 왕비로 들여보내 미래의 통치자를 낳도록 했다.

그러나 부여족은 호사스런 대궐 생활로 나약해지면서 점점 초기의 호전적 성향을 잃었다. 한편으로는 계승 권력에 따르는 충돌과 도전이 끊임없었다. 6세기에 와서는 마침내 가츠라기 가문 출신의 비와 가츠라기 아닌 다른 씨족 비에게서 낳은 이복 형제들 간에 싸움이 일어났다. 이런 사건만으로도 분명 혈통의 단절을 나타내 준 것이지만 후대 사가들은 오직 만세일계의 천황 혈통을 주장하기 위해 이를 사실대로 인정할 수 없었다.

유랴쿠(雄略)왕이 가츠라기 산 정상에서 자신과 똑같은 사람을 만났다는 이야기는 『일본서기』에 분명히 나와 있다. 유랴쿠는 가츠라기 가문 아닌 다른 가문의 어머니에게서 태어났다. 그는 자기와 꼭 닮은 상대방에 감탄하여 차고 있던 칼과 활과 화살을 모두 벗어 가츠라기 산이 의인화된 듯한 이 인물에게 바쳤다고 한다. 『일본서기』 기록자들은 두 명의 통치자가 양립해 있던 당시 상황을 말하는데 이처럼 애매하기 짝이 없는 서술을 하지 않을 수 없었다. 당시의 통치자인 천황의 체면을 세워주기 위하여 왕의 혈통을 만세일계라고 밀고 나가지 않으면 안 되었던 것이다.

유랴쿠 조에 있던 또 하나 독특한 이야기는 왕의 보관(寶冠)에 얽힌 것이다. 이를 통해 알 수 있는 것은 만약 그 당시 일본이 신라처럼 금을 많이 가지고 있었다면 분명 경주고분에서 출토되는 5세기 신라금관과 같은 것을 만들었으리란 것이다. 지금까지 일본에서 출토된 관은 모두 금관이 아닌 금동관들이다. 그 중 아주 흥미로운 양식의 관 하나는 살찐 몽골말이 걸어가는 형상을 장식해 놓았다.

이 시대에는 왕후가 직접 누에를 키웠으며 하타(秦) 가문의 양잠기술자 조직을 재정비하기도 했다. 유랴쿠는 또 백제왕에게 전문 기술자를 보내달라고 요청, 백제에서 도공들이 왔다. 이들이 만든 도자기는 유약을 입히고 아주 높은 온도에서 구운 것으로 왕실에서만 사용할 수 있는 '깨끗한 그릇'으로 불리었다.

이 시대 일본의 왕은 '성스런 은둔자'로 살았던 것은 아니었다. 왕은 사냥하고 향연을 베풀고 여러 행사에서 사람들과 자유롭게 어울렸다. 그러나 권력에 대한 도전은 늘 있었다. 507년에 왕조의 교체가 있었다는 징후가 확실하다. 부여계 통치 가문과 중국 기록에 왜(倭)라는 이름으로 나타나는 토착 세력 간에는 이미 수많은 혼인관계가 성립되었지만, 부여

기마족이 쇠락하면서 왕권 경쟁은 내란 상태로까지 돌입했다. 중국 역사에 '왜 5왕'이 있었다는 기록이 그것이다. 그러나 만세의 지배 가문 족보를 꾸며야 했던 8세기 일본 사가들은 이 부분에서도 많은 모순을 남겨놓았다.

507~531년간 재위한 게이타이왕은 일본 역사에서 새 국면을 열었다. 토착세력 출신인 왜왕 게이타이의 새 출발은 순조롭지만은 않았다. 527년 규슈 북부에서 이와이(岩井)의 반란이 일어났다. 규슈의 강력한 세력가 부여 기마인들이 왕조 교체에 반발한 것이다. 저항은 1년 넘게 지속됐다. 그러나 부여족의 가야 근거지는 이미 힘을 쓰지 못했다. 백제가 먼저 가야 일부를 점령했고 뒤이어 신라가 가야를 완전히 함락해버린 것이다. 532년 가야 북부지역이 망하고 562년에는 남부까지 함락되었다. 따라서 일본에 가 있는 부여기마족의 왕권은 본토로부터 아무 후원도 받을 수 없었다. 그럼에도 불구하고 그들의 패기와 혈통만은 그대로 남아 오래지 않아 일본을 빠른 개화의 물결로 몰고 가면서 최초의 강력한 정부 형태를 만들었다.

왕좌는 잃었지만 부여족은 결코 오랫동안 그늘에 묻히지는 않았다. 몇십 년 지나지 않아 부여족은 국정을 총괄하는 최고 신하로 두각을 나타냈으며 왜의 토착 혈통을 가진 왕실에 딸들을 시집보냈다. 부여족은 왕실의 외척이자 사실상의 통치자로 권력을 행사하여 불교를 육성하고 일본 역사에 또 하나 거대한 변혁을 불러 일으켰다.

6세기 후반에는 우지(氏)라는 많은 귀족 가문 사이에 끊임없는 투쟁이 일어났다. 우지제도는 이후 1500년에 걸쳐 일본을 지배하게 되므로, 여기서 분명히 이해하고 넘어가는 것이 좋겠다. 우지의 기원은 부여기마족이 많은 씨족 귀족세력을 휘하에 거느리고 마치 대가족의 가장처럼 이들을 모두 만족시켜가며 자신의 권력을 유지하던 봉건제도의 방편이었다.

『고사기』와 『일본서기』는 중요한 우지들의 조상을 신화시대로까지 거슬러 올라가 밝혀주고 있다. 즉 중요한 귀족 가문은 이와레왕자나 천조대신의 손자 니니기 등을 수행한 '거룩한 신'들을 조상으로 갖고 있는 것이다. 각 우지 가문의 우두머리는 갈라져 나간 고우지(小氏)의 모든 일족을 다스렸다.

왕의 명령을 하달하는 계통도 성립되었다. 모든 왕명은 국정을 총괄하는 대신(大臣) 또는 대련(大連)을 통해 전달됐다. 우지 아래에는 농민과 기술자들이 종속되어 노역을 했다. 이들은 노예나 다름없었다. 이들 중에는 죄를 지어 노예가 되었거나 규슈 남부에서 있었던 구마소(熊襲)전쟁의 포로도 포함돼 있었다. 필자는 구마소는 남방에서 들어온 이주민의 일부였다고 생각한다. 이들 종족은 단절되다시피 됐지만 지금도 규슈 남부 농민 중에는 일본인과 약간 다른 용모를 한 사람들을 볼 수 있다. 그러나 먼 옛날 남방 혈통이 섞여 들어왔다 해도 그 수효는 한국에서 건너간 정착민에 비하면 극소수였다.

이즈음 외국, 특히 한국에서 건너간 사람들이 전문 기술인 집단 베(部)를 형성했다. 그 중에는 중국 진(晉)나라 망명인 집단도 있었다. 비단 짜기나 옷 만드는 전문 기술을 지닌 외국 도래인들은 일본에서 대환영을 받았다. 마침내 수입된 외래기술을 전문으로 맡아하는 베의 수효가 700을 넘게 되었다. 이들도 우지의 지배를 받기는 했지만 대부분 반 자치적으로 운영되었다.

이처럼 실질적인 일은 모두 우지가 맡아 했으므로 군주는 사실상 바쁘게 움직일 필요가 없었다. 그런 까닭에 6세기의 왕들은 모두 있으나마나 한 존재들이었다. 단지 백성을 대신해 천신과 지신에게 제사를 올리는 일은 왕의 의무로 남아있었다. 그들의 역할은 반쯤 종교적인 것이었는데 이는 무속적 통치자의 개념이 완전히 사라지지 않았기 때문이다.

그러나 최근 수십 년에 걸쳐 일왕에게 허위로 씌워진 '신성한' 후광의 정체는 밝혀지지 않고 있어 최소한의 권위는 남아있었다. 사실상 일왕을 완전히 권력의 뒷전으로 몰아낸 것은 후지와라 가문의 신하들이 시작한 일이었다. 그때까지는 나중에 후지와라시대 왕들처럼 시나 쓰고 정원에서 빈둥거리다가 제사지내는 일로 소일할 만큼 그렇게 한가하지는 않았다.

어느 시대 어느 가문을 막론하고 실권을 잡은 사람들은 정략결혼이라는 권력 유지의 방편을 애용했다. 피가 섞이고 묽어지면서 본래의 유전인자는 더 찾아내기 어려워졌다.

일본은 단일민족임을 자랑스럽게 여긴다. 그러나 석기시대 이후 남방인이든 부여기마족이든 바다를 타고 흘러들어온 사람들의 피가 수천 년을 두고 섞여 왔다. 오늘날 버스나 기차에 앉아 둘러보면 남방의 구릿빛 피부를 가진 사람부터 북방 코카시언(Caucasian)의 후손에 이르기까지 각양각색의 사람들이 일본에 살고 있음을 느낄 수 있다. 그런데 대체적으로 말하면 귀족계급은 한국인처럼 높은 코를 가진 반면에 농민들 코는 콧잔등이 낮고 콧구멍이 옆으로 퍼져 한국인의 코로는 보이지 않는다.

'천황 가족'은 항상 귀족형의 얼굴을 가진 것을 자랑으로 생각해 왔다. 그렇다면 그들은 마땅히 말과 선진 무기를 배에 싣고 와 일본 땅에 지울 수 없는 발자취를 남긴 부여기마족에게 감사해야 할 것이다.

## 일본으로 간 부여 한국인들, 5세기 왜국의 지배자

일본인들은 옛 것을 보전하는 데 뛰어나다. 지금까지 전해오는 고서 『이즈모(出雲) 풍토기』는 8세기에 일본 통치자들을 위해 편찬된 지지(地誌)이다. 여기에는 이즈모(한반도 남부를 마주보는 일본의 해안에 위치한 곳으로 일찍이 일본으로 이주해온 한국인들이 정착했던 중심지)의 근원을 밝히기 위해 다음과 같은 전설을 인용하고 있다.

신이 어느 날 살펴보니 한반도 남부에 땅이 아주 넓었다. 그래서 신라 땅을 조금 떼어내 바다 건너로 끌어다 이즈모 자리에 붙였다.

'땅을 끌어가기'는 과학적으로 불가능한 일이고 빙하시대의 지표이동은 까마득한 옛날 일이었다. 이 전설은 신라 사람들이 대규모 이즈모로 이주해 갔음을 말하는 민간 전승설화인 것이다. 땅이 남아 돌았다기 보다는 많은 한국인들이 오늘날 미국으로 이민 떠나듯 새로운 가능성을 찾아 그 당시 일본으로 이주해갔다.
  일본 최초의 역사서 『고사기』에는 바람신 스사노오에 관한 기록이 상당 부분을 차지한다. 그의 모국은 한국이었다. 서기전 1세기경 한반도에서 일본으로 이주해 간 사람들은 작은 배에 의지해 바다를 건너야 했기에 초기 무속신앙 형태로서 그들에겐 산신이나 해의 여신보다 바람신이 더 중요했다. 뱃사람이나 어부들에게 바람은 생존과 직결된 중요사항이었다.

스사노오미코토는 이즈모 거주 한국인들에게 주신(主神)으로 섬겨졌다. 한국인들은 후기 석기시대에 머물러 있던 일본 본토 내의 원주민들과 섞여 어울리고 그들보다 우위를 점하는 일에 하등의 어려움도 겪지 않았다.

이즈모 신사. 신라에서 간 일본인의 조상 스사노오미코토를 받들고 있다.

이즈모 신사의 내부

스사노오의 무용담 하나는 부부신이 아기를 가질 때마다 예쁜 아가씨를 제물로 삼키는, 머리가 여덟 개 달린 뱀을 처단해 죽였다는 것이다. 스사노오는 다음 번 아기가 태어날 즈음에 술 여덟 통을 차려놓게 했다. 용이 와서 여덟 개의 머리를 술통 여덟 개에 각각 들이밀고 술을 마셔 나른해지자 그 틈을 타 칼로 여덟 개의 머리를 모두 베어버렸다. 그때 사용된 칼이 오늘날까지 일본 통치자에게 삼종 신기의 하나로 내려온다고 말하기도 한다.

이즈모의 한인(韓人) 사회는 번창하였으며 바람신을 모시는 거대한 신토 사당을 지었다. 옛날 척도로 그 사당은 몇 백 자나 되는 높은 건물로 당시로선 혁명적인 건축이었다. 그러나 그 사당은 1500년 전 무너지고 오늘날 재건축된 바람신의 이즈모 신사는 해의 여신 아마테라스를 모신 이세 신사에 우위를 내주고 서열 2위로 물러나 앉은 신사가 되었다. 바람신을 받드는 신라 출신 한국인과 해의 여신을 받드는 한반도 남서부 백제 출신 한국인 사이에 전투가 벌어졌던 듯하다.

결과적으로 스사노오 바람신은 해의 여신의 오빠로 낙착됨으로써 이즈모가 훨씬 앞선 거주지였음을 표명하게 되었다. 일본 초기 역사가 기술될 당시 사관들은 해의 여신을 주신으로 받들고 있었으므로 바람신은 변덕스런 바람의 속성에 걸맞게 파괴적이고 심술궂으며 거친 성격의 신으로 그려졌다.

북한의 사학자 김석형(金錫亨)의 주장에 따르면 일본열도에는 백제, 신라, 고구려의 분국으로 세 그룹의 한국인 사회가 건설돼 있었다고 한다. 김석형은 이 중 고구려계가 지배적 위치에 있었다고 믿고 있다. 평양 사람인 그로서는 그런 입장을 취하는 것이 안전한 길이었음 직하다. 그러나 일본의 고대 역사에서 자주 언급되는 것은 신라와 이즈모이며 4~5세기에 들어서는 백제가 자주 거론된다. 고구려가 등장하는 것은 552년 일본에 불교가 전해진 뒤의 일이다. 일본 왕실의 스승으로 불교 승려가 유입된 것을 위시해 일단의 승려들이 고구려에서 일본으로 갔다. 지형적으로 보더라도 북방의 고구려보다는 백제와 신라에서 더 많은 사람들이 일본으로 이주했을 것이다.

이 기간에 한일 간의 정치적 상황은 오늘날 우리가 알고 있는 것처럼 첨예한 대립 양상을 띤 것은 아니었으며 주민들 간의 이동도 잦았다. 어업은 중요한 생업이고 한반도의 긴 해안선 어디서든 배들이 떠날 수 있었다. 한국과 일본 사이의 바다를 넘나드는데 오늘날처럼 여권이나 지문 같은 까다로운 절차가 있는 것도 아니고 모든 것이 유동적이었다. 중국의 사서 『삼국지』「위지」에는 이 당시 일본에 수많은 부족사회가 산재했다고 기록했다. 선진화된 문명을 누리던 한국인들이 능력상 잘 대우받을 수 있는 일본으로 옮겨가는 일은 자연스러웠다.

이러한 움직임은 100여 년 전 미국 젊은이들 사이에 일었던 '가자 서부로' 열풍과 흡사한 것이다. 동부의 고착된 사회를 벗어나 서부로 가면 빠른 성공의 기회를 잡을 수 있으리란 기대가 젊은이들을 끌어들였던 것이다. 1862년의 홈스테드 법으로 원하는 사람 누구에게나 360에이커의 농장이 주어졌다.

일본 땅까지 험한 뱃길을 건너간 한국인들은 1세대 뒤에는 보다 많은 수입을 올릴 수 있었다. 오늘날 미국으로 이민가는 한국인들도 마찬가지 상황이며 19세기 '가자 서부로'의 젊은 미국인들도 똑같은 이유로 떠났던 사람들이다. 인류 역사의 진보는 언제나 발전된 기술을 처녀지에 가져가 개척한 사람들에 의해 이루어져 왔다.

오늘날(1982년) 일본에서 재일교포들이 처해 있는 낮은 위상에 대한 여러 가지 끔찍한 이야기와는 달리 5세기 일본의 한국인 부여족은 일본을 통치한 '신성한 천황'들로서 확실한 귀족계급으로 군림했다. 369년 부여족이 일본에 들어가 왜라고 하는 원주민을 밀어내고 정권을 차지했지만 사실 이들 원주민들도 부여족에 앞서 한반도에서 건너온 한국인 피가 반 가량 섞인 한국인 후손들이었다.

서양인으로 내가 구별해내는 한국인과 일본인 용모의 다른 점은 한국인이 키가 더 크고, 콧대가 높고 콧날이 길며 곧바르고 얼굴은 그리 동글동글하지 않다는 것이다. 일본인은 남방계 피가 섞여있기 때문에 콧대가 거의 없고 뺨에 좀 더 살이 올라있으며 얼굴이 동글동글하다. 일본인의 코는 콧망울이 좀 더 퍼져 있고 허리 아래 다리 길이가 짧다. 머리칼은 완전 흑색이며 결이 뻣뻣하고 거칠다. 피부색은 오늘날의 서울사람들보다 좀 더 어두운 색조를 띠고 있다.

한국인의 눈은 갈색을 띠기도 하며 밝은 갈색이기도 하다. 햇빛에 비쳐 보이는 머리칼은 갈색 조이다. 이런 특징은 한국인에게 코카시언의 피가 섞여 있음을 말해주는 것이다. 5천 년 전이나 7천 년 전 한국인의 먼 조상들은 알타이산맥에서부터 시베리아를 건너 동쪽을 향해 나온 것이다. 서기전 2세기에는 몽골 혈통이 가미되었다. 한국인과 일본인 모두 눈꺼풀이 몽골식이다. 그러나 그렇지 않은 경우도 있어 100퍼센트 순종 한국인인데도 눈꺼풀이 몽골타입이 아니다. 요즘에도 눈에 띄는 이런 차이점은 5세기에는 더욱 두드러졌을 것이다.

일본으로 이주한 한국인들은 양잠업이나 직조, 도자기 제조에서 현지인보다 월등히 앞서 있었다. 한 왕비가 죽었을 때 왕실에서는 이즈모에 도공을 보내 무덤에 넣을 토기와 토우, 토용을 만들게 했다는 기록이 있다. 이런 하니와(埴輪) 흙 인형들은 역사기록이 없던(나중의 역사서에는 부여족 1세대인 오진왕이 처음으로 일본에 문자를 도입했다고 하는데 이런 기록은 망실되었다) 5세기 당시의 일본 사회상을 어느 정도 반영해 준다.

하니와 토기에는 말과 배, 방패, 닭, 무당, 음악가, 병사와 여러 가지 모양이 장식되어 있다. 부여족 2세인 닌도쿠 왕릉에는 이런 토용이 2만 개나 들어 있었고 세 겹의 해자가 둘러쳐져서 접근을 막았다. 토용은 잡귀를 물리치기 위한 것이기도 했다. 이는 5세기 초 닌도쿠왕의 사망 당시만 해도 무속신앙에서 잡귀가 얼마나 강한 존재였는지를 다시 한 번 확인케 하는 것이다.

당시의 장제는 물론 무속신앙의 의례에 충실히 따르는 것이었고 대개 무녀가 집전했다. 하니와 토기에 붙어있는 조각을 보면 이런 무녀들은 곡옥 목걸이를 걸치고 소매가 좁고 깃이 밭은 저고리와 넓게 퍼진 치마를 입고 있다. 어떤 무녀들은 면류관 같은 각진 모자를 쓰고 있다(바로 이 시기의 고대 중국 황제들이 면류관을 착용했다). 처녀들은 머리 한가운데를 갈라 양쪽으로 묶어 내렸다. 5~6세기 남자들은 보석 치장을 했다. 5세기 경주고분에서 출토된 유물을 생각해보면 이는 그다지 놀랄 일이 아니다.

5세기의 일본은 오늘날의 일본과는 정반대 상황에 있었다. 오늘날의 한국은 비싼 로열티를 치르면서 외국인 전문가를 영입하여 기술을 전수 받는다. 그러나 5세기 왜에는 부여족은 최신기술을 지닌 외국인 전문가 집단이었던 것이다. 따라서 부여족들은 제일 좋은 땅을 차지하고 그 일족들에게 토지를 내리고 왕실의 요직을 맡았으며 일본 원주민들은 노동력을 제공했다. 전쟁에서 잡힌 포로들은 부여법에 따라 노예가 되었다.

1982년 봄 부산 조선호텔 앞바다에서 동트기 전 용왕님께 제(祭) 올리는 무당의 사진을 찍고 있을 때 부산상공회의소에서 한국인 초기 이주민이 항해한 뱃길을 따라 후쿠오카까지 가는 탐사에 나선다는 이야기를 들었다. 고대 한일 간의 바닷길을 답사하려는 한국 대학생들은 뗏목이 아니라 옛 선조들처럼 일본 하니와 토기에 나와 있는 모양의 배를 타고 현대식 엔진없이 오직 항해기술에 의지하여 나서는 게 옳다. 말도 대동해 갈 수 있을 것이다. 그래야 실제 무슨 일이 일어나는지를 입증해낼 수 있을 것이다. 옛사람들 같은 옷차림을 하고 가능한 한 여러 가지 면에서 그 당시와 같은 조건 아래 항해한다면 더 흥미로울 것이다.

후쿠오카 현 미야와카에 있는 다케하라(竹原)고분 벽화〈47쪽 사진참조〉가 상당한 참고가 될 것이다. 고분 내부 석판 널 위에 광물 안료로 그려진 이 그림에는 배에서 말을 끌어내리는 항해자의 옷차림이 분명히 보인다. 그 복식은 승마바지 같은 것에 높이 올라간 건 같은 모자를 썼다. 무덤의 돌널은 140센티미터 높이이다.

그림에 보면 말은 거의 배만큼이나 크지만 말을 다루는 사람보다는 작게 그려져 있다. 그런데 이 벽화에서 가장 주목할 것은 또 다른 말 그림이다. 크기도 배에서 내리는 말보다 훨씬 크다. 이 말은 공중 높이 질주하는 자세로 그려져 있다. 이 말 또한 무속왕의 하늘을 나는 말, 천마가 아닐까? 경주 155호 고분 천마총을 생각해 보라.

그렇다면 우리는 일본을 정벌하러 온 부여족이 규슈에 상륙하는 장면을 그림으로 남긴 후쿠오카의 이 고분벽화에서 부여족이 일반 기마용 말과 기수 그리고 무속에 등장하는 천마까지 완벽히 갖춰 한반도에서 가져왔음을 알게 된다.

두 그루 종려나무가 배 양쪽에 서 있어 그림의 틀을 겸하고 있다. 규슈 지방은 한국보다 날씨가 훨씬 온화하며 오늘날에도 종려나무가 자란다. 부여의 눈 많이 내리는 추운 고향에 비하면 규슈는 아주 따뜻한 기후대에 있다. 한반도 땅으로부터 길고 위험한 항해 끝에 와 닿은 이곳의 부드러운 기후가 화가에게 깊은 인상을 준 나머지 기념비적인 벽화에 비록 낯설긴 하지만 종려나무를 그려 넣게 된 것 같다. 그리고 이 나무는 7개의 가지를 지니고 있다. 무속의 칠천(七天)세계를 상징하는 것일까?

## 부산항

고려의 공민왕이 이곳을 '부산(釜山)'이라고 명명했다. 주변을 둘러싼 산들이 솥을 닮았기 때문이다. 하지만 항만을 끼고 있는 이곳의 지정학적 입지는 그보다 수백여 년 전부터 자연스런 이점이 있었다. 2000여년 전 선사시대 때 한반도 남동부지역 사람들은 이곳 항구에서 대거 배편으로 대마도나 일본 본토 땅으로 이주해 갔다. 서기전 3세기에는 논 농사법이 한반도에서 왜로 전해졌다. 중국에서는 이곳으로 철을 사러 왔으며 불교가 인도에서 직접 한반도로 들어온 것도 가야 제1대 김수로왕 때 이 항구를 통해서였다. 이 시기는 고구려에 불교가 공식으로 받아들여진 372년보다 훨씬 앞서는 것이다.

여기 있는 조개 무덤에서는 1세기 중국 동전이랑 당시 이곳 남자들이 즐겨 지니던 여러 물건이 나왔다. 1980년 부산은 300만 명이 넘는 인구에다 지방 행정구역이 아닌 직할시(역자 주; 현재는 광역시)이고 기후는 서울보다 온화하여 겨울이 한결 푸근하다.

세종대왕 때 부산은 국제조약에 의거, 일본에 개항되었다. 1876년에는 한국이 열강에 개방되지 않으면 안 되었을 때 개항하기로 한 삼포(三浦) 중의 하나였다. 간만의 차가 심한 인천항에 비해 부산항의 조수는 완만

2005년의 부산항. 천 수백 년 전 부여기마족은 이곳에서 바다 건너 왜로 새로운 국가를 건설하러 떠났다.
사진 김현기.

해서 국제 해운에 나선 큰 배들이 보다 가까이 정박할 수 있다. 1950년 6.25가 일어나 연합군도 한반도의 작은 지역만을 고수하고 있을 때 많은 북한 피난민이 공산 치하의 고향을 떠나 전선에서 가장 멀리 떨어져 있는 최남단인 이곳까지 심지어는 걸어서도 피난해 온 곳으로 그때 한국의 임시수도이기도 했다.

임진왜란 때 부산은 왜군이 침입해온 주요 관문으로 6년 후에야 마지막 왜군이 항복하고 물러난 극적인 역사를 겪기도 했다. 그러나 막부시대를 통해 일본의 한국 도자기에 대한 열정이 달아올랐을 때 이 지역 도공들이 빚은 그릇은 한국이 공식적으로 쇄국정책을 고수하고 있음에도 이곳 부산항을 통해 일본과 거래됐다.

몇 십 리를 뻗어나간 바닷가 모래밭은 여름이면 많은 피서객들을 유혹

1592년 4월 12,13일 임진왜란 당시 쳐들어온 일본군 선발대와 싸우는 부산진성에서의 전투장면. 변박 그림. 4세기 부여기마족은 부산에서 일본으로 떠나고 16세기 일본군은 부산으로 쳐들어왔다. 육군박물관 소장.

하고 문화적 호사가들은 택시로 금정산 중턱까지 올라가 7세기에 의상대사가 창건한 동래 범어사도 가볼 수 있다. 이 절은 임진왜란 때 불탔으나 곧바로 중요 당우(堂宇)들이 중건되어 안팎에는 흥미로운 민화들이 많이 그려져 있다. 경건한 방문객들이라면 1951년에 조성된 유엔군묘지를 가보기도 한다. 군대를 파견한 16개국과 의료진을 파견한 5개 중립국 병사들이 이곳에 잠들어 있다. 1977년 묘역 가까이 절이 하나 들어섰는데 한국에서 제일 큰 절이라고도 한다. 한국의 목재 재벌이 세운 개인 원찰로 여기 걸린 범종도 동양 최대의 규모라는 것. 산자락에는 많은 온천장들이 들어서 있다. 부산대박물관에는 한국에서 가장 훌륭한 가야 토기가 소장돼 있으며 부산자연사박물관도 있다.

바닷가 횟집에서는 방금 떠온 싱싱한 회를 먹을 수 있다. 바다에 면한 만큼 부산은 수산물의 중심지이며 이 중 많은 양이 일본 등지로 수출된다.

# 3 학자들의 부여기마족 연구

## 그리피스의 진구왕후 일본정벌론; 펜은 칼보다 강하다

오늘날 한국 정부는 잘 만든 책과 인쇄물, 광고 등으로 외국인에게 한국을 홍보하는데 많은 예산을 쓰고 있다. 미국인들은 텔레비전, 라디오, 광고가 실린 책 등에 아주 익숙한데 요란한 선전물을 보면 뭔가 그럴만한 속셈이 있는 것으로 생각한다. 하지만 1백여 년 전 책은 말할 수 없이 중요한 것이었다.

윌리엄 그리피스(William Elliot Griffis)가 영어로 쓴 『은자의 나라 조선 Corea, the Hermit Nation』은 1882년 발행되어 큰 영향을 준 책이다. 이 책은 초판 이래 20여 년 동안 9판이 발행되면서 제1차 세계대전 때까지 한국에 관한 가장 일반적이고 유효한 저서로 통했다. 책이 나온 1882년은 한미 간에 처음으로 우호조약이 체결되고 있었다. 이 책의 저자는 한국 땅에 한 발짝도 들여놓지 않았음에도 수백 쪽에 달하는 한국 이야기를 썼다는 사실이 흥미를 갖고 이 책을 읽어보게 만든다. 그리피스는 주로 일본 측에서 나온 자료를 가지고 3년 걸려 『은자의 나라 조선』을 저술했다.

이 책에는 부여족이 크게 강조되어 있다. 그리피스는 1870년에서 1880년경까지 10년 동안 동경대학에서 영어를 가르쳤다. 이때 그는 후일 일본이 제국주의 팽창을 위해 모조리 없애버린 한국사 관련 자료에 접근할 수 있었을 것이다. 그리피스에 의하면 "한국을 지배한 모든 왕조의 시조는 부여족이었으며 이들은 또한 일본문화에 크나큰 발전을 이룩한 한국 이주민의 대부분을 이루었다"고 한다.

그리피스는 서문(序文)에 혼슈 북방 해안에 위치한 에치젠(越前; 지금의 후쿠이(福井) 현 동북부) 지방에서 가장 번창한 항구였던 쓰루가(敦賀) 여행기를 적었다. 그곳에는 진구(神功)왕후가 한국에서 출발해 일본에 도착하기까지 뱃속에 들어있었던 아들 오진왕 및 신하 다케우치를 모신 신사가 딸린 절 조구 신사(常宮神社)가 있었다.

그곳에 선 그리피스는 647년에 만든 종이라고 전해들은 한국의 종소리가 바다 건너로부터 바닷바람을 타고 들려오는 듯한 느낌에 사로 잡혔다고 한다. 만약 이 종이 아직도 남아있다면 한국에서 만든 가장 오래된 종이 될 것이다.

더 나아가 1871년경 에치젠의 명문 집안 중에는 조상이 한국인임을 자랑으로 생각하는 사람들이 있었다. 그리피스에 따르면 일본의 하위계층인 에타도 한국 전쟁 포로의 후손이라고 한다. 여하튼 당시 이곳은 온통 바다 건너 동족(同族)을 연상시키는 분위기로 가득했다고 한다.

이 서양인이 본 일본은 문호를 개방한지 얼마 안 되어 한국을 합병하려는 야심이 표면화되지 않았으므로 한국으로부터 받은 은혜를 숨길 필요가 없었던 것이다.

그로부터 20여 년 뒤 20세기 초 동경대학 기쿠치 다이로쿠(菊地大麓) 총장과 함께 『일본사』를 저술한 브링클리 선장은 참고 목록에 140가지의 문헌을 밝히고 일본이 한국으로부터 받아들인 은혜를 자주 언급하면서도 부여라는 이름은 특별히 밝히지 않았다. 그렇다면 그 20년 사이에 부여에 관한 자료가 모두 없어졌거나 학자들의 손이 닿지 않는 곳으로 은폐되었다고 볼 수 있는 것인가.

그러나 부여에 대한 일본 당국의 이러한 금기에도 불구하고 한국과 중국의 문헌뿐 아니라 『고사기』,『일본서기』도 자세히 읽어보면 비록 이름을 밝히고 있지는 않아도 부여족의 자취가 확연히 드러나 있음을 느끼게 된다. 이것은 실로 온 세계 역사 가운데서도 '가장 잘된 은폐작업'이었다. 사실이 어떻든 이 책들은 일본 역사에 존재한 체제의 변화, 혈통의 단절, 끝없는 우여곡절은 숨기고 '태양의 여신으로부터 내려오는 만세일계의 신성한 천황 가계'라는 판에 박힌 문구를 내세우고 있는 것이다.

그리피스의 책에서 무엇보다 주목할 것은 한국인 무녀였으며 후일 왕후가 되었고 4세기 일본을 정벌한 여장부로 우리가 믿고 있는 진구왕후를 받드는 쓰루가의 신사에 관한 기록이다.

그리피스는 진구가 한반도에서 일본으로 건너왔다는 사실에 아무 의심도 갖지 않았다. 그는 진구가 한반도에서 일본을 정벌하러 올 때 군사를 지휘한 사령관이자 진구의 정부였던 다케우치의 스쿠네 신사에 대해서도 언급하고 있다. 한국서 만든 거대한 동종을 바다 건너 일본 땅으로 싣고 오다가 빠뜨려 아직도 물결 따라 그 종소리가 들린다는 이야기도 기술해 놓았다.

실제로 본인으로 하여금 부여-가야 기마족이 일본을 정벌했다는 대담한 주장을 펼치도록 용기를 준 것은 100년도 더 전에 그리피스가 언급했던 위의 진구왕후 일본 정복설이었다. 그리피스가 다룬 이 사실은 많은 학자들이 간과하고 있던 것이었다. 일본의 군국 세력은 불과 수년 후 이토 히로부미 같은 정치가가 초기 일본 역사에 미친 한국의 영향을 강력 부인하고 5세기에서 6-7세기를 거치는 동안 일본보다 크게 우월했던 한국문화를 격하시키는 것으로 나타났다.

부여 기마민족설에 관한 주장이 1882년 처음 그리피스의 책으로 저술

4-5세기경에 그려진 규슈의 고분 암벽화. 아마도 진무왕과 세발 달린 까마귀(팔지오)의 전설을 묘사한 것으로 삼족오가 진무가 탄 배에 날아와 그를 기이(紀伊)반도로 데려가는 장면이다. 한반도에서 건너온 부여족의 왜 땅 상륙을 의미한다. 이 벽화가 이즈모가 아닌 규슈에서 발견된 것은 기마족이 일본 본토에 앞서 규슈에 먼저 도착했다는 유력한 증거라고 볼 수 있다. 만일 이 그림이 해와 까마귀만으로 방위상의 남방을 표시하는 것에 지나지 않았다면 굳이 배와 선원까지 그릴 필요는 없었을 것이다. 고구려 건국자 주몽이 송화강을 건너는 것과 비슷한 건국설화다. 일본 규슈박물관 소장.

돼 나왔으며 뒤이어 일본이 한국을 식민 지배하면서 이 사실이 계속 억제되어 왔음은 주목해야 한다. 그리피스는 조선이 일본의 식민지배가 한창 무르익었던 1926년 83세로 사망할 때까지 한국에는 다녀가지 않았다. 그리피스의 이 영문 저서는 1985년 현재 한국에서 오직 미8군 도서관에 딱 한 권 있어 미국인들에게 한국을 이해하는 도서로 활용되었다(역자 주; 국내에는 신복룡 역주로 1975년 탐구당에서 초판 발행됐다).

그리피스가 이 책을 저술하던 시기 한국은 홍선대원군이 집권하고 천주교 박해와 쇄국정책을 강력히 실시하고 있었다. 그리피스는 뉴욕주의 개신교 목사 출신이었다. 그의 눈에 대원군의 정책은 당시 서구화에 열심이던 일본과 비교해 볼 때 매우 뒤떨어진 것으로 여겨졌다.

미국의 테오도르 루즈벨트 대통령이 1904~1905년 국제사회에서 한미조약을 무시하고 한국 아닌 일본 편을 들고 나섰을 때 (역자 주; 가츠라-태프트 밀약을 말한다) 그리피스의 책은 영향이 극대화되어 있었다. 그리피스는 한국을 매우 우호적으로 보고 그 처지에 연민을 갖고 있었지만 대원군이 이끌던 1870년대 조선은 너무나 부패가 만연했고 분열이 심했던 작은 나라였다. 그리피스가 자료를 수집하던 1877~1880년 한국의 여러 정파 간 싸움은 심히 우려되는 것이었다.

그리피스의 책은 중판을 거듭하고 계속 내용을 보강해 나갔지만 보다 잘 단결되고 보다 규범화 되어있는 일본과 비교해 볼 때 한국은 생산적인 정치 단합이 되어있지 못하다는 게 그의 변함없는 입장이었다. 한국에 대한 인식이 부족한 미국인에게 한국이란 나라는 기이하며 일본보다 뒤떨어진 국민들이고 마지못해 근대화되는 나라라는 선입견을 갖게 하는데 이 책이 어느 정도 영향을 미친 것이 사실이다.

1890년대에 나온 이사벨라 비숍의 여행기에서도 비숍은 한국과 한국인들을 매우 좋아하고는 있지만 가난하고 미신에 얽매인 나라로 묘사하고 있다. 한국 관련 저서로 외국인이 쓴 책은 한국인이 쓴 것보다 백 배, 혹은 천 배 가량 더 강력하게 세계 여론에 영향을 끼친다.

내 가슴에 그토록 강렬하게 와 닿았던 그리피스의 글 일부를 여기 인용한다.

1871년 나는 일본 아이치 현 후쿠이(福井)라는 곳에서 살고 있었다. 그때 바다를 사이에 두고 조선과 마주보고 있는 해안마을 쓰루가와 미쿠니(三國)라는 곳에서 며칠을 보내게 되었다. 고대 브리테인의 색슨 해변처럼 이곳 아이치현의 해안도 오래 전에는 맞은편 조선 땅으로부터 건너오던 뱃사람, 이주자, 모험가등이 배를 대 상륙하던 장소였다. 이곳 쓰루가로 들어온 조선의 사절단들은 여기서 바로 미카도(御門)로 길을 대어갔다.

여기서 얼마 떨어지지 않은 곳 쓰루가에 미마나(任那, 가야)의 조선왕, 신공왕후, 오진 그리고 다케우치를 받드는 사당들이 있는데 이들은 모두 일본 역사에서 '서방의 보물로 가득한 나라' 와 관련된 인물들이다.

만에서 건너다 보이는 쓰루가에는 소리가 청아한 종이 하나 걸려있었다. 이 종은 647년 조선에서 만든 것으로 화학적으로 분석해 보지는 않았지만 금이 아주 많이 들어가 있는 종이라고들 한다.

멀지 않은 곳 산속에는 몇 백 년 전부터 종이 만드는 사람들이 모여 사는 기요야(靑谷)라는 조그만 동네가 있었다. 주름잡힌 고급종이를 만드는 것으로 유명하다. 후쿠이 현의 오래된 가문 사람들은 조상이 조선 사람들인 것에 매우 자부심을 갖고 있었다. 온 동네가 모두 '바다건너 고향의 것'에 정통해 있었다. 새와 가축, 과실, 매, 채소, 나무, 농기구류와 도공이 쓰는 물레, 땅 이름, 예술, 종교이론과 제도에 이르기까지 거의 모든 것이 어떤 식으로든 바다 건너 조선과 관련된 것이었다.

한때 폐쇄된 사회였던 일본도 문호를 열고 세계 시장에 뛰어들었다. 그런데 한국이 왜 폐쇄되고 알 수 없는 나라로 남아 있겠는가?

## 그리피스, 페놀로사가 밝히는 일본문화의 근원 한국

한국이 일본예술의 근원임은 추측이 아니라 분명한 사실이다. 이를 입증할 수많은 자료가 일본에 넘쳐난다. 일본 고유의 예술은 9세기에 들어서야 겨우 발아했다.

위 글도 1919년 미국인 그리피스가 쓴 글이다!

하와이대 대학원 도서실 깊숙이에서 나는 1945년 유엔 창립에 즈음해 발간된 한 권의 책을 발견했다. 그 전에 발표된 여러 글을 모은 책으로 저자들은 모두 고인이 됐다.

주목할 만한 여러 편의 글 가운데 역사가인 윌리엄 엘리엇 그리피스의 것이 있었다. 그는 1869년 일본에 미국식 학교를 만들러 갔던 사람이다. 그는 동경대에서 10년 간의 강의를 마치고는 한국 역사를 책으로 쓰기 시작했다.

나보다 100년 앞서 그리피스는 부여족이 일본에 확고한 정부를 수립했음을 밝혀 같은 주장을 한 나의 선구가 되었다. 나는 그 시기를 369년으로 못 박았는데 그리피스는 날짜를 분명하게 못 박지는 않았어도 근접한 연대를 말했다. 나는 그리피스가 그때 자신의 한국사 연구에 참고할 한국 역사서를 다수 갖고 있었다고 믿는다. 일본이 한국을 식민지로 만

일본 법륭사의 구세관음(좌). 백제 성왕의 모습을 새긴 이 불상은 수백 년 동안 공개되지 않다가 미국인 페놀로사가 근대에 공개했다. 일본 법륭사 몽전(夢殿)에 안치된 이 불상 머리의 아름답고 정교한 청동의 투조관(위)은 한국 것임을 잘 나타낸다. 이 불상을 본 페놀로사의 첫 마디는 "그렇구나, 한국의 불상이구나"였다. 일본 법륭사 소장.

든 뒤 과거에 한국으로부터 가르침을 받았다는 소리를 듣기 싫어한 나머지 거둬들여 불 질러버린 그 한국사 책들 말이다.

"1868년 이후 새로운 논리를 발판으로 한 제도가 발동하면서 일본은 언론을 지배하고 강요된 교육, 역사의 날조를 저질렀으며 새로이 조장된 미카도이즘(군국주의)에 반대하는 학자들을 잡아다 벌주기 시작했다"고 그리피스는 썼다.

'역사는 편향되고 위조될 수 있다'고 했지만 예술품은 진실에 가까운 사실을 말한다. 미술사가 어네스트 페놀로사(Ernest Fenollosa; 후일 보스턴박물관 동양미술 학예관)가 일본에 있었던 1880년대, 일본 정부는 그를 예술고문으로 임명하고 일본의 모든 예술품을 살펴볼 권한을 주었다.

그는 법륭사(法隆寺)에 근 500년간 한 번도 풀어본 적 없던, 비단헝겊에 싸인 불상이 하나 있음을 알았다. 그보다 몇 년 전 법륭사에서 이 불상을 풀어보려 했는데 하늘에서 갑자기 천둥 번개가 쳐서 승려들이 두려워한 나머지 중지해 버렸다. 이 불상은 '일본 불교의 아버지'라는 쇼토쿠(聖德)태자를 새긴 불상이라고 알려져 왔다(역자 주; 1997년 법륭사의 고문서를 통해 쇼토쿠태자 상이 아니라 사실은 백제 위덕왕(威德王)이 부왕인 성왕(聖王)의 모습을 새겨 일본에 보낸 것임이 밝혀졌다). 그러나 페놀로사는 쇼토쿠태자가 당대 왜국의 정권을 손아귀에 쥔 한국인 실력자 소가 우마코(蘇我馬子)의 조카이자 사위라는 사실을 몰랐다.

그런데 이 미국인 학자가 불상을 싼 헝겊을 풀어내고 화려한 청동 투조의 관을 보았을 때 그가 환희에 차서 지른 탄성은 "그렇구나, 이것은 한국서 온 보물이로구나!"라는 것이었다. 일본이 온통 서양 문물의 유입과 그 산물에 미쳐 있었던 그때 법륭사의 보물인 이 불상은 '당연히 한국 것'으로 인정되었다.

한일합방이 되면서 사정은 서서히, 그러나 눈에 띄게 변화됐다. 오늘날 (1983년) 일본의 학자치고 이 불상을 연구하면서 1882년 페놀로사가 했던 것처럼 솔직하게 한국 것이라고 진실을 밝히는 사람은 아무도 없다. 그러나 사실이 분명한 만큼 나도 페놀로사처럼 이 불상을 한국 것으로 확실히 인식한다. 지금 이 불상은 일본 전체의 자부심이자 기쁨이며 성스러운 유물이기 때문에, 그리피스가 일찍이 목격하고 증언한 대로 예술사까지 포함한 역사 왜곡의 조짐이 지금까지도 농후하다.

다시 그리피스가 쓴 글 '일본이 한국에 진 부채(負債)'로 돌아가자. 이 글은 1919년 『아시아 매거진』 8월호에 처음 실렸다. 그 뒤 1945년 한국의 주장을 알리려는 목적의 작은 책자가 샌프란시스코에서 재발행되었다. 더 인용해 보겠다.

6세기 일본으로 흘러 들어온 불교의 물결은 이후 수백 년 간 그치지 않고 지속되었다. 해 뜨는 섬나라로 들어온 불교는 예술과 문자, 힌두, 중국, 한국의 문명을 담아 온 배달부였다. 당시 신토는 조직적인 종파로 강화되던 중이었다. 부족장 미카도(御門)가 통치하던 좁은 지역의 야마토(大和)는 지금 우리가 일본이라 부르는 큰 나라 이전의 조그만 발아에 지나지 않았다.

근대의 국수적 역사관이나 거짓된 황국신민사상으로 사람들은 자칫 야마토가 일본 전역을 통치했던 것처럼 속기 쉽다. 백제가 552년부터 일본에 전파한 불교는 국가적인 경사로 받아들여지면서 쉬지 않고 빛을 발한 열정적이고 절대적인 것으로 세계 어디에도 비견할 만한 예가 없다.

불교가 처음 일본에 들어갔을 때 일본은 지금처럼 전국적인 큰 나라가 아니고 여러 족속들이 분열하여 서부와 남부에 걸쳐 살면서 야마토의 왕, 미카도의 지배를 받는 집단이었다. 불교 유입으로 이들의 정치적 위상은 야만에서 문명으로 격상됐다. 새 종교인 불교를 통해 문자, 저술, 건축, 예술이 들어오고 한국으로부터 깨인 사람들이 수백 명 들어와 열심히 왜인들을 가르쳤다. 이들의 절대적 영향 아래 야만스럽던 왜인이 인간다워지고 사회와 건설 전반이 통째로 변화된 것이다.

야마토국의 문화가 얼마나 왜소한 것이며 반대로 한국이 베풀어준 문명의 세례가 얼마나 대단한 것인가는, 황국신민사관이 팽배해지면서 직장을 잃거나 억압당한 일본학자들의 저술이나 외국인의 글을 보면 쉽게 알 수 있다. 아니면 그 당시 순수한 일본문학이나 문물 자산이 어떤가를 살펴보는 것만으로도 주는 자 한국의 풍요로움과 받는 자 일본의 빈곤함이 그대로 드러나는 것이다.

임진왜란을 일으킨 히데요시가 죽자 고립됐던 일본군들은 본토로 철수했다. 그러면서 조선의 예술가, 장인을 아예 통째로 끌고 돌아갔다.

그리피스는 예술사가가 아니라 역사가였다. 나는 일본이 예술분야에서 한국에 진 빚은 나라(奈良)시대 전체를 망라하며, 8세기 중반에 가서도 일본은 하찮은 문명 수준이었다고 생각한다. 그리피스는 한국의 강력한 영향력은 10세기까지도 일본에 미쳤다고 말했다.

우습기 짝이 없는 것은 일본의 예술사가들이 일본의 보물 법륭사의 근원을 추적하면서 중국, 인도, 그 위에 멀리 로마와 그리스까지 들먹거리면서도 정작 한국에 대해서는 일언반구도 없다는 사실이다.

그렇다. 이 경우 '역사의 날조'라는 말이 딱 들어맞는 것이다.

## 기다 사다기지와 에가미 나미오, 부여 기마민족설의 원조

　1984년 당시 전두환 대통령의 방일 소식이 알려지자 일본 도쿄에서 발행되는 『역사와 여행(歷史와 旅行)』 잡지사가 기마민족설로 유명한 학자 에가미 나미오(江上波夫)를 인터뷰했다. 그의 기마민족설은 한반도의 기마민족이 우선 규슈를 정복하고 그 뒤 일본 본토에 자리 잡았다는 것이다. 내가 아는 바로 에가미는 1984년 지금도 일본의 고고학을 강의하고 기마민족을 주제로 한 학술회의를 종종 주최하고 있다.
　에가미의 기마민족설이 처음 발표된 것은 1948년이었다. 그 이전에 그런 주장을 했다간 당장 감옥에 가거나 화형당했을 것이다. 그런데 제2차 세계대전 이후 발행된 에가미의 이 책보다 더 앞선 1921년 기다 사다기지(喜田貞吉)가 용감하게 "부여는 한국에서 고구려, 백제, 신라를 건국했을 뿐 아니라 4세기에 일본으로 건너와 나라를 세웠다. 적어도 한국의 삼국과 일본, 이들 4개 나라 건국에는 모종의 연관이 있다"고 지목했다.
　그리고 아주 극소수의 민속학자들이 중국 역사서에 기록된 부여족 이야기가 일본의 『고사기』와 『일본서기』의 기록과 유사함에 주목하고, 일본의 건국자에 얽힌 전설과 부여 사이에 어떤 관련이 있다는 사실을 인지했다. 이리하여 기다 사다기지는 기마민족설 이론의 최초 주창자가 되었다. 기다 박사는 사망했으나 에가미 나미오는 아직 생존해 있다(역자 주; 2003년 사망).

1984년 『역사와 여행』지 인터뷰에서 에가미는 새로운 주장을 펼치지는 않았다. 그런데 그는 일본의 건국자가 어디서 왔느냐 하는 근원적인 문제에 가서는 애매모호한 입장을 취하고 있고, 잡지사 측은 이에 몽골의 지도를 제시하고 있다. 이는 에가미 나미오가 원래 만주 동부, 한반도 북부를 부여족의 근거지로 제시했던 것과 다른 것이다. 몽골에서 왔다고 하면 일본 독자들에게 더 먼 곳처럼 들릴 테니 이는 한국을 언급하지 않으려는 정치적 술수같다.

고구려를 건설하러 세 신하와 함께 부여를 떠나는 주몽. 송화강을 건너는데 물고기 떼가 떠올라 받쳐주고 있다. 1853년 일본 하시모토 그림. 윌리엄 그리피스의 책 『은자의 나라 조선』에 실린 그림이다.

에가미는 『고사기』에 나오는, 거북의 등을 타고 온 진무왕 이야기를 만주와 관련된 고사에 연계시켰다. 바로 부여에서 주몽이 만주를 가로지르는 송화(슝가리)강을 건너갈 때 강에서 떠오른 거북이며 물고기의 도움을 받아 그 등을 딛고 건너지 않았던가?

에가미나 기다의 이론에서 이처럼 역사적 괴리가 발견되는 것은 우물 안 개구리 같은 일본에서는 세계사적 안목으로 역사를 이해한다는 것이 절대 불가능한 것이었기 때문이다. 일본에서 군국주의가 발호하고 한국은 고작 일본의 식민지로 전락했던 그 시기에 이들은 용감한 학자들이긴 했다. 일본의 여타 학자들은 일본 왕실의 혈통이 일본 아닌 대륙에서 온 것이라는 이러한 주장에 맹렬하게 반대 입장을 취하고 있다.

이시다 아이치로는 1948년의 세미나에서 왜족(和族)은 한반도 남부와 일본의 서부 일대를 지배했다고 했다. 이 주장은 요컨대 대구에서 부산 사이 낙동강을 따라 뻗친 지역의 가야라고 불리던 왕국의 국민이 '가야-왜'라는 것이고 이들이 스진(崇神)왕 때 규슈를 정복했다는 것이었다. 이시다는 스진 때 일본에 한두 차례 침입이 있었다고 덧붙였다.

나의 영문 저서 『한국이 일본문화에 미친 영향; 일본의 숨겨진 역사 Korean Impact On Japanese Culture ; Japan's Hidden History』에서는 스진 조의 일이 언급돼 있지 않다. 내가 몰라서 생략한 것이 아니라 책이 원래 세 권 한 질로 예정돼 있다가 한 권만으로 그치는 통에 369년 부여 기마족의 왜 정벌을 중점적으로 강조하다보니 그보다 앞선 시기 스진 일왕으로 대표되는 한국인의 일본 이주를 생략하게 됐을 뿐이다.

오늘날 그 옛날 일을 실증하기는 매우 어렵다. 일본 왕실에서 고대사에 반(反)일본적 증거가 될 고분 발굴을 금하기 때문이다. 말하자면 일본의 고분에서 나오는 부장품이 신라 경주나 백제 공주에서 발굴되는 것과 같을까봐 겁내고 있는 것이다.

오사카 부근에 있는 닌도쿠왕의 거대한 능묘. 『일본서기』에 닌도쿠의 선대 임금인 오진은 그 어머니 신공왕후가 한국을 정벌하고 12개월 만에 출산한 아들이라고 한다. 물론 이 사실은 변조된 것이며 신공이란 여성 왕족은 부여기마족이 한국에서 배를 타고 바다 건너 규슈를 정벌하고 왜국의 지배자가 됐을 때 한 전환점을 이룬 인물을 말한다. 닌도쿠 왕릉을 발굴해 보면, 이 글에서 언급된 한국과의 연관성을 말해주는 유물들이 출토될 것이다. 이 책 뒷부분에 실린 닌도쿠왕릉 출토 동경과 고리자루 칼, 동탁, 삼환령을 보면 그런 확신이 더 든다. 사진 사카이시립박물관

1984년 11월 『역사와 여행』에 실린 내용은 오래된 고대사를 다루면서 만주지역을 몽골로 변조했다. 에가미 나오미는 절망했을 것이다. 일본에 계속 살고 있으면 이러한 고대사 연구는 진척될 수 없다. 에가미 책의 최신판은 아무 이유도 설명도 없이 선사시대에서 원시시대로 비약했다.

1948년 초판 당시 대담한 주장이라 하여 적들로부터 공격받던 책이 고작 역사적 고물 같은 이 책인가 의아할 따름이다.

이 방면의 새로운 국면은 미국 컬럼비아 대학에서 한국어와 한국사를 가르치는 개리 레저드(Gari Ledyard) 교수로부터 나왔다. 레저드는 에가미의 겁먹은 역사관과 횡설수설을 비판하면서 자신의 한국어 지식을 활용한 부여 기마민족설 주장을 새로이했다. 그는 부여가 송화강 유역에 있었음을 말하는 많은 자료를 제시하고 이들이 일본에 와서도 곳곳에 부여라는 지명을 만들었으며 '바위의 후손들'인 부여족의 종교가 왜에 큰 영향을 끼쳤다고 했다.

에가미 교수는 박식한 학자지만 정말 놀라지 않을 수 없는 것은 그가 매우 엄격한 역사가라는 잣대를 내세워 그 특성상 당연히 역사의 여러 시대를 망라하는 예술사를 학문이 아닌 일반론으로 격하시키고 있다는 점이다. 그래서 1982년 하와이 대학에서 그가 주재하여 개최한 기마민족 세미나는 특별한 성과 없이 끝났다. 에가미는 그 주제를 다루는 데 지친 것처럼 보였다.

전두환 대통령의 방일은 이 주제를 다시 활성화시키고 한일문제가 고작 식민통치시대에 있는 게 아니라 일본이 한국에 그처럼 신세졌던 고대로 눈을 돌리게 했다. 이 문제는 학문적이지 못한 통속잡지에 다뤄져 끝나거나 겁먹은 책자 발행으로 그쳐서는 안 된다.

『역사와 여행』에는 히로시마 대학 마에츠미 히사카주 교수의 글도 실렸다. 그는 여기서 "도래한 부여인들은 기타큐슈(北九州)에서 권력을 잡고 오진왕 시대에 오늘날의 나라, 오사카지역인 기나이(畿內) 지방으로 들어와 야마토를 통일했다"고 썼다.

나는 이 주장에 동의하는 바이다. 전체적인 진실을 걸러내기 위해서는 기다 사다기지, 에가미 나미오, 마에츠미 히사카주와 개리 레저드의 연구 외에도 부여 기마민족을 연구하는 많은 학자들 연구가 덧붙어져야 비로소 확실한 명제로 정립될 것이다.

그러나 나라, 오사카 일대에 산재한 고분의 발굴이 일본 정부의 반대로 전혀 발굴될 여지가 없어 이 문제를 학문적으로 연구하는 데 큰 걸림돌이 되고 있다. 발굴이 이루어지지 않는 한 전체적인 개요는 불분명하다. 그러나 나로서는 이미 기타큐슈와 가야, 신라, 백제지역의 발굴 및 기나이 지방의 우연찮은 발굴만으로도, 4세기 후반 일단의 기마족이 한반도 김해를 떠나 일본에 침입한 뒤 일어난 변화를 규명할 충분한 조사가 이루어졌다고 생각한다. 한국에서는 사학자 천관우(千寬宇)가 한반도에서 떠나 일본으로 간 기마민족 정벌론을 못 박은 중요한 논문을 썼다.

## 개리 레저드와 코벨의 부여 기마민족 정벌론

미국 컬럼비아 대학 개리 레저드 교수에 따르면 일본에서 처음으로 강력한 중앙집권 국가를 만든 것은 한국인들이었다. 일본의 전통 역사서인 『고사기』와 『일본서기』에 대한 비판은 1878년 처음 제기되었다. 그 뒤로는 1980년 지금까지도 별 진전이 없다.

일본에 군국주의가 뿌리내리던 1920년대와 우경화가 진행된 1930년대에 학자들은 천황의 '신성한 족보'를 캐는 일을 저지당했다. 1940년 전후로, 서기전 660년의 일본 건국을 기념하는 세계 42개국 대상 에세이 공모전이 있었는데 바로 필자가 여기서 '시부미(절제된 미)'라는 글로 상을 탔다.

제2차 세계대전이 끝날 무렵 고대 사학에 숨통이 트였다. 한 일본인 학자가 용감하게 서기전 660년의 일본 건국은 사실이 아니며, 진무(神武) 왕의 존재도 허구이고, 4세기 기마민족이 왜로 침입해왔음을 선언했다.

에가미 나미오가 그 장본인이었다. 그의 아들은 캘리포니아 버클리 대학에서 〈4세기 기마민족의 일본 침입〉이란 예술사를 연구해냈다. 이로써 이 방면의 연구에 있어서 일본보다 미국이 앞서가고 있는 셈이다.

나라시대에 왕명을 받아 일본의 초기 역사서를 편찬했던 사가들은 일

전남 장성 만부리 출토 말장식의 하나 삼환령. 길이 11.5cm, 광주박물관 소장.

익산 미륵사지 출토 금동풍탁. 높이 14cm, 원광대 소장.

닌도쿠왕릉 출토 삼환령. 보스턴박물관 소장.

닌도쿠왕릉 출토 동탁. 보스턴박물관 소장.

본 왕가의 계보가 신의 시대에서부터 내려온 것으로 각색했다. 그때 일본 왕실은 만세일계의 정통성을 내세우고 있었다.

역사학자가 아니라 예술사가인 본인이 아는 일본 왕족 간 형제자매 살해만 해도 여러 건이다. 14세기 고다이고(後醍醐 ; 재위 1318~1339는 장자로서 일왕 자리를 상속받은 이였지만 현행 일왕 가계는 그의 동생 가계에서 내려왔다. 장자 상속이 최우선시된다면 이는 불법이다.

'천황'이라는 호칭도 최소한 8세기 이전의 왕들에게는 해당되지 않는다. 중국식의 이런 칭호는 8세기에 비로소 시작되었다. 실제로, 8세기에 이르기까지 일본 왕실은 전적으로 한국의 감독과 후견' 아래 있었다.

잡다한 부족들 집합체가 하나로 통일되어 왜에 처음으로 중앙집권정부가 들어선 것은 부여기마족의 침입으로 생겨난 한국 커넥션이었다. 이들 부여기마족으로 왜를 다스린 첫 왕은 순수 부여기마족 혈통의 호무다왕, 즉 오진이란 왕이었다.

나중에 부여 기마민족의 자취를 없애려고 일본 역사학자들은 이상한 논리를 적용했다. 그들은 오진왕에 대해 그 어머니 신공왕후가 한국을 정벌하면서 출산을 늦추기 위해 자궁에 돌을 끼워 막았다가 일본으로 돌아와 10개월 열나흘만에 낳은 아들이고, 오진은 왕이 되어 130세까지 살았다고 썼다. 물론 이것은 한국의 부여기마족이 규슈를 거쳐 일본 본토를 정벌한 것을 역으로 뒤집어서 쓴 것이다.

부여족의 왜 정벌은 일본사에 결정적 역할을 했다. 130여 년 간 지속된 부여족 지배는 일본에 처음으로 중앙집권 체제를 구축했다. 물론 당시엔 한국인이나 일본인 모두 문자가 일반화되지 못해 기록으로 남지 않았고, 침략한 쪽이나 침략 당한 쪽이나 새로운 사회를 형성해 가는 와중에 일어났던 어렴풋한 고대사가 됐을 뿐이다.

이 때문에 8세기 나라(奈良)의 사가들이 한국의 왜 침입을 부정하고 반대로 왜의 한국 침입으로 바꿔서 설정한 것은 그리 어려운 작업이 아니었다. 3세기 중국의 사서 『삼국지』「위지」에 "이 시기 왜에 말(馬)이 없었다"고 기록된 것은 참으로 의미심장한 것이다.

일본 나라, 오사카지역에 갑작스럽게 등장한 거대고분이 뜻하는 것도 통합된 집권체제 아래 부여족들이 수많은 전쟁포로를 동원해 거대고분 축조라는 노역을 이끌어냈으리라는 것이다. 거대고분 중에도 369년 직후에 조성된 닌도쿠왕 무덤이 가장 크다.

1973년 나는 나라지역의 가장 오래된 마을 후루를 방문했다. 레저드는 후루를 부루, 혹은 부여와 같은 것이라고 했다. 단군과 부여, 일본족 전설 사이에는 연관이 있어 보인다. 또한 양국 국민 모두에게 '바위'는 중요한 상징이다.

부여의 발자취는 한강에서 내려와 가야를 거쳐 규슈로 그리고 동정(東征)하여 야마토 평원까지 뻗쳤다. 부여족은 너무 흩어져 있었으며 북방의 고구려 등으로부터 군사적 위협을 받았다. 이때 왜국에 와있던 부여족들은 아마 부여를 도우러 바다 건너 구원군을 보냈을 것이다. 곧 부여족들에겐 왜국에 마련한 근거지가 가장 강력한 거점이 되었다.

그래도 부여족들은 5세기 말까지 가야와의 관계를 유지했다. 일본의 부여왕들은 가야의 귀족집안과 혼사를 맺었고 이는 8세기 일본 사가들이 상황을 혼돈하기 딱 좋은 구실이 되었다. 그렇지 않아도 사가들은 분열을 겪고 있는 일본 왕실에 기록상으로나마 만세일계의 왕통을 꾸며내느라 골치 아플 때였던 것이다.

규슈에서는 좀 더 오래 부여 혈통의 통치권자가 군림했다. 그러나 한반도에 근거를 둔 부여족들은 점차 쇠락하다가 마침내 결단나 버렸다. 7세기에 와서 부여와 비(非)부여(또는 화족(和族)이라 불리는 혈통)는 타협하고 드디어 일본이 탄생하기에 이르렀다.

## 북한 김석형의 「삼한 삼국과 일본열도」

개인적으로 나는 공산주의에 반대한다. 공산정권이 권력을 잡은 나라마다 모두 수백만의 사람들을 고문하고 살해했기 때문이다. 공산주의 이론은 그럴듯하게 들리지만 러시아와 중국 그리고 알바니아처럼 작은 나라에서조차 실제 결과는 끔찍한 것이었고 북한의 경우도 포로수용소에 있다가 나온 사람들을 통해 얼마나 좋지 않은 곳인가가 밝혀졌다. 공산정권은 무산계급의 통치가 아니라 권력에 굶주린 소수집단의 집합일 뿐이다.

그러나 학문 연구를 생업으로 삼은 사람으로서 출처가 어디든 학문적 사실이나 의견을 거부할 이유는 없다. 1982년 전두환 대통령은 남북한 문화교류를 추진하겠다고 밝혔다. 남북한 모두에게 이로운 것이 될 것이다. 그러나 미국인인 나는, 일본식 교육을 받고 그 학문방식을 계속 견지하는 서울의 몇몇 엘리트 교수들과는 의견을 달리한다. 그러니만큼 민감한 사안인 고대 한일관계사에 대한 북한 최고 학자의 학문적 입장이 어떠한지를 들어보는 것은 흥미로운 일이 아닐 수 없다.

한국의 사학계에서는 오직 두 학자만이 나의 존재를 인정한다. 1982년 그 중 한 교수가 1969년 도쿄에서 발행된 북한 사학자 김석형(金錫

亨,1915~1996; 김일성대학 교수, 북한 사회과학원장)의 논문「삼한(三韓) 삼국(三國)의 일본열도 내 분국설과 일본열도」의 복사본을 보여주었다. 혹시 실수가 있을까 조심하여 나는 교토의 학자에게 번역을 부탁해 중요한 골자를 발췌해 읽었다.

김석형 교수의 논문은 규슈 북부에 위치했던 일본 내 고구려 식민지에 보다 큰 비중을 부여한 것만 제외하고 기본 입장은 본인이 주장해온 것과 같은 것이었다. 부여족이 일본에 와 닿은 서기 369년을 기술하지 않았을 뿐 연대까지도 똑같았다. 그의 논문을 요약해본다.

서기전 3~2세기, 한국인들은 왜 서부로 이주하여 농경민으로 정착했다. 이들은 왜 원주민들에게 철제기구의 사용과 논농사를 포함한 새로운 농업기술을 선보였다. 한국인들은 한데 모여 살았는데 이는 곧 자치구 내지는 왕국의 규모로 발전했다.

한반도에서는 삼국이 형성되는 과정에서 자주 전쟁이 일어나 이에 질린 한국인들이 점차 왜로 이주하게 되었다. 따라서 왜 원주민들에 비해 한국인 집단 거주지는 훨씬 선진화된 구성원으로 이루어진 곳이 되었다.

서기 2세기에서 6세기에 걸쳐 한반도에서 백제, 신라, 고구려가 입지를 굳히며 점점 강력한 국가로 발돋움하는 동안, 왜에는 수많은 한국인 식민지촌이 결성되었고 이들은 본국인 한반도와 지속적인 관계를 맺었다.

4세기 들어 왜 땅의 한국 식민지는 보다 강력한 정치적 집단이 되었으며 세군데의 중심 세력이 존재했다. 하나는 나라를 중심으로 동부지역에 거점을 마련한 가야 이주민들이었다. 두 번째는 이즈모와 기비지역의 신라 이주민들이다. 나머지 하나는 규슈 북부를 차지한 백제인들이었다. 이들 세 지역은 말 그대로 왜 땅의 한국 식민지였다.

서기 500년대에 이르기까지 한일 관계에서 한국은 언제나 선두 역할을 담당해

갔다. 일본이 대화 왜(大和倭)로 통합되었을 때도 한국인 후예들은 강력한 존재였다. 그러나 이들 '식민지' 들은 서기 600년부터 650년 사이 본국과 단절되고 모두 '야마토' 로 유입되었다. 600년경부터 야마토는 한반도 삼국과는 별개의 국가로 한일관계를 생성하기에 이르렀다.

독자들이 그동안의 나의 글을 주의해 읽었다면 본인이 지칭한 '부여' 가 김석형의 논문에서는 '가야' 로 대치되었음을 알아챌 것이다. 여기에 서기 369년이라는 연대가 명기되기만 했다면 평양 김석형 교수의 주장은 나의 주장과 일치하는 것이 된다. 김석형은 저간의 변화를 매우 점진적인 것으로 보고 있다. 하지만 고고학 발굴은 375년에서 400년 사이에 있었던 급격한 변화의 증거를 보이고 있다. 나의 일본인 번역자는 다음과 같은 개인적인 소견을 적어 보냈다.

일본학자들은 이 주장에 동조하지 않는다. 그 대신 일본학자들은 고대에 강력하고도 유일한 집단으로 '왜국' 이 일찍이 존재했으며 이들의 권력은 한반도를 능가하는 것이었다고 믿는다.

똑같은 역사 기록을 놓고 일본학자들은 이렇게 북한 김석형의 견해와는 다른 주장을 편다.

내 생각에 일본인들은 9세기에 들어와 가나글자를 사용하면서부터 일부 불교계 승려를 제외하고는 중국 한자의 해독 능력이 뒤떨어지게 되었다. 반면 한국인들은 근세까지 한자를 써왔다(최근에 와서는 벗어났지만). 오늘날에는 일본의 승려들도 고대 중국 한자를 읽어내는데 어려움이 많다. '역사 기록' 을 말하는 사서는 3, 4, 5세기의 중국 한자로 쓰여졌다. 나는 19세기부터 20세기 초 아직 '한국' 대 '일본' 이라는 국가관이 표면화되기 전, 영국과 미국의 유수한 학자들이 한문 '역사 기록'을 영어로 번역해낸 판본을 가지고 본다.

　일본학자들은 한국학자들에게 결코 동조하지 않을 것이다. 그래도 이들은 영국, 미국 등 제3국 학자들 주장은 받아들이지 않을 수 없을 것이며 일본 고대사에 대한 일본학계의 국수적 면모를 쇄신해 갈 수 있을 것이다. 언젠가는 일본학계도 일본의 고대 문명은 전적으로 한국이라는 틀에 담겨서 유입된 것임을 인정하지 않을 수 없게 될 것이다.

## 천관우와 백제의 칼 칠지도

  1984년 9월 말, 사학자 천관우(千寬宇)선생과 나, 그리고 나의 아들 엘런 코벨은 한국일보 천 선생 사무실에서 한 시간 남짓 한국고대사 이야기를 나누었다. 결과적으로 우리 세 사람은 기마족들이 일본에 들어갔다는 기본적 사실에는 동의했다.
  그러나 정확하게 그 시기가 언제이며 어떤 방편이 쓰였는지는 오사카-나라지역 일본 왕들 고분이 발굴되지 않는 한 확인할 수 없다는 점 때문에 100퍼센트 완전히 동의하지는 못했다. 현재 상황으로 보아 나라의 고분 발굴 허가를 얻어내기는 '최근의 불행했던 과거'에 대한 히로히토 일본왕의 사과를 이끌어내는 것보다 더 어려운 일로 보인다.
  천관우 선생과 의견이 일치하지 않은 사실이 하나 있었다. 천관우 선생은 진구(神功)왕후를 『일본서기』와 『고사기』를 쓴 일본 사가들이 만들어낸 가공인물로 여기고 있었다. 본인과 앨런 코벨은 최근 출판된 본인의 저서 『한국이 일본에 끼친 영향; 일본의 숨겨진 역사』 한 권을 천 선생께 증정하였다. 이 책에 자세히 나와 있는 진구의 일생과 그녀가 어떻게 해서 서기 369년 바다 건너 일본 땅을 정벌하러 기마군단을 이끌고 나섰는가를 천 선생이 이해해 주길 바라서였다. 천관우 선생 또한 우리에게 자신의 저서 『한국 상고사의 쟁점』을 주었다.

오늘날 한국 사람들은 일개 여성이 한반도에서 일본으로 정복군을 이끌고 갔다는 사실을 믿기 어려워한다. 그러나 일본사서에 나와 있는 대로 분석해 보면 당시 그 같은 일이 가능했다는 것을 이해하게 된다. 성리학이 그토록 강세를 떨치기 전 지배자가 된 한국인 여성은 여러 명 있었다.

우리 세 사람이 완전히 동의했던 사실, 일본 신토에서 가장 신성한 보물로 여기는 이소노카미 신궁 소장의 칠지도(七支刀)에 대해 좀 더 말해 보자.

일본 왕가의 조상 천조대신을 받드는 이세 신궁. 사진 권오영.

3 학자들의 부여기마족 연구  175

『일본서기』에 나와 있는 대로 백제 근초고왕의 왕세자가 신공에게 보낸 선물 칠지도. 7개의 날이 달린 이 칼은 369년 백제 단철예술의 수준을 보여준다. 길이 74.5cm. 일본 이소노카미(石上, 부여족 바위신사) 신궁 소장. 몸체에 백제 왕세자가 하사한 것임을 말하는 한문이 금으로 상감되어 있다. 이 중 몇 글자는 의도적으로 삭제된 듯하다. 국립부여박물관에 모사품이 있다.

일본을 점령한 맥아더 사령부는 일본에서 신토 무속을 없애려고 했지만 그 시도는 일본 재벌을 못 없앤 것처럼 실패로 돌아갔다. 오늘날 일본의 재벌은 완전히 되살아났으며 신토에 대한 외경은 '살아있는 신'으로서 일본 왕가에 대한 경배로 나타나고 있다.

이세(伊勢) 신궁에는 아마테라스 오미가미가 일본 왕가에 왕권의 표시로 내려주었다는 동경(銅鏡)이 소장돼 있다고 한다. 청동 거울은 일본, 한국, 중국에 수없이 많은 물건이지만 고대 한국인들의 일본 거주지 아스카(明日香＝飛鳥) 부근의 이소노카미 신궁 소장 칠지도만큼은 유일한 것이다.

일본에서는 어느 누구

도 이 신성한 칼을 절대 볼 수 없도록 되어 있다. 그렇지만 국립부여박물관 중앙전시실에 이 칠지도의 모사품이 전시돼 있다. 국립부여박물관이 일본에 요청하여 정확한 모사품을 만들어 왔는데 그 이유는 칠지도 칼등에 금으로 새긴 '백제 왕세자'란 글자 때문이다. 아마도 '금으로 상감됐다'는 표현이 적절할 것이다. 여기에 명기된 태 (泰 )4년 이란 연대는 서기 369년을 가리킨다.

이 칠지도는 이곳에 단 하나 뿐, 한국 어디서도 찾아볼 수 없기 때문에 (역자 주; 부여 군수리사지(軍水里寺址)에서 또 다른 칠지도가 출토된 것으로 알려져 있다) 일본의 어용학자들은 칠지도의 명문을 공개하지 않았다. 한일합방 기간인 1910년에서 1945년 사이에 이 칼의 명문은 의도적으로 파괴되었을 것이다. 왜냐하면 서기 369년은 일본이 한국의 식민지 속국이었기 때문이다.

천관우 선생이 이 칠지도의 한자 명문을 그의 논문「복원 가야사」에서 읽어내었다. 내용의 일부는 다음과 같다.

이 칠지도는 이를 지닌 사람에게 어떤 날카로운 칼날이라도 피할 수 있는 힘을 준다. 백제의 왕세자(역자 주; 근구수왕(近仇首王), 재위 375~384)가 369년 백제왕의 상의(上意)로 이를 만들어 속국 왜의 왕에게 하사한다.

물론 일본의 모든 학자들은 이 명문에 나와 있는 '속국'을 일본이 아닌 백제로, 칼을 보낸다는 '왕'을 야마토 왕국으로 해석하고 싶어한다. 그러나 절대 그럴 수 없는 명백한 이유는 바로 서기 369년 백제는 군사적으로나 정치적으로 정점에 올라 있던 때였다는 사실이다. 이때 백제 근초고왕(近肖古王, 재위 346~375)은 평양으로 쳐들어가 고구려 고국원왕을 죽였다.

당시 일본은 아주 미약한 사회에 지나지 않았으며 무녀 왕녀인 신공왕후와 그의 군사, 한반도에서 건너간 야심가들이 속국을 막 건설할 무렵이었다. 천관우 선생은 중국 『남제서(南齊書)』의 「백제국전(百濟國傳)」을 펴보였다. 그 기록에는 당시 백제가 5개 속국의 후왕(侯王)을 거느리고 있었음을 밝히고 있는데 일본이 그 중의 하나였던 것이다!

이 비범한 칼이 어떻게 왕실의 장막 뒤에 가려져 있게 되었는지, 칼에는 왜 7개의 가지가 달려 있는지 알려져 있지 않다. 나는 아무 설명도 할 수가 없지만 1983년 두 권의 한국무속 연구서를 낸 앨런 코벨은 간단 명료하게 그 의미를 해석할 수 있다고 믿고 있다.

경주 출토 금관은 모두 7개의 가지를 주요 장식으로 지닌다(한두 개 금관은 9개 가지를 지녔다). 이 장식은 무속에서 말하는 '우주 수목'을 나타낸다. 7개의 곁가지는 시베리아 전역에서 부족에 따라 신앙 대상이 되는 무속의 칠천(七天)세계, 혹은 구천(九天)세계를 나타내는 것이다. 말하자면 높은 신격일수록 높은 자리에 깃들인다는 것이다.

백제의 칠지도나 7개 내지 9개의 가지를 지닌 경주 출토 금관은 양국에 불교가 들어오기 전, 위로는 왕으로부터 군신과 일반 백성에 이르기까지 모두 무속신앙을 믿던 시기에 만들어졌다. 이들의 종교인 무속, 샤머니즘을 '민간신앙'이라고 격하할 이유가 없다.

당시의 샤머니즘은 매우 강력한 힘을 갖고 있었다. 가장 뛰어난 장인들이 이 땅에서 나는 풍부한 금을 가지고 살아서나 죽어서나 무속의 최고 집권자, 왕을 위한 갖가지 금 장신구를 만들어냈다. 20세기 학자들은 이러한 사실에 감사해야 할 것이다. 수많은 고고학 유물이 그 때문에 마련되었기 때문이다.

서기 720년 나라의 왕실에서 편찬한 『일본서기』에는 칠지도가 서기 372년 진구왕후에게 전해진 백제의 하사품이었다고 기록돼 있다. 720년까지 350년의 세월 동안 일본은 문자 기록이란 걸 갖지 못한 때였으니 연대가 3년 빗나갔다 해도 그다지 문제될 것은 없어 보인다.

우리는 이 칠지도가 백제 왕세자가 전장에 나가있던 부왕 근초고왕을 대신해(근초고왕은 그 후 얼마 지나지 않아 사망했다) 바다 건너 왜국을 정벌하러 나선 신공왕후에게 장도를 축하하는 뜻으로 하사한 것이었거나 아니면 그로부터 3년 후인 372년 신공의 장거가 성공했음을 축하하는 뜻에서 내려진 선물이라고 믿는다.

## 한국 역사의 3분의 1은 일본에 있다

1979년 정신문화원(현 한국학중앙연구원)에서 열린 첫 번째 한국학 국제학술회의에서 필자 생각에 가장 신선했던 것은 미국 예일 대학 연구과정 지도교수 전혜성이었다. 조용한 여성으로 여섯 명의 자녀를 두고 있지만 학업에 대한 열정을 놓지 않았다(역자 주 ; 미국 클린턴행정부 때 국무부 인권담당 차관보를 지냈고 2004년 예일대 법과대학원장으로 선임된 고홍주의 어머니). 19세에 한국을 떠나 영어를 완벽히 구사하고 일본어에도 능통한 그녀는 마음속 깊이 한국인이고 또 아주 여성적이었다.

전혜성은 1979년에 벌써 한국인의 생활양식에 관한 자신의 모든 연구를 컴퓨터에 입력하여 둔 연구방식을 개진하고 있었다. 예일 대학에서 전 교수는 '비교 관점에서 본 각 문화권의 남과 역할' 과목을 강의한다. 유교권의 한 면에 이런 고급강의를 하는 여성도 있다!

전혜성이 언급한 한 마디 말은 정말로 충격적이었다.

"한국 역사의 3분의 1은 일본에 있다!"

나는 '아스카예술'로 불리는 백제 불교미술이나 100여 점에 달하는 고려불화가 일본 수집가들 손에 들어가 있는 등 한국예술의 상당 부분이 일본에 넘어가 있다는 사실은 잘 알고 있었지만 전혜성의 단호한 주장에 동조하여 그 사실을 절감했다.

교토 시립예술대학의 우메하라 교수는 발제 강연에서 "일본은 초기 역사를 좁은 안목과 국수적 시각으로 일관하고 있어 7세기 한국이 원시적이고 후진사회이던 일본에 얼마나 자극이 되었는지를 인정하지 않고 있다"고 했다.

그동안 나는 7세기 일본이 백제와 신라에 얼마나 많은 덕을 입었는가를 지적하면서 마치 광야에서 외로이 울부짖는 것처럼 고독했지만, 우메하라 교수의 같은 주장을 듣고 나니 가슴이 따뜻해졌다.

나는 "일본 중세의 유명한 승려 이큐(一休)의 어머니는 한국여성이었을 것"이란 주장을 했는데, 그 일본학자가 이에 동의하는 것을 보고는 또 한번 고무되었다. 나는 얼마 전 일본의 선승이자 논객인 이큐에 대한 저작을 출판했다. 그의 어머니가 한국여성인 것이 확실하다면 그것이 의미하는 바는 매우 심장하다.

회의에 참석한 외국인 한국학 학자 일행은 서울에서 경주, 부산까지 다녀오는 동안 몇 가지 주제로 정말 열띤 토론을 했다. 그 중 하나는 한국인이 1979년 현재 LA에 정확히 얼마나 살고 있나 하는 것이었다. 어려서 내가 LA에 살 때 그때는 한국인이 하나도 없었고 일본인과 중국인은 많았다. 1979년 지금은 달라졌다. 누구는 LA에만 40만 한국인이 산다고 주장하고, 누구는 전 캘리포니아를 통틀어 한국인은 10만 정도라고 했다.

1979년 인구 통계를 보면 누구 말이 옳은지 알겠지만 사실상 인구통계란 그리 정확한 게 아니라는 지적도 나왔다. 그 외 뉴욕이나 필라델피아 같은 곳에 사는 한국인은 얼마나 되는가도 얘깃거리였다. 이번 국제회의를 최종 정리한 자료가 나오면 보다 정확한 정보가 알려질 것이다. 그래도 모두가 동의한 것은 한국인이 가장 많은 곳은 LA이고 그 다음은 호놀룰루라는 것이었다. 재미있는 것은 필라델피아 거주 한국인이 이 방면의 권위자인 발표자가 말하는 수치에 동의하지 않았다는 것이다.

나와 이야기한 한 발표자는 최대 관심이 '한국불교의 절대적 표상인 석굴암'이라고 했다. 그러나 그는 내가 그 말에 대한 구체적 설명을 요구하는데 답하지 못했다.

## 일본의 첫 사서 『구다라기(백제기)』

일본의 역사교과서 왜곡과 반한(反韓) 시각이 문제되고 있다. 그런데 일본의 첫 역사서가 고대 일본의 쇼군(將軍. 쇼군이란 말이 생기기 전이지만) 같았던 존재로, 왕 대신 정권을 거머쥔 최고권자이던 한국인과 절반 한국인인 그의 조카이며 사위인 섭정태자가 같이 쓴 책이라는 사실은 흥미로운 역사다. 바로 일본불교의 아버지로 호칭되는 쇼토쿠(聖德)태자와 그의 장인이며 200년 가까이 왜국의 정권 실세로 대를 이어 권력을 잡아온 소가 우마코(蘇我馬子)가 그 역사책을 공저했다. 이들의 조상은 4세기 가야에서 건너온 한국인으로, 여러 기마족들과 함께 한국에서 왜로 이주해왔다.

오늘날 일본에서 아스카(飛鳥) 불교미술로 호칭되는 호화로운 불교유물 대부분은 이 두 사람에게서 비롯됐다. 우마코와 쇼토쿠 생존 시에 지어진 절과 불교조각이 지금까지 전해 내려오는 것이다. 그러나 이들이 공저한 역사책은 후일 소가 가문이 대궐에서 일어난 정변으로 희생되어 죽을 때 같이 불길에 던져져 남아있지 않다. 이때 이들이 쓴 역사는 초기 백제역사를 기술한 구다라기(백제기)를 근저로 한 것이었음이 분명하다. 구다라기 또한 전해지지 않는다.

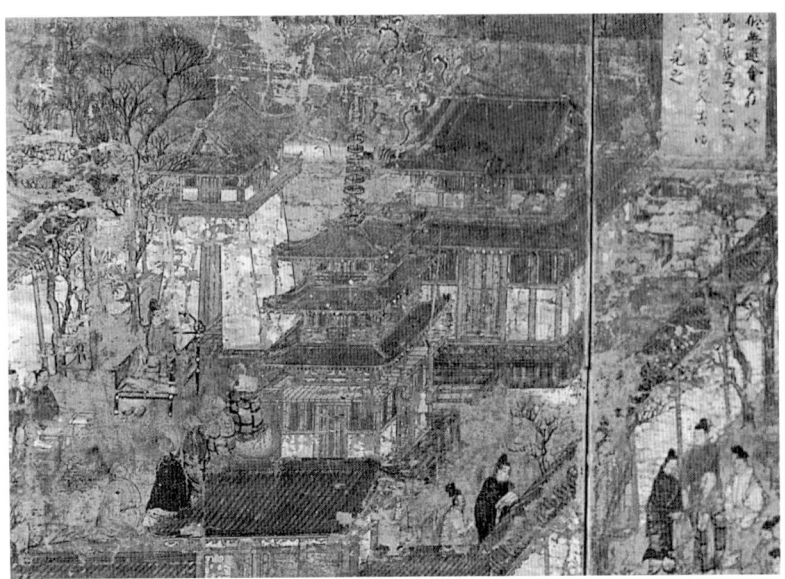

법륭사에서 혜자 등 한국인 승려 스승들에 둘러싸여 있는 쇼도쿠(聖德)태자. 쇼도쿠태자의 일생 병풍도의 한 장면이다. 쇼도쿠태자와 소가 우마코가 집필한 일본 역사책은 두 사람이 죽고 얼마 후 부여족의 순혈통치가 끊기는 전란 중에 불에 탔다. 법륭사 소장.

    이들 역사서에는 아마 서기 369년부터 505년까지 왜(671년 일본이라는 국호가 생기기 이전)를 지배한 한국인 왕가의 계보를 이룬 기마족과 그들의 바다 건너온 항해사가 기술되었을 것이다. 505년 이후 일본 본토인의 피가 혼합되긴 했지만 권력은 그때까지도 소가 가문과 같은, 한국에 근원을 둔 자들 손에 있었다. 이 시기 일본의 양반층은 다수가 한국인이었다.

    소가 가문이 숙청된 정변 이후 반세기쯤 지나서, 일본 토착 세력들이 스스로의 역사책을 서술할 만하다고 생각된 그 시기, 기존의 역사서들은 구다라기를 포함해 불길에 사라졌다.

    당시 사서 편찬은 쉬운 일이 아니었다. 나당연합군의 침략으로 조국이 망하자 일본으로 도망쳐 온 백제의 망명 학자들이 일본 대궐의 사서 편찬자로 발탁되었다. 한문에 능통한 이들 편찬자는 그때까지 일본에서 지나간 역사를 암기하는 토착 직업인들 말을 이해하고, 자료 수집 능력이 있는 학자들이었다. 사서 편찬의 유일한 금기는 밖에서 일본으로 들어온 부여족의 왜 정벌을 철저히 삭제하고 그 대신 현 집권자들의 계보를 늘려 오래 전 중국 역사서에서 그랬던 것처럼 모호한 신들 시대에서 비롯된 듯이 꾸미는 것이었다.

백제학자들은 일본의 구비관(口碑官)들이 부르는 노래역사에 나오는 사건과 이름을 백제사에 결부시키고 일부는 가야사와 신라사까지 차용해 일본사로 바꿔치기 했다. 그들은 '일본국의 창시자'라는 신비한 영웅담을 만들어냈다. 여기엔 부여-가야의 왜 정벌에서 얻어진 구체적 이야기들을 따다 쓴 만큼 사실적인 내용이 있다. 이런 것들이 짜집기되어 일본사는 서기전 660년부터 비롯된다는, 왕실에서 만족할 만큼의 오랜 전통을 가진 나라로 만들어졌다.

이렇게 해서 오늘날 접하는 역사적 사실은 진무천황이라고 하는 아말감 역사에서 나오는 내용일 뿐이다. 실제로 진무라는 이름은 초기 역사에서 그다지 영광스러운 위상을 가진 존재가 아니었다. 그것은 호무다왕자(15대 오진왕을 지칭)라고도 하는, 일본 땅에서 처음 태어난, 왜국을 정벌한 기마족의 왕자 15대 왜왕 오진의 행적을 가상의 진무왕에게 덮어 씌워 영광스런 건국자로 둔갑시킨 것이다.

8세기 초 편찬된『일본서기』에 왜를 정벌한 왕자 호무다는 이와레왕자라고도 불린다. 여기서 '이와'는 일본말로 '바위'를 뜻하며, '레'는 씨족, 가문을 말한다. 따라서 이와레(磐餘彦)왕자는 바위족 집단의 우두머리, 바위왕자였다. 그리고 '바위'는 언제나 부여, 가야를 배경으로 한다. '레'의 한자 표기는 '부여(夫餘)'의 여(餘) 자와 같다. 부여의 이 바위왕자는 역사 기록에 하늘에서 돌로 된 배를 타고 강림했다. 이 당시 관련된

3 학자들의 부여기마족 연구 185

사항을 보면, 바위는 바로 한국인을 말하는 것이다.

물론 8세기 역사가들이 서기전 660년 시대를 알 수가 없었다. 그래서 이들은 4세기에 일어난 부여족의 왜 정벌에 대해 알고 있던 사실을 서기전 660년의 일로 가져다 썼다.

부여의 바위왕자가 수월하게 왜를 정벌할 수 있었던 것은 그에 앞서 600년 동안 한반도에서 여러 계층의 사람들이 크고 작은 집단을 이루어 왜로 건너와 정착하면서 농업, 어업, 무역 등 다양한 활약을 하면서 살고 있었기 때문이다.

초기에 왜로 이주한 사람들이 타고 간 배는 4세기 기마민족이 타고 간 배보다 작았다. 그래도 기마족들처럼 왜를 침입하려고 배에다 많은 말을 싣고 가는 모험은 하지 않았던 만큼 무사히 왜 땅에 건너가 뿌리내릴 수 있었다.

초기 이주민들이 처음 정착한 곳은 이즈모(出雲)였는데, 이곳은 여러 모로 신라와 관련된 곳이다. 실제로 8세기 초에 편찬된 『이즈모 풍토기』에 보면 "신이 신라 땅을 굽어보니 인구가 너무 많은데 왜는 그보다 인구가 없으니 신라 땅 한 조각을 떼어다 바다 건너 이즈모에 갖다 붙였다"라는 것이다. 바로 신라에서 많은 사람들이 한국과 마주보고 있는 이즈모로 이주해 왔다는 뜻이다. 이들 대부분은 바람과 바다에 생활을 의지하는 어민들로, 해의 신보다는 바람의 신을 더 우러르게 된 것이다.

그런데 일본이 통일국가가 되고 나서 바람의 신 스사노오를 모신 이즈모 신사가 해의 여신을 받드는 이세 신사에 밀려 지위가 두 번째로 낮아졌다는 사실은 초기 이주사에서 중요한 것이다. 해의 여신 아마테라스 오미가미를 받드는 이주민은 신라 계통이 아니었던 것이다.

요동에 있던 부여족은 선비족의 침입을 받은 346년 이래 줄곧 이동 중이었다. 침입에서 살아남은 부여기마족들은 남으로 이동해 한반도를 거쳐 배로 규슈로 건너간 것이다.

만일 60척의 배가 동원되어 한 배에 15명씩의 기마병과 말이 타고, 그 중 4분의 1이 망실되었다 해도, 적어도 100여 마리는 규슈에 상륙했을 것이고 기마병들의 갑옷과 무기는 비활동적인 원주민에 비해 월등한 전투장비였다. 그리고 이들 기마족만으로도 일본의 역사는 대변혁을 이룩했다.

부여기마족과 함께 깊이 있게 가꾸어진 무속신앙도 왜로 건너갔다는 것은 중요하다. 기마족들은 무속적인 왕의 통치 아래 있었으며 왕은 사후 모든 공경을 바쳐 조성된 거대한 능에 안장됐다.

이후 일본 역사에는 거대고분 시대가 열렸다. 부여 기마민족이 왜에 가져다준 가장 큰 은혜는 중앙집권 체제였다. 그 이전에는 잡다한 소수의 부족들이 흩어져 있었다. 이러한 중앙집권 체제가 후일 성숙해서 여러 세기가 지난 뒤에는 그들의 '모국'에까지 대드는 것이 될 줄이야, 그때는 아무도 몰랐다.

## 한일 간의 문화교류? 한국이 일방적으로 준 것이다

1984년 전두환 대통령의 방일에 맞춰 일본에서 나온 책을 보았다. 83세의 히로히토 일왕은 오직 일제의 한국 강점에 한해서 유감이라는 사과를 했을 뿐이다. 1983년 서울에 온 나카소네 총리는 그보다는 더 나아가 6-7세기 한국이 일본에 가져다 준 기술과 문화에 일본이 빚지고 있음을 언급했다. 나는 이에 용기를 얻어 이 주제로 대한항공 기내지 『모닝캄』에 글을 썼다.

얼마 전 서울의 한 출판사에서는 한일 양국에 있는 미술품 중 비슷한 것들을 골라 컬러사진으로 인쇄한 일어판 책을 냈다. 책 제목은 『한일 문화교류 2천년』이라는 데 책의 내용과는 동떨어진 제목이다. 교류란 양국의 문화 수준이 비슷해야 사상이 교환될 수 있는 법이다. 이 출판사는 1982년 경향신문에 연재된 나의 칼럼을 출판하기로 했다가 '국내학자들한테 검증받고 내겠다' 해서 출판이 무산됐다. 그때 보았던 겁먹음이 오늘 이 책에서도 그대로 드러난다. 신문의 서평 또한 그 책을 두고 '일본과의 문화적 교류'라고 평했다.

무슨 얼어 죽을 교류란 말인가. 3세기부터 4, 5, 6, 7세기에 이르기까지 일본 원주민들은 한국 땅에서 문명화된 잠업과 문자, 금속문화를 가지고 오는 한국인들이 정착할 넓은 땅덩이만 제공할 수 있었을 뿐 교류할 문화란 아무 것도 없었다.

오늘날 동아시아에 남아있는 고대의 가장 큰 불상인 법륭사 금당의 아름다운 삼존불을 만든 한국인의 후예들은 그 대가로 23조에 달하는 엄청난 땅을 받았다. 여섯 번이나 실패한 끝에 위임을 받아 동양 최대인 16m 높이의 동대사 불상을 만든 한국인 후손도 그 성공에 대한 보답으로 벼슬을 받았다. 서평과 함께 그 신문은 일본에서 '일본불교의 전파와 불교예술의 전통은 오로지 중국에 있을 뿐(한국은 빼고)' 이라고 한 일본불교 선전 영화를 보고 난 한국인 유학생이 '놀랍다' 며 감탄하는 말을 인용하기까지 했다. 이 한국 학생은 일본항공(JAL)의 장학금 수혜자였다.

이런 한심한 역사인식에 한일 문화적 교류 운운하는 책을 보면 1984년 현재 한국인들은 뭘 제대로 아는 것 같지 않다. 한국인 저자가 쓴 짧은 글에 한일 양국어로 편집된 한 책은 앞표지에 교토 광륭사의 미륵보살상을 앞세우고, 한국의 똑같은 미륵보살상은 뒷 장으로 밀어놓았다. 앞에 실리는 것과 뒤에 실리는 것의 의미가 어떻게 다른지는 독자들이 잘 알 것이다.

반면 나와 아들 앨런 코벨의 영문판 공저 『한국이 일본문화에 끼친 영향』은 이 주제를 직접적으로 다루어서 앞표지에 한일 양국의 똑같은 미륵보살상 사진을 같이 실어 한눈에 두 불상을 비교해 보게 했다. 수백 가지 문화를 그렇게 비교해 볼 때 알 수 있는 원천적 사실은 한일문화권에서 한국은 맏형이고 일본은 어린 동생이었다는 것이다.

『코리아헤럴드』의 고정 기고자 이원설은 식민시대의 잘못을 인지하는 것만으론 충분하지 않다고 썼다. 문제를 분명히 하기 위해서는 일본국민 진체가(속셈이 따로 있는 정치가들이 아니라) 과거사를 깊이 알아서 문화가 일률적으로 한국에서 일본으로 건너간 것임을 분명히 알아야 할 것이라고 했다.

만일 거기에 '교류'라는 게 있었다면 섬나라에 문명을 가져다 준 한국인들에게 돌아간 땅, 명예와 부가 있었다. 김해에서 모험심 많은 어부, 상인들이 왜로 건너와 살면서 구석기시대의 왜인들에게 벼농사, 도자기 만드는 회전판, 도공의 물레, 그 밖에도 수많은 문명의 제도를 전해 미개한 삶을 끌어올리면서 시작된 일이다. 문명은 언제나 미개한 쪽을 향해 흘러가는 법이다.

일본은 메이지유신(明治維新) 이후 서구세계로부터 많은 것을 얻어, 인력거와 분칠

서울에 있는 금동 미륵 반가사유상과 청동 미륵반가사유상. 한국의 고대 불교예술품 걸작들이다. 국립중앙박물관 소장. 사진 신재호.

한 게이샤에서 반도체 산업국가로 탈바꿈했다. 서구의 기술로 일본은 세계 1등국으로 떠올랐다. 똑같은 방식으로, 오래전의 왜는 바다 건너온 선진기술로 석기시대에서 청동기시대로 나아가고 근대국가가 되었다. 그런데 여기에는 차이점이 있다.

근대 들어 서구의 신기술은 일본 유학생들이 서구 현지로 가서 배웠다. 또는 최근 IBM에서처럼 기술을 훔쳐왔다. 서방세계에서 일본으로 와서 가르치고 정착한 예는 드물었다. 그러나 고대의 한국인들은 미개한 왜인들을 깨워주러 가서 스승이 되고 원주민들로부터 존경을 받고 땅을 얻어

귀족계층으로 살았다.

일본이 귀족계급 성씨를 조사한 책 『신찬성씨록(新撰姓氏錄)』에는 3분의 1이상이 도래인들로 대부분 백제, 고구려에서 온 한국인들이었다. 이 시기는 한반도의 삼국이 서로 싸우다가 신라가 백제, 고구려를 멸망시킨 다음이었다. 예술가나 학자, 지식인, 평범한 직업인들은 전쟁을 싫어했다. 그들은 전쟁 없는 왜국 땅에 가서 양반이 되어 새 삶을 시작했다.

한국의 도래인들이 왜국에서 쉽사리 지배계층에 진입할 수 있었던 또 하나의 요인이

한국에서 나는 적송으로 조각된 일본의 미륵반가사유상. 교토 광륭사 소장.

있었다. 369년 이래 7세기 말까지 왜,일본을 지배한 임금들은 순수 한국인 혈통이었다. 이들은 일본 원주민과는 결혼하지 않았다. 사실상 원주민의 상위계층은 1세기경부터 3세기까지, 부여기마족이 왜를 침입하고 중앙집권화된 정권을 만들기 전 일본에 건너와 정착한 한국인들이었다.

이 사실은 오늘날 일본 정부의 재일 한국인 처우 실태를 극히 역설적으로 보게 한다. 강제로 끌려와 가난 때문에 일본 땅에 정착한 조선인, 한때 그토록 존중하던 민족에게 일본은 등을 돌린 것이다.

나는 이번 저작에서 일본에서 천황이 된 모든 임금의 혈통을 파헤쳐

1984년 9월 6일 전두환 대통령이 방일하여 히로히토 일왕이 한일 과거사에 대해 '진심으로 유감스럽다'고 사과하는 성명을 듣고 있다.

볼 생각이다. 완전무결한 한국인 혈통의 임금 이름 옆에는 별표를 해둘까 한다. 전 일왕 가운데 25대까지, 초기의 임금 25명이 순수 한국인이었다. 그 뒤에는 부분적으로 한국 혈통을 가진 자들이 일본의 왕권을 쥐게 되고 지금에 이르렀다.

어떤 희망이 있는가? 전두환 대통령의 일본 방문을 맞아 1984년 11월호 『역사와 여행』 특집호가 나왔는데 이번에는 앞표지에 신라 기마인물토기 사진을 싣고 뒤표지는 규슈의 바다 위로 해가 뜨는 사진을 실었다. 이 주제에 대해선 다음 번에 다시 논하겠다.

## '일본국의 시원'과 에가미 나미오 비판

최태영(崔泰永)

(역자 주 ; 이 글은 최태영 저 『한국 고대사를 생각한다』(2002년 눈빛출판사 발행)에서 『일본국의 시원』 부분을 발췌한 것이다. 일본 내의 고대사 인식을 성찰한 국내학자의 연구 중 하나로 소개한다.)

일본 측의 연구에서 최초의 주목할 사실은 1916년경 기다 사다기지(喜田貞吉)가 일본 왕실의 조상이 부여, 백제계였다는 것을 분명히 밝힌 것이다. 그러나 교토 대학의 우에다(上田正昭)는 제2차 세계대전 후 "기다 박사의 귀중한 문제 제기는 당시 군국주의의 대세를 깨뜨리지는 못했다"라고 말했다.

패전 후 군국주의로부터 잠시 자유로워진 일본 학계에서는 일본의 농경, 그 외 모든 산업과 종교, 학문, 예술, 국가의 구성, 사회의 발전 등 모든 분야에 걸친 대변화를 한국인이 일본에 건너간 것과 관련시키는 연구가 많아졌다.

1948년 도쿄대 에가미 나미오(江上波夫)는 『일본국가의 기원과 정복왕조』에서 '부여 고구려계의 도래인 진왕(辰王) 등이 일본을 정복하고

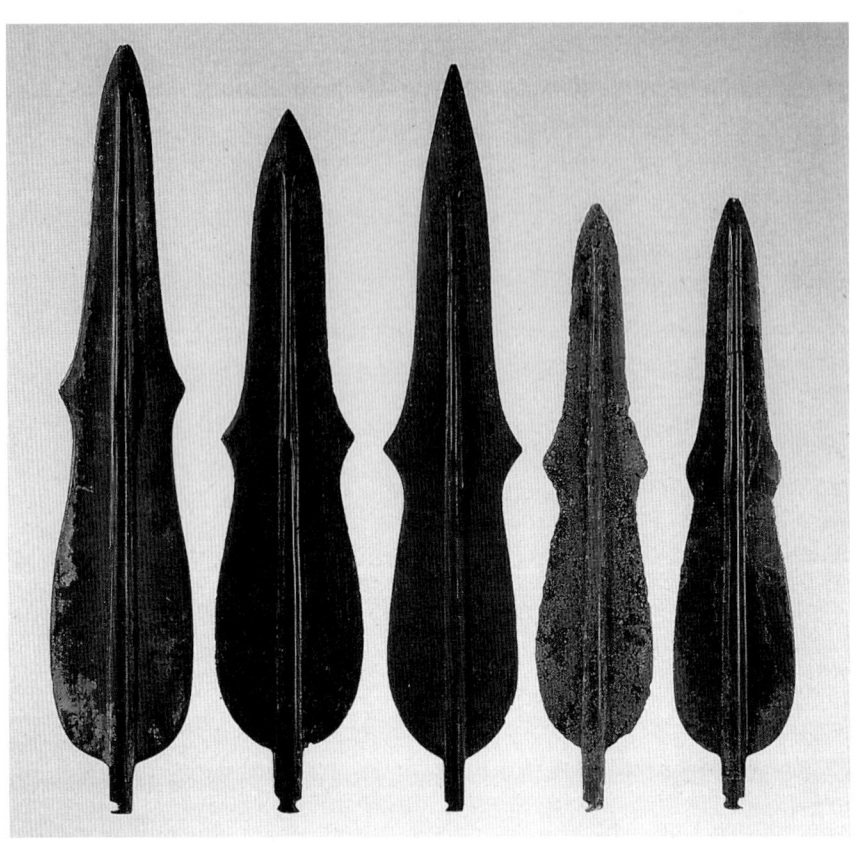

고조선 청동기 문화의 상징, 한반도에서 출토된 비파형 요령식 동검. (왼쪽) 길이 42cm, 국립중앙박물관 소장.

일본 왕실의 조상이 되었다'는 기마민족 국가설을 널리 발표하기에 이르렀다. 그 내용은 다음과 같다.

나의 견해는 기다 사다기지설의 현대판이라고 해도 좋을 것이다. 나는 전기(前期) 고분 문화시대 일본인이 자주적인 입장에서 기마민족적 대륙북방계 문화를 받아들여 그 농경민적인 문화를 변질시킨 것이 아니라, 대륙으로부터 직접 일본에 침입해서 왜인을 정복, 지배한 어떤 유력한 기마민족이 있어 그들이 대륙북방계 문화복합체를 가지고 와서 일본에 보급시켰다고 생각한다.

에가미가 여기서 말하는 기마민족이란 달리 있는 것이 아니다. 부여 고구려족 계통, 즉 한국의 삼국이 가야를 거쳐 일본으로 가서 정복한 것을 말하는 것이다.

부여는 예맥 조선족으로서 중국의 지배권에 들지 않고 독립해 있으면서 흥망을 되풀이 하다가 고구려에 합쳐져 주로 고구려와 백제의 시원이 되고, 일부는 가야를 거쳐 왜국으로 가서 일본국의 조상이 되었다. 그런데 에가미는 자신의 학설이 기다의 재판(再版)이라고 설명하면서도 이들이 가야를 거치지 않고 바로 일본에 도래한 것처럼 어물어물한다.

『일본서기』, 『고사기』에는 외래의 천신(天神)이 일본에 내려와서 그곳에 원주(原住)하던 국신(國神)을 정복, 지배한 것으로 되어 있다. 그 천신이 일본에 내려온 지방은 이즈모(出雲)와 츠쿠시(筑紫) 두 곳이다. 이즈모에 내려온 것은 스사노오미코토(素戔嗚尊)와 그 추종자들이고 츠쿠시에 내려온 것은 니니기노미코토(瓊瓊杵尊)와 그 추종자들이었다고 한다.

그 전자의 종말이 소위 국양(國讓; 스사노오가 아마테라스에게 우위를 내어준 사실)이고 후자에 의한 것이 천신강림인데, 이것은 외래 민족이 일본열도에 원주한 국신, 왜인을 두 곳에서 정복하거나 회유하여 지배했다는 것을 보여준다.

천신이라는 외래 민족이 조선 남방에서 온 것은 지리적 관계뿐만 아니라 『일본서기』, 『고사기』에서도 찾아볼 수 있는 사실이다. 니니기가 처음 내려왔다는 츠쿠시의 구시후루다게(久志布流多氣)는 가야의 시조 김수로왕이 처음 내려온 김해 구지봉(龜旨峰)과 그 발음이 같다.

또한 후루는 한국어로 '촌(村)'이란 뜻이 있으며, 『일본서기』에는 구시후루(久志布流)가 소호리(添)라고 되어 있다. 소호리는 백제의 수도를 소부리(所夫里), 신라의 수도를 서라벌(徐羅伐), 현재의 수도를 서울이라고 하는 것처럼 왕도를 의미하는 한국어이기 때문에 일본어로는 그 의미가 통하기 어려운 것이 한국어로는 쉽게 또 합리적으로 해석될 수 있는 것만 보아도 그러한 사실은 쉽게 알 수 있다.

『일본서기』와 『고사기』에 전해지는 대로 야마토조정 천황가의 조상인 천신 니니기는 한반도 남부에서 북규슈로 건너와서 그곳에 일본 최초의 거점을 두었다고 추정되며, 몇 대 후에는 기나이(畿內)로 진출하게 된다.

나라 다카마스(高松塚) 고분 벽화의 여인상. 고구려의 영향을 받은 것이다.

고구려 쌍영총의 여인상. 고구려 옷의 특징이 고스란히 나타나 있다.

이 같은 진무(神武)의 동정설(東征說)과 일본 건국설화는 부여와 그 동족인 고구려의 건국설화와 비슷하다는 점에서 주목된다.

"천신인 외래 민족, 특히 그 천손계가 일본에 건너온 행로와 그 주역(主役)을 보면 그 행로는 동만주와 부여 고구려에서 가야 임나를 거쳐서 일본의 기타큐슈(北九州), 츠쿠시를 지나 기나이(나라, 오사카, 교토)로 더듬어 간 것으로 생각된다.

그때의 주역은, 한반도 남부에서 일본 기타큐슈에 강림할 때에는 니니기이고, 기타큐슈에서 기나이로 동정할 때는 진무(神武)가 아니라 스진(崇神)이라는 것이 일본의 다수설이다. 또한 천신(외래 민족)이 조선에서 기타큐슈로 이동할 때(제1회 왜국 건국)의 주역이 스진이라면 기타큐슈에서 기나이로 진출할 때(제2회 왜국 건국)의 주역은 오진(應神)이라는 것이 유력한 학설이다. 미즈노(水野祐), 이노우에(井上光貞) 등의 추정은 상당히 일리가 있다."

일본 고대사에는 스사노오미고도가 소너리(소시머리)에 거주하다가 일본 이즈모에 이르렀다고 한다. 한반도의 소머리(牛首)가 민족이

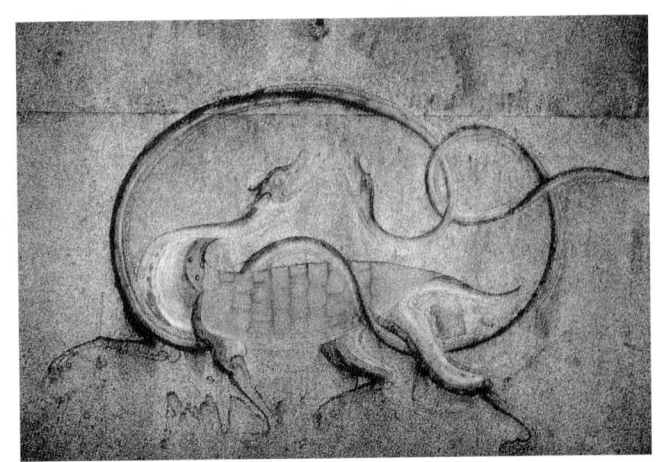

고구려 강서대묘
북벽의 현무도.

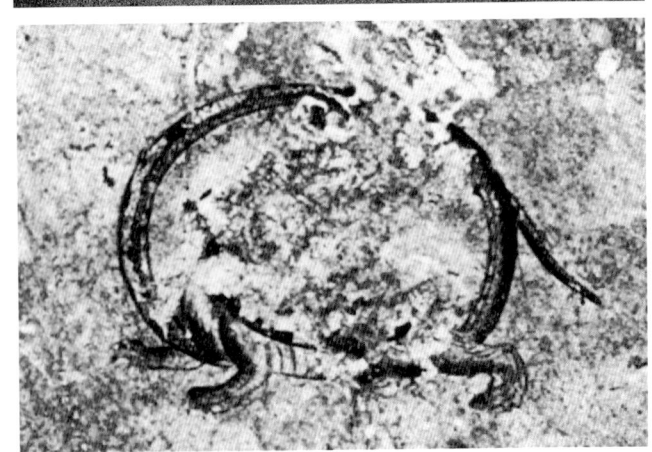

나라 다카마스고
분 북벽의 현무도.

동에 따라 지명을 옮긴 것으로 생각할 때, 소시머리(소머리, 牛首, 牛頭)는 일본인들의 본래의 고향을 뜻하는 것임을 알 수 있다.

제3대 단군인 가륵 때 반란을 일으켜 소머리에서 사형당한 자가 있었는데, 그의 후손 섄이라는 자가 바다를 건너 일본으로 가서 국왕이 되었다고 한다. 그런데 36대 단군인 매륵 때 섬승노((陝野奴)= 배폐명=섄: 협야노의 만주어 발음)를 일본에 보내어 일본을 모두 쳐서 평정했다는 것

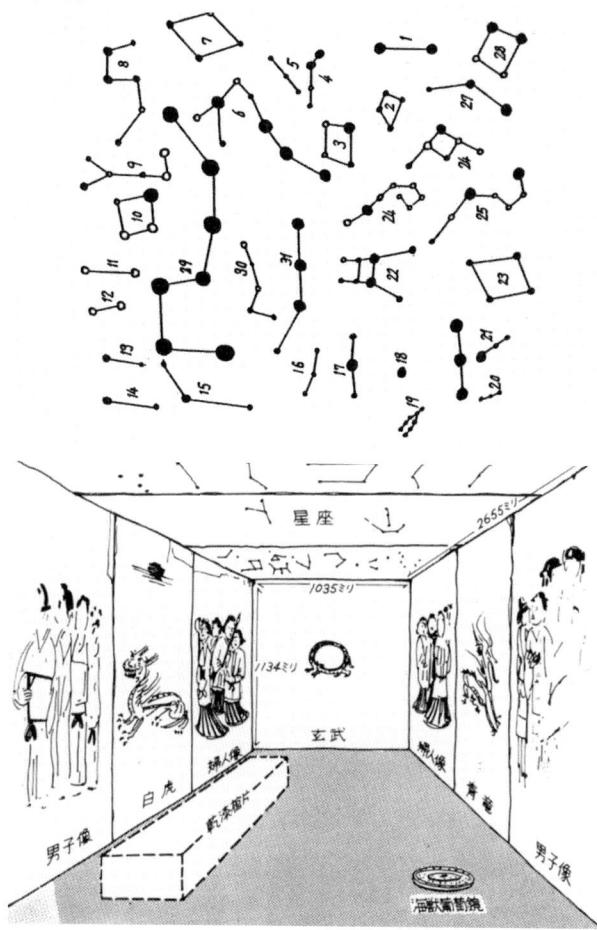

고구려 진파리(眞坡里) 고분 제4호분 천장에 그려진 28숙 성진도(위)는 다카마스고분 천장(아래)에 그려진 금박 입힌 28숙 별자리와 거의 같다.

이 『단군세기(檀君世紀)』와 『태백일사(太白逸史)』에 기록되어 있다.

"한국 고사에서 배폐명이 왜(倭) 열도(列島)로 가서 왕이라고 일컬어 졌다는 사실과, 왜 열도를 모두 토평했다는 부분은 특히 기억해둘 일이다"라고 일본의 신진 학지 가시마 노보루(鹿島昇)는 주장하고 있다.

가시마는 일본의 『고사기』에 나오는 일본인의 최고 조상 니니기가 츠쿠시 히므가(日向)의 다카치호(高千穗; 규슈 미야자키(宮崎)현의 큰 산) 구시후루 산봉우리에 강림하여 "이 땅은 한국을 향하여 있는 고로 매우 길한 땅이라 하였다. 그것은 한국이 일본 사람들의 고향임을 말하는 것이다. 그들이 일본에 왔다. 역사의 텍스트도 가지고 왔다고 이해가 되는 것이다"라고 해설하고 있다(『역사와 현대』 일본신화 연구 3, 자유국민사, 1980).

토지를 가지고 온 것이 아니라 지명을 가지고 온 것이다. 다시 말해서 지명을 바꾼 것으로, 지명을 옮겼다는 것은 그곳에 살던 사람들이 옮겨 갔다는 증거도 되는 것이다. 미국의 뉴욕은 영국인들이 요크에서 이주한 데서 생겨난 이름이다.

일본에는 가야의 지명을 그대로 옮겨 놓은 것이 무수한데, 그것은 결코 우연한 일이 아니다. 다카모토 마사토시(高本政俊)의 저서 『가락국과 임나국의 뿌리를 찾아가는 여행』은 일본인의 성씨와 지명 및 일반 명사 중에 가야와 관련된 것을 400개나 찾아가는 과정에서 그들 한인(韓人) 조상의 시원을 밝히고 있다.

일본의 신진학자들은 한국 땅이 일본민족 핵심의 발상지이고, 일본인의 조상 중에는 수많은 한국인 도래인이 있으며, 일본의 국왕가는 한국에서 일본으로 이주한 망명가 및 이주 한인들의 후손이라는 사실을 전해주고 있다. 가시마는 계속하여 일본의 왕실 계보는 한국의 백제와 가락국 두 왕통을 합하여 이룬 것이고, 38대 일본왕 덴지(天智)천황은 백제 의자왕의 아들 부여풍(扶餘豊)이라고 주장한다.

사사(佐佐克明)는 신라인 김다수(金多遂)가 제40대 일본왕 덴무(天武)라고 하고, 다니카와(谷川健一)는 일본 왕가의 1대 진무(神武)부터 14대 중애(仲哀)까지는 모두 가공인물이고 15대 오진(應神)이 실존한 최초의 일본왕이며 오진의 혈통은 한국 태생이라고 밝히고 있다. 결국 이것은 일본 왕가가 조선 혈통에서 나온 것임을 시인하고 있는 것이다.

에가미는 『기마민족 국가의 일본 통일국가와 대륙 기마민족』에서 조선에서 건너간 집단이민, 야마토조정의 현저한 현상이던 도래인 및 귀화인에 대해서 다음과 같이 서술하고 있다.

야마토조정 국가가 왕실, 즉 천황씨를 중핵으로 한 여러 호족은 정치적, 군사적 연합체였음을 쉽게 알 수 있다. 조선 반도인은 여러 사정으로 일본에 건너와서, 이미 정착한 사람도 옛날부터 많았지만, 5세기 초 이후에는 집단 이민의 형식으로 계속 건너와서 귀화한 사람이 주체가 된 것은 확실하다.

일본에 정착한 그들은 기술과 지식으로 고대 일본문화와 경제발전에 크게 공헌한 것은 주목할 일이다. 그들은 많은 경우 본국의 통솔자들과 함께 특이한 집단으로 거주하였는데, 그들보다 먼저 일본에 건너와 야마토조정에서 이미 상당한 지위를 얻은 자들을 우두머리로 삼았다고 하며, 집단들은 각지에 분화, 분산해서 여러 호족에 속하기도 했다.

그들은 5세기부터 7세기에 걸쳐서 계속 일본으로 건너왔다. 그 전체적인 규모와 숫자들을 살펴보면, 815년에 편찬된 『신찬성씨록』은 지배층을 형성한 성씨, 즉 중앙정부에서 인정한 정치적 자격을 갖춘 가문의 일람표이다. 좌우 수도와 기나이 지방만을 기록했지만, 전체 1059개의 성씨 가운데 조선에서 건너온 것이 324개로 약 30퍼센트를 차지하고 있다.

이런 많은 숫자의 조선인의 존재는 야마토 국가 자체의 상태나 성격을 보여주는 것이다. 기마민족 국가에서는 이러한 대규모의 집단이민이 일반적인 현상이어서, 정책적으로 외부세력에 대한 의존도가 높았으며, 경제적, 문화적으로 외국인을 가능한 한 이용한다는 것을 그 방침으로 하고 있었다.

한편 고대 일본에는 특정한 민족이나 종족만이 귀화한 것이 아니고, 다양한 민족들이 귀화해 왔다. 따라서 조선계의 사람도 백제, 임나, 신라, 고구려 등 그 출신

지역과 태생이 다양했던 것으로 추측된다.

　5세기에 도일한 대규모의 이주 집단 중 대표적인 것은 진(秦) 씨와 한(漢) 씨 등으로 오진왕 때에는 진 씨의 조상 궁월군(弓月君)이 대집단을 거느리고 도일하여 양잠과 견직업에 종사하게 되었다. 같은 시기 아직기(阿直岐; 阿知吉師)와 박사 왕인(王仁; 和邇吉師)이 『천자문』과 『논어』로 한문과 유학을 전했다.
　6세기 초 게이타이왕 때에는 오경 박사, 김메이(欽明)왕 때는 의(醫), 역(易), 역(曆) 박사가 초빙되어 일왕의 주변을 한국인 지식인들이 차지하게 되었다.
　일본에서 널리 읽히는 일본 역사책 구라타(倉田康夫) 편 『일본사요설(日本史要說)』(동경당, 1976)에서 주코(中京) 대학의 히라타(平田伸夫)는 백제로부터 각 분야의 학자들이 일본에 초청되어 간 사실을 기재하고 "6세기 초… 일본 천황의 주변은 귀화한 지식인들이 차지했다. 대담한 추측을 해보면 천황가도 도일계(渡日系) 씨족이었을지 모른다"고 기술했다. 이어서 그것은 어찌했거나 유교에 의한 정치사상, 국사의 기록, 양잠, 직조, 토목, 농업, 토기 제작 등 모든 기술이 장족으로 진보해서, 야마토조정의 대규모 고분 조영을 가능케 한 기반이 되었을 것이라고 말하고 있다.
　그밖에 야마오(山尾幸夫)의 저서 『일본국가의 형성』과 그의 논문 「일본 고대 왕권과 도래인」에는 "이전의 귀화인, 도래인은 일본 왕권의 봉사자였다는 정도가 아니고, 도래인이 중심이 되어 일본 고대국가의 형성에 큰 역할을 하였다"는 내용이 있다.
　인류학자 하니하라(埴原和郎)는 야요이시대부터 나라시대에 이르는 약 1000년 동안에, 대륙으로부터 일본에 건너간 사람이 약 100만 명이라는 측정 통계보고서를 발표해서 대량집단이 이주한 사실을 뒷받침해 주고 있다(도쿄 대학 잡지『인류학』,「고대일본 이주자 수 추정」1987). 일본인의 조상 중에 한인(韓人)이 많다는 것은 오늘날 일본인의 24퍼센트가 한인계라는 서울대 의대 서정선 교수의 유전자 연구 설명으로도 확인된다.

일본의 작가 시바료타로(司馬遼太郎)가 1985년 방한하여 "일본이 아직 미개했던 야요이문화 후기에 한인에 의하여 쌀농사문화를 중심으로 한 대륙문화가 북규슈에 들어와 대변화가 일어났다. 백제로부터 도래한 한인 20만 명이 일본 율령국가의 기틀을 마련했다. 그런 의미에서 우리의 조상은 한국인이다"라고 말한 것만 보아도 옛날에 한인이 얼마나 많이 도일하여 일본국가와 문화 건설에 큰 영향을 끼쳤는지를 알 수 있다. 이밖에 수많은 연구 결과가 한인의 집단이주와 문화 전달의 사실을 뒷받침해 주고 있다.

『일본서기』는 백제 패망 후 일본으로 간 백제인이 쓴 일본 왕실 권력사라고 이해하면 좋을 것이다. 전일의 일본헌법 제1조는 "일본제국은 만세일계의 천황이 통치한다"는 것이고 제3조는 "천황은 불가침이다"로 일왕에 대한 학문적 연구는 엄격하게 금지되었다. 그러나 대정(大正)시대의 민주화 바람을 타고 연구와 고등비판이 나오기 시작했다. 기다 사다기지(喜田貞吉)와 쓰다(津田左右吉)의 새로운 저서가 나왔다.

『발해사고』등을 쓴 사학자 쓰다는 "『일본서기』는 일본 황실의 통치를 정당화하려는 목적으로 야마토 관인(官人)에 의해 작위된 것"이라고 비판하여 오랫동안 주목을 받았다. 쓰다의 저서들은 일본을 근대적 입헌군주제가 되게 하려는 염원에 있다 할지라도 국가권력의 기본정책과는 도저히 양립할 수 없는 것이 분명했다. 1935년 전후 극단적 언론탄압시대에 그의 연구도 군국주의의 박해를 피하지 못했다.

쓰다는 1942년 왕실존엄 모독죄로 유죄 판결을 받고 학교에서 쫓겨나고 저작이 발매금지되었다. 그때 일본의 교육계는 『일본서기』의 의문점을 묻는 학생들을 때리고 감점하며 벌을 주었다고 한다. 이후 학자들은 잘못 걸리면 감옥에 갈 형편이므로, 『일본서기』의 쟁점을 신화로 핑계대거나 종교문제인 것처럼 해석하였다.

2001년 현 아키히도(明仁)일왕이 일본 왕실의 외가가 백제인이라는 것을 자인(自認)했다. 이시와타리 신이치로(石渡信一郎)가 쓴 책이 한국에서 『백제에서 건너간 일본 천황』으로 번역 출간되었다. 나는 신이치로가 쓰다와 같은 화를 당하는 일이 없기를 바란다. 여하간 신이치로의 이번 저서는 한국의 바른 역사학자들이 할 수고를 덜어주었다고 할 수 있다.

이상의 연구를 종합해 보면 다음과 같은 결론을 내릴 수 있다. 일본 고사와 고전 책은 한국 땅이 일본 민족의 발상지이며, 일본인의 조상 중 상당수는 한국에서 건너간 한인(韓人)이고, 일본의 왕가는 한국에서 건너간 망명자 또는 그 자손이라는 것을 밝히고 있다.

# 4 임진왜란과 한일관계

## 임진왜란의 3코스와 아시안게임 성화 봉송로

1986년 9월 11일자의 신문에는 일제히 한반도 끝 제주도에서 서울의 스타디움까지 달려올 아시안게임의 성화 봉송로 3개 코스가 발표됐다. 수백만 명이 이 길로 성화를 들고 뛰는 주자를 직접 보거나 텔레비전 등으로 지켜보면서 아시안게임의 드라마를 느꼈다. 신문에 난 성화 봉송로 지도를 봤을 때, 미술사학자로서 내 머리에 퍼뜩 떠오른 것은 1592년 임진왜란 당시 일본군 침략 경로였다. 당시의 왜군 지휘관들도 동부, 중부, 서부 3개 코스로 나눠 진격하면서 서로 먼저 한양에 당도하여 다른 군대가 오기 전까지 자기네가 먼저 분탕질하려는 의도를 갖고 있었다.

비행기나 헬리콥터로 오지 않는 한 세 개 진로는 대체로 비슷한 거리이다. 아시안게임의 성화도 7박8일 예정으로 1만6500명의 주자와 참가자가 61개 도시를 거쳐 문화행사도 약간씩 펼치면서 이 세 길을 지나 서울로 들어올 예정이다. 아시아 24개국의 최고 선수와 기타 참가자 4600명이 들어오게 된다. 외국인 관광객, 기자들도 입국한다. 아시안 게임과 올림픽을 개최하기로 결정된 대한민국 국민 누구나 들떠서 기뻐하는 모습이다.

이와는 정반대 상황으로, 1592년 임진왜란을 일으키러 오는 일본군 함

임진왜란 일본군 침입 경로. 자료 조중화.

대의 항해는 극비리에 이루어졌다. 30만 군이 동원됐다. 선봉대는 그 절반이 채 안 되는 규모였으나 나머지는 대마도와 이키 섬 등에 주둔하면서 히데요시의 진군 명령을 기다리고 있었다.

말 그대로 활과 소총과의 대결이 될 참이었다. 몇 십 년 전에 일본은 포르투갈 선박을 통해 입수한 소총으로 장비를 갖춘 뒤였다. 한국에는 대포가 약간 있었으나 소총으로 무장한 15만 일본군을 대적하기에는 역부족이었다. 일본은 당시 내전을 마무리한 뒤 아무 권력도 없는 천황을 제쳐놓고 각 지방마다 전쟁을 수행할 수 있는 장군들이 있었다.

반면 조선의 왕은 그런대로 권력을 행사할 수 있었지만 성리학의 열풍 아래 무인 계층은 학자, 선비의 저 아래에나 위치하는 수준이었다. 한마디로 조선은 전쟁에 대비할 태세가 전연 되어있지 않았다.

1592년 4월 13일 대마도의 종주가 이끄는 선발대가 부산에 첫발을 디뎠다. 곧 고니시 유키나가(小西行長) 총사령관이 합류했다. 이들 일본군 대부분은 가톨릭신도들이고 임진왜란에 참여한 고니시 및 여타 장군 몇 명도 가톨릭신자였다.

4월 18일, 부사령관 가토 기요마사(加藤清正)가 상륙하고 19일에는 세 번째로 구로다 나가마사(黑田長政)의 군대가 들어왔다. 그리고 한양까지 세 갈래 길로 나누어 진격이 개시됐다. 고니시가 선두에서 대구를 점령하며 내륙 가운데 길로 나아갔다. 가토는 동쪽 길로 진군해 경주를 점령했다. 구로다의 부대는 서쪽의 세 번째 진로를 택했다. 이들이 택한 진로는 아시안게임 성화가 지나가는 길과는 다르다. 거기에다 내가 역사책에서 본 지도에는 구로다가 진주를 통해 갔다고 하는데 다른 사람 말로는 그가 사천 바로 아래의 해안선을 따라가다가 북으로 방향을 돌려 지금의 남해대교 있는 데를 거쳐 갔다고 한다.

내가 살았던 교토의 선불교 절 다이도쿠지(大德寺)에는 구로다가 좋아해서 모아들인 조선 도자기, 목가구, 석등, 금속공예품 등 한국 미술품들이 많이 소장돼 있다. 그는 정말 조선 애호광이었던 것 같다. 그는 처음엔 나가사키(長崎) 묘지에 묻혔지만 기독교를 싫어한 도쿠가와(德川) 막부 때 가톨릭과의 관계를 부정하느라고 가장 권위 있는 선불교 사찰인 대덕사로 이장됐다.

가토 기요마사는 완고한 불교도였다. 그래서 그가 모아들인 전리품에는 고려불교 16나한상 같은 좋은 미술품이 있다. 등신대 크기의 이 목제 나한상은 섬세하게 조각되었고 채색이 화려한데 지금도 다이도쿠지에 있지만 이를 기요마사가 조선에서 탈취해 왔다는 사실은 잊혀지거나 감추고 있어서 알려지지 않았다.

　가토 기요마사가 이 뛰어난 조각상을 조선 어디서 탈취해 왔는지는 모른다. 그런데 앨런 코벨의 말로는 속리산 법주사에서 가져온 듯하다는 것이다. 그가 진격하는 길에 법주사가 포함돼 있으니 가능한 일일 것이다. 법주사에는 아주 매혹적인 나한전 건물이 있다. 하지만 지금 건물은 임진왜란 이후에 세워진 것이긴 하다.

　고니시 장군도 히데요시에게 바칠 선사품이나 자신의 영토 안에 갖다 둘 조선 원정 기념품으로 무엇이든 가지고 갔음직하지만, 그는 총사령관에다 누구보다 먼저 한양으로 입성하려고 서둘지 않으면 안 되었으니 무엇을 약탈했는지 나로선 추측하기 어렵다. 그는 다이도쿠지에 묻히지도 않았다. 그의 집안은 사카이(堺) 시의 부유한 상인이었다.

　임진왜란 당시 가톨릭신자 고니시와 불교신자 가토는 필사적인 라이벌이었다. 두 장군은 똑같이 5월 3일 한양에 입성했다. 선조는 그 사흘 전인 4월 30일에 한양을 버리고 북쪽으로 피난을 떠난 뒤였다. 대궐 수백 채가 불에 탔다. 일본군이 방화한 것도 있고, 궁에 비치된 노비문서를 파기하여 노예 신분을 벗어나려는 조선인들이 불을 지르기도 했다. 그 때문에 일본군은 기대한 만큼 건질 약탈품이 없었다. 구로다의 제3군은 일주일 늦게 들어왔다. 나는 지체한 이유가 일본 다도에서 인기 있는 물건인 이도다완(井戶茶碗) 등 그가 눈독 들였던 물건들을 약탈하는데 시간을 들인 때문이라고 생각한다.

　오늘에 와 이 세 개의 길은 평화의 길이 되었고 이번에 들어오는 일본인 '침입자'는 뉴델리에 이어 서울에서도 아시안게임 2위 쟁탈을 노리는 590명의 씩씩한 운동선수뿐이다.

　과거를 돌아보고 현대와 비교해 보는 역사가의 눈에는 실로 많은 일들이 역설로 이어져 있다.

## 임진왜란과 왜구의 첩보활동

한일 관계사에 대한 글들은 많다. 그러나 한일 우호에 대한 글은 적다. 수백 년간 지속된 좋은 한일관계도 있었다. 하지만 요즈음의 텔레비전, 신문의 뉴스는 온통 폭력적인 일만 다루고 있다. 역사책도 우호적인 시기의 일들은 덜 취급하고 양국 간의 전쟁은 크게 다룬다. 가까이 붙어있다는 지정학적인 조건이 한일 양국에 좋은 때와 나쁜 때가 다 같이 있게 한 전제였다. 일본 고단샤(講談社) 인터내셔널 출판사 발행 백과사전은 이렇게 썼다.

한일 관계는 일본이 아시아 대륙과 연계되면서 격해지기 시작했다. 1만 년 전부터 여러 인종이 한국을 거쳐 일본으로 들어와 남방 출신 및 시베리아 출신(홋카이도(北海道)의 아이누족을 말하는 것인가?)과 혼합됐다.

그리고 부여기마족의 일본 유입은 이 책의 1장에 밝힌 바와 같다. 사전은 계속해 백제에서 불교가 처음 들어온 사실에 이어 663년 왜가 구원군을 보내 멸망한 백제를 도우려 했지만 나당 연합군에 패망하고 이어서 신라가 전지역을 지배하게 된 것도 썼다. 다음은 직접 인용한 구절이다.

대마도 북단의 사스나(佐須奈)항구. 조선과 대마도를 연결하는 관문이다.

나라(奈良)시대 및 헤이안(平安)시대의 200년 동안 신라는 황해와 대마도 해협을 지배한 해상왕국이었으며 신라 상선은 한국과 일본의 승려들을 태우고 뱃길을 운항했다.

일본 해적 와코(왜구)는 한일 관계를 악화시킨 주세력이었다. 고려 말 왕권이 쇠미해질 무렵 규슈의 무법자들, 혼슈 서부의 불량배들로 이루어진 도적떼가 점점 늘어나 기승을 부렸다. 5-6세기에도 해적떼들이 있었고 9세기에는 중국 노예선이 출몰하긴 했지만 이때의 왜구는 국가적인 재앙으로 떠올랐다. 왜구 해적은 점차 강해져서 규모도 커지고 큰 배에 말까지 싣고 다니며 해안 마을에 쳐들어왔다. 심지어는 개성까지 오기도 하여 해안마을 사람들은 이들을 피해 내륙으로 들어가 살게 되었다.

고려 말 우왕(1375~1388) 때는 378회나 왜구가 출몰했다. 조정에서는 일본 장군과 천황(당시 일본 천황이 아무 실권 없는 꼭두각시라는 사실도 모르고), 서부 일본의 다이묘(大名; 일본 막부시대 영주)들에게 항의 국서를 보냈으나 아무 소용이 없었다.

왜구들의 주요 거점인 대마도는 부산에서 고작 50킬로미터 떨어져 있다. 1366년에서 1377년까지 네 번이나 고려사절단이 일본 정부(아마

합법적인 정부였을 것이다)를 찾아갔지만 쓸데없이 힘만 쓰고 온 셈이었다.

고려는 원나라로부터 폭약을 입수했어도 군사적으로 활용하지 못했다. 최무선(崔茂宣; 1335~1395)의 지휘 아래 만든 화차 무기는 1380년 고려 수군이 금강에서 왜구 배를 격파하는데 큰 효과를 냈다. 이때의 타격으로 1400년을 전후해 왜구의 노략질은 뜸해졌다. 1398년 원나라를 뒤엎고 명나라가 들어서자 일본은 중국과 새로운 국교 수립을 원했다. 일본은 몽골군이 두 번이나 한국을 거점으로 일본에 쳐들어온 터라 원나라를 미워하고 있었다. 실제로 일본이 원한 것은 중국과 무역을 터서 경제적 이문을 보려는 것이었다. 이 시대의 무역은 조공이라는 형태를 취하고 있었다.

일본은 조선에 제3국으로서 중국과 협상해 줄 것을 요청, 1432년 배 세 척에 승선인 300명으로 제한하는 조약이 중국과 체결되었다. 하지만 언제나 그 제한을 지키지 않고 넘친 데다 난폭하기 짝이 없어 중국은 조선에다 대고 '일본과의 무역 협정을 중지한다'고 통보했다.

이에 아시카가 막부는 조선 조정에 사절단을 보내 중국과의 협상 재조정을 요청했다. 그 사이에도 서부의 일본 다이묘들은 중국 남부, 지금의 상해와 영파(寧波)에서 불법 무역을 계속했다. 마침내 조선을 통해 중국의 허락을 받아낸 일본은 규슈와 나가사키 항구에서 바다 건너 중국 상해와 직접 교역을 하려 했다. 그러나 1468년과 1469년에는 배 세 척 가운데 한 척 정도만 바다 건너 중국에 갈 능력이 있었을 뿐이고 공식적으로 일본이 중국과 거래하는 모든 조공 통상은 중간 기착지로 조선의 서해안을 따라 항해해야만 안전을 확보할 수 있었다.

이때 대마도의 기묘한 입장에 대해 주목하지 않으면 안 된다. 대마도는 고려의 임금에게도 속했고 일본에도 속했다. 그러다가 1868년 명치유신

이후 대마도와 조선의 정치적 커넥션은 완전히 단절됐다. 대마도 다이묘 소오(宗)씨는 조선에도 우호적이고 일본에도 우호적인 이중 입장을 취했다. 그 예로 아시카가 막부는 대마도 일대의 왜구를 정벌하고 그 대가로 1416년 고려대장경 한 질을 받아갔다. 이때의 고려대장경은 1011년에서 1087년 사이에 제조된 초조대장경으로, 600책 한 질 가운데 일부가 지금까지 대마도에 남아 전한다. 11세기 고려의 뛰어난 목판 인쇄술을 보여주는 예술품인 것이다.

이후에도 왜구의 노략질이 그치지 않아 급기야 조선은 1419년 대마도에 원정군을 보내 격렬한 전투를 벌이고 정벌하기에 이르렀다. 1443년에는 결국 부산, 울산, 인천 등 세 항구를 개항하여 왜구와의 무역을 합법적인 것으로 조치했다. 1474년 이들 세 개 항에 정착한 일본인 수는 3000명이 넘었다.

한일 사이를 오간 사신들이 남긴 기록을 보면 당시의 관습과 상황을 알 수 있다. 대마도의 일본 교역업자들은 중국과 한국의 상품을 일본 상인과 거래하여 중간 이익을 취하고 동남아시아와 일본 상품을 한국에 팔았다. 왜구는 여기저기서 노략질을 일삼고 있어 항상 진압 대상이었다. 훔쳐갈 쌀이나 분청사기 그릇이 없으면 사람을 잡아갔다. 이때 납치된 사람들이 노비로 팔려 현재 일본에서 천민계급 에타를 형성했다고 하는데 이는 근대 산업국가의 치욕이 아닐 수 없다.

일본 전역을 무력으로 통일한 히데요시조차도 왜구를 완전히 근절하지 못했다. 1588년 그는 노략질을 금지하는 훈령을 내렸지만 바로 다음 해인 1589년 대규모의 왜구 떼가 조선 남해안을 습격했다. 이들 왜구는 그 과정에서 알게 된 조선의 약점을 다이묘들에게 보고하며 정보를 팔았다. 이렇게 쌓인 정보를 바탕으로 1592년 시작된 히데요시의 조선 침략이 가능하게 되었다.

## 이순신이 포획한 히데요시의 금부채

이순신(李舜臣; 1545~1598)은 한국 역사상 가장 위대한 인물을 꼽으라고 할 때 얼른 떠오르는 이름이다. 나아가 일본에서는 제일 위대한 인물을 꼽으라고 할 때 쇼도쿠태자와 그 외 여러 인물에 섞여 도요토미 히데요시(豐臣秀吉; 1536~1598)의 이름도 떠오른다. 이 두 사람, 이순신과 히데요시는 동시대에 마주친 적(敵)이었다.

그런데 일본이 저지른 가장 어리석은 실수를 거명할 때도 명나라를 치러간다며 조선을 쳐들어와 점령하려던 히데요시 이름이 제일 먼저 나온다. 또 조선이 저지른 가장 어리석은 실수를 들 때는 이순신 장군을 수군통제사 직에서 파직시킨 일을 첫 번째로 들게 된다.

이순신 같은 인물이 16세기 조선 땅에 있어서, 히데요시의 가장 야심차고도 어리석은 야망을 좌절시킨 것은 한국사에서 다행스럽기 그지없는 일이었다. 다행 중에도 다행으로 꼽힐 것이다.

이 놀라운 정황을 이해하기 위해서는 우선 히데요시가 성장한 당시 일본사회의 뇌물, 주군을 위한 죽음의 충성 그리고 배신으로 점철된 봉건제도를 알아둘 필요가 있다. 스탠포드 대학의 한 영국인 역사학자는 15세기와 16세기 일본에서 벌어진 전투 중 단 한 개의 전투만이 무력을 사

전복 차림의 이순신 초상.

용한 것이었다고 평가했다. 나머지 전투는 모두 '사기 치는 전략'의 우열로 승패가 갈렸다. 가신 중의 누군가가 적과 내통하거나 성문을 열어주거나, 싸움에서 이기면 바뀔 주군에게 보답받을 기대로 어떤 식으로든 배신을 저질러 자기편의 비밀을 적에게 누설했다.

　어찌됐든 조선은 그때 히데요시와 동시대인으로, 타고난 지도력을 가진 인물 이순신이 조선 땅에 살게 된 행운을 가졌다. 이순신 장군은 정치적 모략에 희생되어 총사령관에서 일등병 정도로 강등되는 불명예를 당하면서도 자포자기하지 않았다. 만약 서양에서라면 총사령관이 정치적 당파싸움의 결과로 그처럼 부당하게 파직되는 일이 일어날 수 있을 것인가? 설령 그랬더라도 그 장군이 일등병으로 강등되는 모욕을 견딜 수 있을까?

이순신이 그렇게 밀려나 있는 동안 그를 대신한 수군사령관 원균은 졸렬한 전략으로 전함 수백 척을 잃고 패배했다. 이순신이 다시 수군통제사 직을 인수했을 때 조선 수군이 가진 전함이라곤 겨우 12척 밖에 남아 있지 않았다. 반면 왜군의 전함은 500척이 있었다.

이런 상황에서 히데요시의 금부채가 어떻게 관련이 되느냐고?

1592년 6월 2일 그 유명한 당포해전 때 패배한 왜군 배에서 검은 상자에 담겨 바다에 떠오른 그 부채는 이순신이 거둔 전리품이었다. 부채는 1592년 4월 일본군 15만 명이 부산에 침투하며 일어난 임진왜란 이전에 히데요시가 어떤 전략을 구상하고 있는지를 알려주는 것이었다. 히데요

히데요시 초상화. 미남자로 그려졌다. 오른손에는 부채를 쥐고 있으며 왼쪽 허리에는 칼을 차고 있음을 주목해 보라. 외교를 위해서는 부채를 사용했고 전쟁을 수행하는 데는 칼을 썼다. 히데요시가 그의 측근들에게 준 부채 중 지금까지 남아 전해오는 것은 아주 희귀하다. 배경의 그림은 다이도쿠지(大德寺)에 있는 그림인데 교토의 이 선불교 절에서 히데요시는 즐겨 다도회를 베풀곤 했다. 이 초상화는 매년 10월 10일 단 하루 공개된다.

히데요시를 잘 생겨보이게 그린 초상화라고 한 이유는 많은 사람들이 그가 원숭이처럼 생겼다고 했었기 때문이다. 외관상 히데요시는 매우 못생기고 키도 작았다. 이 때문에 그는 더욱 일본을 제압하려는 야심을 불태웠을 뿐 아니라 조선과 나아가 중국까지도 정복하고자 했던 듯하다.

4 임진왜란과 한일관계 217

시는 휘하 장군들이 싸움에서 이기면 봉토를 떼어주어 보답하곤 했는데, 임진왜란을 일으켜 조선 땅을 점령하면 이번에도 그렇게 할 요량이었다.

히데요시는 휘하의 유명한 장군들에게 금종이로 만든 접부채를 주곤 했다. 가메이 고레노리(龜井玆矩)는 규슈와 서부 일본 제패에 공로가 큰 장군이었다. 이 부채는 1582년 어느 날 밤 전략회의를 겸한 술자리에서 히데요시가 호의의 표시로 가신 가메이한테 '龜井琉球守'라고 써서 준 것이었다. 배도 여러 척 소유하고 있던 젊은 가메이가 오키나와(琉球)를 점령하게 된다면 히데요시는 그를 자기 세력권 내의 오키나와 장군으로 임명할 생각이었다.

그런데 히데요시의 이런 야심은 뜻대로 되지 않았다. 조선 땅을 빼앗아 휘하에 나눠주려던 계획도 물론 이뤄지지 않았다. 히데요시한테 금부채를 받은 가메이는 고대에 일본 땅으로 건너와 점령하고 개척한 한국인들의 고장 이즈모 출신이었다. 가메이는 1587년 히데요시가 오키나와를 집어삼키는 데 조력하고 1592년에는 조선 침략에 합류했다. 그는 다섯 척의 전함과 4000명의 수병을 거느리고 있었다.

1592년 6월 2일 당포전투에서 가메이는 기함에 양철 신처럼 올라앉아 전투를 지휘하고 있었다. 그의 배는 한가운데 삼층 누각을 지어 올린 것이었다. 누각에는 붉고 푸른 칠을 입히고 둘레에 검은 천으로 장막을 쳐놓아 매우 현란해 보였다. 조선 수군의 거북선에서 발사된 불이 누각으로 날아왔다. 장막은 쉽게 불붙고 배 전체에 불이 번졌다. 이순신의 학익진(鶴翼陣)법이 적중하자 왜군 전함들은 어쩔 줄 몰라 했다. 이날 전투에서 가메이와 그의 함대 모두 흔적도 없이 사라지고 다만 검은 상자 하나가 떠올랐다. 이순신의 수군이 이를 집어 올렸다. 그 안에는 오래전 히데요시가 자필로 서명해 가메이에게 내려준 금부채가 들어있었다. 그의 자부심도 사라지고 야심 또한 재가 되었다.

## 장보고와 이순신의 활동지, 주도(珠島)

주도(珠島), 폭 100미터에 온갖 나무가 빽빽이 서 있어 땅이 거의 보이지 않는, 완도 만에서 가장 눈에 띄는 섬이다. 70여 종(역자 주; 2006년 현재는 130여 종)의 수목이 자라는 주도 숲은 천연기념물 28호이다. 주도의 나무를 함부로 베어내면 재앙이 내린다는 이야기가 전한다.

원시림이 우거진 이 섬은 한국사에서 유명한 두 명의 해상왕과 관계를 맺고 있다. 한반도 서남쪽 끝에 있는 이 섬을, 일본군으로부터 자신의 나라를 지켜낸 충무공 이순신 장군이 거점으로 활용했다.

이순신이 바다 건너 침략해 온 왜군을 쳐부순 이곳에서 바로 옆에 위치한 섬 고금도에는 장군의 사당이 있다. 고금도는 이순신의 경쟁자 원균(元均; 1540~1597)이 왜군에게 비참하게 패해 단 12척의 배만 남겨놓은 직후 다시 통제사 직책을 받은 이순신이 1598년 수군사령부를 설치했던 곳이다. 이순신은 배 12척을 가지고 왜군의 133척과 대적해 이 지역의 물살과 조수의 차이 같은 수세를 이용, 왜선을 좁은 병목으로 끌어낸 다음 30여 척을 격파했다. 이순신은 물목에 쇠줄을 걸쳐놓았다가 후퇴하는 왜선을 가로막아 또다시 수척을 격파했다. 이것이 1597년 9월 16일에 있었던 유명한 명량대첩이다.

완도에서 바라본 주도. 해상왕 장보고가 해상무역권을 장악했던 곳이며 그 다음에는 이순신 장군이 1597년 유명한 명량 대첩을 펼쳤던 장소이다. 사진 완도군청.

그렇다. 한반도 최서남단의 이 지역은 격변의 한국사 현장이었다. 이순신 장군이 이곳에서 일본군을 섬멸시킨 해군 전사상 유명한 몇 차례의 전투를 벌이기 이전, 또 한 사람의 유명한 한국인 해상왕, 장보고(張保皐; ?~846)가 완도를 근거지로 9세기 그의 소유 선단들이 섬 사이로 무역업을 하며 드나들었다. 장보고가 이곳을 제패하기 전에는 해적들이 날뛰며 섬 주민들을 잡아다가 노비로 팔아넘기고 있었다.

장보고가 하루아침에 해상왕이 된 것은 아니었다. 신라 후기 중앙정부의 왕권이 무력하던 때 경주에서 멀리 떨어진 바닷가 마을의 가난한 소년 장보고는 입신할 기회를 잡을 수 있었다. 유교식 교육도 받아보지 못한 장보고는 바다 건너 중국 산동 반도로 가는 배에 올라 중국으로 갔다.

그는 우선 중국 군대에 들어가 중국식 처세를 배우고 얼마간의 재산을 모았다. 그는 이 돈을 상선에 투자했고 계속 투자를 불려나갔다.

마침내 자기 소유 선박으로 한국, 중국, 일본 3국간 무역을 독점하고 산동 반도와 완도에 본부를 설치하여 해상 무역권을 장악했다.

1985년 9월 초순 나는 청해진 요새를 찾아갔다. 해발 50미터 가량의 섬 청해진은 조수로 본토와 격리돼 있었으나 짧은 거리로 쉽게 연결되는 상태였다.

830~840년 사이 장보고는 이곳에 주재하면서 자신의 선단이 각 방향으로 부산히 들고 나는 것을 조망했다. 그는 후일 신라 신무왕(神武王)이 된 김우징(金祐徵)에게 망명처를 제공했으며 신라 해안 마을에 접근해 어민과 농부들을 잡아다가 노비로 거래하는 중국 해적들을 소탕했다.

신라의 정계는 미혹했다. 그가 출신이 미천하다는 점 때문에 왕의 신임을 못 받게 되었고 결국 왕은 자객을 보내 그를 살해했다.

완도와 고금도는 매우 역사적인 장소다. 이곳 주민들은 짙은 사투리를 쓰고 있어 잘 알아듣기 어려웠다. 완도에서 발견된 해저 침몰선에서는 수많은 도자기류가 나왔다. 우연찮게도 가장 우수한 도자기용 태토 산지

주도 옆 고금도에 위치한 이 충무공의 사당. 1597년 이순신은 이곳에 수군본영을 설치하고 왜군을 무찔렀다. 1598년 노량대첩에서 전사한 이순신의 유해가 고향으로 가기 전 80여 일간 이곳에 안치되었다. 사진 완도군청.

가 이곳에서 80킬로미터 떨어진 데 있다는 것은 세계적인 기적의 하나로 보인다. 여기서 나오는 흙 한 줌으로 도공이 갖가지 모양의 도자기를 빚어 불에 구워내면 그것은 흙이 아닌 보석 체계의 물건으로, 미묘한 아름다움을 지닌 도자기가 되는 것이다. 여기서는 80킬로미터 밖에서는 볼 수 없는 뽀얀 흙이 나온다. 산에는 소나무가 지천이다. 소나무 장작으로 가마 불을 때면 2000도까지 고온으로 달굴 수 있다. 어민이 양식 굴을 배양하는 것 같은 참을성으로 도공들은 물레에 앉아 빚은 그릇을 불 때기 전 가마 안으로 가져다 쌓고, 가마에 나있는 구멍을 모두 봉한다. 정확한 시점에서 불을 지핀 다음에는 다시 가마가 식을 때까지 기다리는 일이 남았다.

정말이지 도공들은 참을성 있게 견뎌내지 않으면 안 된다. 들인 공만큼의 결과가 그대로 나오리라는 기대도 없이, 실패할 수도 있는 가마지만 그래도 희망을 가지고 아름다운 도자기가 만들어지기를 기다리는 것이다. 도공은 백정이나 창녀같이 미천한 사회적 신분에 있었다. 흙을 다룬다는 것이 지저분해 보여서 그랬던 것 같다. 인도에서는 도공을 너무나 천시했기 때문에 인도 도자기는 중국이나 한국에 비견할 만큼의 발달을 이루지 못했다.

서기전 3000년에서 20세기에 이르기까지 오랜 한국 도자기사에서 도공들은 언제나 이름 없이 존재했다. 그러나 인류의 모든 직업 가운데 도공이라는 작업이야말로 가장 신성에 가까운 것으로 보인다.

## 해상의 모든 전투에서 승리한 이순신과 거북선

앨런 코벨

서양사에서는 세계 최초의 철갑선이 1862년 미국 내전 때 등장한 모니터와 메리막이라고 기술한다. 그러나 한국에는 그보다 300년이나 앞서 이순신 장군이 철갑의 거북선을 써서 전투를 치른 역사가 있다. 거북선의 선체가 진짜 어떤 물질로 덮였었는지는 아직도 논란이 있지만(1983년 현재) 쇠를 쓴 것만은 확실하고 그래서 당시의 가공할 무기이던 불화살의 공격에 피해를 입지 않도록 한 것임은 분명하다. 기름에 적셨다가 적선을 향해 불을 당겨 쏴보내는 화살은 치명적인 것이었다.

어떤 것으로 만들어졌든 간에 그것은 큰 효과를 냈다. 이순신의 거북선은 단 한 척도 피해를 입지 않았지만, 왜군의 배는 전투 때마다 모조리 격침됐다. 임진왜란 당시 해전에서 거둔 조선 수군의 승리는 전적으로 이순신 장군의 뛰어난 작전에 힘입은 것이었다. 그가 나서지 않은 1597년 칠천량 해전은 조선 수군이 단 12척의 배만 남기고 참패했다.

문인들이 지배하고 있던 조선의 조정은 무인들을 경멸했을 뿐 아니라 자기들끼리도 내분이 끊이지 않았다. 반면 1590년 당시의 일본은 무인 독재자 히데요시의 강력한 지도 체제 아래 거의 광적인 상태로 치닫고 있었다.

이순신의 조카가 쓴 기록에 의하면, 거북선의 선체는 윗부분에 온통 뾰죽한 못이 촘촘히 박혀있어 적이 다가와 뱃전에서부터 기어오르다가는 꼬챙이에 꿰일 수밖에 없도록 설계됐다.

선체가 쇠로 덮여있었는지 아닌지는 확실히 나와 있지 않지만, 배의 그림과 전투 당시의 묘사에 의하면 거북등 형상의 8각형 판이 선체 윗부분을 덮고 있었다. 이 판이 나무로 된 것이라면, 적의 총포 공격에 금방 박살나 버릴 터이니 나무판때기라는 설은 성립되지 않는다. 목재가 무기로서 버틸 힘을 가지려면 팔각 조각이 아니라 상당히 길어야 하고 불화살이 맞아도 미끄러져 내려 피해를 최소화하도록 곡선을 이루어 설계되어야 한다.

팔각형 판은 군사적 용도 때문에 쇠나 구리, 청동으로 주조했다. 몸체 표면을 덮은 이 금속 팔각판은 불화살이나 기타 화력 무기에 취약한 목선의 한계를 넘어 거북선을 지켜냈다. 쇠와 구리합금으로 주조된 총통이 총안(銃眼)을 통해 거북선에 장착되어 있었다. 이런 사실로 미루어 대장간을 통한 금속 팔각판 제작이 어렵지 않았을 것임을 알 수 있다.

거북선 한 척마다 16개의 총안이 갖춰져 있어 여기로 불덩이나 장거리창, 포도탄 같은 것을 발사했다. 포도탄은 매끈한 돌멩이나 쇠구슬 같은 것으로 만들어져 낫으로 풀을 베듯 갑판에 있는 적들에게 쏟아져 내렸을 것이다. 거북선 윗부분의 날카로운

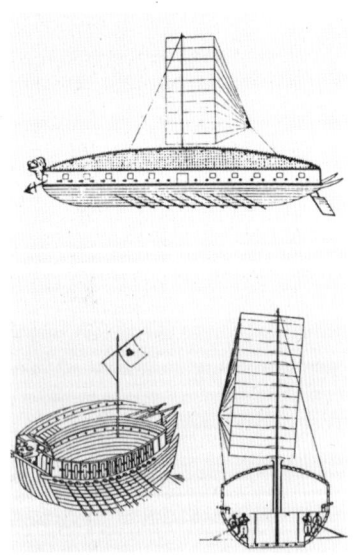

거북선도 세부.

현충사에 있는 거북선. 임진왜란 당시 6척이 종횡무진의 활약을 했다. 사진 앨런 코벨.

못은 적이 거북선에 쉽사리 기어오르지 못하게 막을 뿐 아니라 불이 쉽게 붙지도 않았다. 반면 적들의 목선은 불덩이와 포도탄으로 치명상을 입었다.

거북선 총안의 둥그런 구멍으로도 적들이 파고들 틈이 없었다. 모든 방향으로 공격이 가능한 거북선을 두고 왜군들은 '눈먼 전사'라고 불렀다. 금속판이 덧씌워진 선체의 불룩한 윗면과 거북등 같은 무늬로 배는 자연스럽게 거북선이란 명칭을 얻었다.

그렇게 크지 않으면서 뛰어난 기동성으로 역회전이 가능하고 쑤시고

파고드는 능력, 선폭을 중심으로 회전하면서 넓은 옆면에 장착된 여러 개의 총안으로 총통의 대포를 왜군들 배에 계속적으로 작렬시키는 거북선에 대항해 왜군이 쓸 수 있는 무기는 조총이 전부였다. 조총은 1543년 포르투갈 사람들에게서 보고 배워 만든 것이다. 육지에서 조총은 위력을 발휘했지만 해전에서는 결정적 한계를 드러냈다. 조선 수군을 하나씩 쏘아 맞출 수는 있었지만 거북선의 총통과 뱃머리 용의 입에서 뿜어져 나오는 유황 연기 앞에 일본군의 배는 난파되고 침몰했다. 왜군은 무장 상태가 취약한 데다 싣고 있는 보급품으로 부피가 큰 함대와 함께 파멸했다. 군사가 일대일로 상대하는 백병전보다는 배를 침몰시켜 한꺼번에 빠뜨려 죽이는 전략이 훨씬 간단했다.

군사력에서나 수적인 면에서 훨씬 우세한 왜군과의 전투에서 거북선은 그 뛰어난 성능을 과시했다. 거북선은 제1차 일본군 선발대가 부산으로 상륙해 침입하기 불과 1주일 전에 시험발사를 했었다. 거북선의 개념은 일찍이 1413년에 기획되었지만 당시에는 가끔씩 왜구 해적의 도발로 평화로움이 깨지곤 했을 뿐이어서 조정에서나 일반 백성들은 국가를 방어할 태세가 되어있지 않았다.

그러나 탁월한 전략가인 이순신 장군도 정치적으로는 불운했다. 빛나는 전적을 연거푸 세워가고 있었음에도 불구하고, 그는 몇 번씩이나 삭직당하고 사실이 드러날 때까지 묶여있었다. 자칫 목숨을 잃을 수도 있던 상황이었다. 1597년 이순신은 전라좌도 수군절도사에서 승진하여 조선 수군 전체를 관할하는 삼도수군통제사 직에 올랐다. 왜군으로서는 서남해안 일대를 물샐 틈 없이 지키는 이순신이야말로 가장 힘겨운 상대였다. 이순신 때문에 이미 평양까지 점령해 들어간 왜군의 보급로가 끊기고 결국은 남쪽으로 퇴각하지 않으면 안 되었던 것이다.

(우)수군조련도(水軍調練圖) 10폭 병풍 중 부분. 국립진주박물관 소장.

고니시는 왜군의 수적 우세를 믿고 조선 수군 함대를 격파하려는 계획으로 이중 첩자를 써서 일본 함대의 이동 경로를 거짓 유포했다. 조선 조정의 어리석은 관료들은 이 거짓 정보를 액면 그대로 받아들이고 이순신에게 바로 나아가 싸우라는 명령을 내렸다. 이순신 장군은 혜안으로 왜군의 계략을 간파하고 있었다. 이중 첩자가 전하는 정보에 혹해서 조선 함대를 위험에 노출시킬 사람이 아니었다. 왜군은 7일전에 이미 들어와 매복하며 조심스레 덫을 놓고 있는 중이었다.

이순신이 덫에 말려들지 않자 고니시는 이번엔 또 다른 계략을 짜냈다. 그는 '이순신이 막았다지만 왜군은 안전하게 조선 땅에 상륙해 모 지방으로 진격 준비중이다' 라고 정보를 날렸다. 이순신을 음해하려는 자들의 수중에 이 정보가 들어갔다. 선조는 이순신을 서울로 압송해 처형하려 들었지만 조정의 다른 관리가 말려 무마되었다. 이순신은 또다시 백의종군하는 신세가 되고 다른 전투 지역에 배치됐다.

이순신을 두고 일어난 어리석은 깎아내리기와 모함을 보면 당시의 선조 임금이 얼마나 정보력이 없으며 조정의 관리나 무관들도 좀스럽기 짝이 없고 부패한 인물들이었는지 믿을 수 없을 정도다.

이순신의 지휘권은 그의 경쟁자에게 넘어갔다. 새 통제사가 처음 한 일은 전략전술실로 쓰던 방을 많은 첩들의 거처로 내준 것이었다. 그리고 이순신 휘하에 있던 경험 많은 관리와 역전의 노장들을 밀어내고 아첨꾼들로 채웠다.

고니시는 이순신을 끌어내린 것과 똑같은 계략을 이번에도 또 한번 펼쳤다. 고니시가 적극 애용한 이중 첩자를 통해, 왜군 대함대가 바다를 건너왔다는 정보를 조선 조정에 보냈다. 이번에도 조선 무인들은 계략에 말려 들어갔다. 1597년 7월 5일부터 15일 사이에 조선 수군은 칠천량해전에서 200척의 함대와 수많은 수군을 잃었다. 대패를 자초한 새 통제사 원균도 전사했다. 이 전투에서 오직 경상우수사 배설(裵楔) 장군이 12척의 함선을 가지고 도망쳐 한산도 수군 본영으로 왔다. 그가 가져온 12척, 기함을 제외한 단 11척의 전투함이 한때 왜군을 그렇게 괴롭혔던 막강 조선 수군에게 남은 전부였다.

왜군의 침략에 유일하게 맞서온 조선 수군의 궤멸 소식은 7월 22일 조정에 들어왔다. 조정이 들끓어 올랐다. 선조는 그제서야 이순신을 파직시킨 자신의 판단이 얼마나 미련한 것이었는지를 깨달았다. 왕은 자신이 경솔하고 사려깊지 못했음을 변명하면서 이순신에게 다시 나라를 위해 나서줄 것을 애원하며 수군통제사에 복귀토록 했다. 선조는 수군에 남은 배가 거의 없다는 사실에아예 조선 수군을 폐군할 생각이었다. 이순신이 '조선 수군이 그동안 왜군을 바다에서 막아 전라도와 충청도로 진군함을 막았는데 수군을 없앤다면 왜군에게만 좋은 결과를 줄 것'이라고 설득해 이를 막았다.

조선 수군의 원균 함대를 섬멸한 왜군은 거침없이 상륙해 충청도와 전라도를 잔인하게 도륙 내고 조선인 포로의 귀와 코를 베어 발작 직전의 상태로 내몰린 히데요시에게 바칠 전리품으로 가져갔다. 이 음산하고 잔혹한 전리품은 지금도 교토 근교에 비총(鼻塚)이란 무덤으로 남아있다.

왜군은 다시 이순신이 전선에 복귀했다는 소식을 들었다. 그들은 이순신의 거북선 전술에 깊은 외경을 가지면서도 이미 조선 수군에 재기불능한 타격을 입혔으니 이순신도 어쩔 수 없다고 생각했다.

이후 벌어진 명량대첩은, 조선 수군에 남은 단 12척의 배로 왜군의 배 100여 척을 격파한 기적의 해전이다. 이 전투는 일본이 전라, 충청도를 집어삼키려던 야욕을 꺾어버렸다.

이순신 장군은 조류를 아주 적절히 이용하고 비장의 전략을 구사함으로써 일방적인 승리를 이끌어냈다. 명량대첩의 승리로 조정은 다시 활기를 찾고 일본이 조선에서의 지분을 얻어내려던 시도를 근절시켰다.

끊임없는 중상모략에 시달리던 이순신, 이 거북선의 장군은 조선에서 패퇴해 도망가는 일본군을 보게 된 마지막 노량해전에서 전사했다. 그가 복원해 전투에서 활용한 거북선은 이후에도 계속 쓰였다. 그것은 동양의 바다에서 가장 유용한 전투함으로, 적의 접근이 불가능한 만큼 전장에선 보물 같은 역할이었다.

거북선과 이순신은 서로 보완관계에 있다. 그 시대가 요구하는 인물, 조선에 이순신 같은 뛰어난 인물이 나왔고 그를 거쳐 철갑의 거북선이 나와 일본의 조선 침략을 분쇄한 상징이 되었다.

이순신과 그의 철갑 거북선이 아니었다면, 일본의 한국 식민 지배는 300년 더 먼저 시작됐을지도 모른다. 도요토미 히데요시는 강한 일본 군인들을 잘 부려서 우선 조선을 짓밟고, 다음으론 중국을 집어 삼킬 계획이었다. 더 나아가서는 필리핀에서 중국의 만리장성까지 뻗치는 일본제국이 16세기에 만들어질 수 있었다. 그러나 히데요시의 약점은 일본 군사력을 지나치게 믿은 것이었다. 왜군은 조선에서 백성들과 심지어는 종과 승려들까지 궐기한 끈질긴 저항전에 당면해 흔들렸다. 더 치명적인 것은 이순신의 수군과 철갑 거북선이 계속 왜군을 격파함으로써, 보급품과 보충병을 제때 대지 못해 뒷길이 아주 막혀버렸다는 것이다.

이순신이 1591년 전라좌수영 수군절도사로 임명됐을 때도 조정에서 지원되는 물자나 인력은 아무 것도 없었다. 문관들은 공공연히 무관들에 대한 멸시를 드러냈다. 이순신 장군의 등용에는 친구인 영의정 유성룡(柳成龍)의 비호가 한몫했지만 이순신은 지휘자로서 탁월한 자질을 보여 아시아의 넬슨이 되고 침략자 왜의 함대를 격파한 승리자가 되었다.

## 임진왜란으로 조선, 분단될 뻔

한국사를 보면 한국 주변의 큰 나라가 조선을 침략하거나 적은 수 만으로 압도적인 적에 용감하게 대항한 사실, 또는 믿었던 것이 오히려 장애가 되는 이야기 등이 거듭 나온다. 특히 이순신 장군과 그의 거북선 이야기는 그 중에서도 분명한 사실이다.

거북선은 결코 많은 수가 아니었지만 세계사에서 그 역할은 참으로 중요한 것이었다. 1592~98년 동안 일본의 도요토미 히데요시가 야망을 품었던 명나라 정복이 불가능해지자 그는 다른 계책을 꾸몄다. 중국을 먹을 수 없다면, 조선 땅이라도 가져볼까 하는 것이었다. 잘하면 한강 이남을, 그게 안 된다면 금강 이남이라도 일본이 어떻게 해보려는 것이었다. 이 계책은 지금의 경상, 전라, 충청도를 일본이 갖는 대신 그 이북은 중국이 원하는 대로 처분해도 좋다는 묵시를 지닌 것이었다. 임진왜란 당시의 평화협상 자리에 조선은 뜻대로 협상 당사국이 되지 못하고 중국과 일본 양국 사이에서 진행됐다는 사실은 주목해야 한다.

이순신이 파직되어 일개 보병 신분으로 백의종군하는 동안 수군통제사가 된 원균이 1597년 7월 칠천량해전에서 일본군에 참패하자, 중일 양국 사이의 이런 협상은 실현되는 듯했다. 그 이전까지는 이순신 장군이

동해와 요동반도까지를 완전히 장악해 일본군을 패퇴시키고 있었다. 그러나 이순신이 다시 수군통제사가 되어 조선 수군을 추스른 뒤 1597년 9월 17일의 명량대첩에서 왜군을 대파했다. 결과는 히데요시가 전쟁에 참여한 장군들에게 조선 땅을 빼앗아 봉토로 떼어주려던 생각에 끝장을 낸 것이다.

히데요시의 휘하 장수 중 고니시 유키나가는 가톨릭신자였고 구로다 나가마사는 반쯤은 기독교도였다. 만약에 히데요시의 계획대로 역사가 이뤄졌다면 한반도 남부는 16세기에 기독교가 전도됐을지도 모른다. 실제 역사보다 300년 일찍 왜군의 침략을 통해 조선이 기독교를 받아들였다면 어떻게 되었을까.

실제로 그레고리 드 세스페데스 신부가 왜군을 따라 조선 웅천(熊川)에 왔었다. 규슈 출신 가톨릭 신자 고니시의 뜻에 따른 것이었다. 고니시의 딸 마리는 대마도주 소오 요시토모(宗義智)와 결혼했다. 이 대마도주도 아마 기독교로 개종한 사람이었을 것이다. 세스페데스는 조선 땅에 2년이나 있으면서 원정에 지친 왜군 병사를 위무하고 있었다.

임진왜란에 나선 왜 장수들은 보급선을 유지하기 어렵고 조선 사람들이 얼마나 왜군의 존재를 거부하는지를 깨달았지만, 일본 땅에 들어앉은 과대망상증 환자 히데요시는 계속 전쟁을 독려했다. 세스페데스가 보낸 편지는 왜군이 굶주림으로 고통을 겪고 있음을 밝히고 있다. 그 처절한 굶주림은 바다에서 이순신 장군이 해로를 막아 왜군의 보급로를 봉쇄하고 육지에서는 조선의 끈질긴 저항과 초토화정책으로 인한 것이었다.

오늘날 대부분의 한국인들은 남북이 분단된 조국의 현실을 매우 가슴 아파한다. 지금의 남북 분단은 한국인들의 의지에서 비롯됐다기 보다 미소 두 강국의 주도 아래 일어난 것이었다. 그런데 한국인들은 400여 년 전에도 그와 똑같은 역사가 일어날 뻔했음을 자각하고 있는가? 그때는 주도 세력이 다른 중국과 일본 사이의 협상이었지만 한국에 이순신 장군 같은 지략이 뛰어난 인물이 있었기에 그같은 책략을 무위로 돌릴 수 있었다.

## 충무공을 기리다

한국인의 이순신 장군에 대한 숭모의 정은 다른 누구와도 비할 바 없다. 1592~93년, 그리고 다시 1597~98년 사이 이순신 장군이 거북선을 통해 활용한 전략은 침략자 왜군을 조선 땅에서 쫓아낸 일등공신이었다. 왜군은 대부분의 명나라 장수들이 뇌물에 넘어갈 위인들이지만 이순신은 뇌물로 움직일 사람이 아니라는 것을 알았다.

이순신의 인물됨은 조선 조정이 그에게 가한 비열한 처분과 징계를 두고 볼 때 더욱 돋보인다. 대궐에 갇혀 그를 시샘하는 사람들의 거짓 보고를 그대로 믿은 왕은 통제사인 그를 일개 보병으로 강등해 내쳐버렸다. 그럼에도 불구하고 이순신 장군은 조정의 지원이라고는 일체 없는 상황에서도 왜군을 상대로 크나큰 승리를 거뒀다.

20세기 들어 대한민국은 한점 부패의 흔적이 없고 모략에 걸려 어려운 지경에 이르러서도 의연했던 이 인물을 우러르게 되었다. 천안에서 서쪽으로 28킬로미터, 21번 도로에 면한 온양에 그를 기리는 현충사가 세워졌다. 경부고속도로 천안톨게이트에서 나갈 수 있고 온양에는 한국 최고의 온양민속박물관이 있어 가볼 만한 곳이다. 4월 28일 이순신의 생신일이면 사람들로 붐빈다.

1932년 동아일보는 한때 이순신이 살았던 이곳에 그의 사당을 세우자는 운동을 벌였었다. 일본이 만주사변을 일으키고 한반도에 대한 폭압을 행사하던 그 시기에 이런 행동은 용감하지 않으면 못하는 것이었다.

실제로 이 충무공의 일본군 격퇴를 기리는 숭모 행사는 1704년 숙종 때부터 있었다. 1966년 4월 28일에는 박정희 대통령이 온양에 국립현충사를 건립했다. 유물관에는 일본 함대를 무찌른 조선 수군의 여러 유물과 거북선 모형이 전시돼 있다. 거북 구(귀)(龜) 자가 선명한 검은 깃발이 꽂혀있으며 옆면에 각각 8개씩의 노와 11개씩의 총안이 있고 뒤쪽에도 2개의 총안이 있어 모두 24개의 총안이 보인다. 선체 윗면에는 거북등 무늬를 따라 못이 촘촘히 박혀있고 뱃머리의 용도 분명하게 보인다. 진해

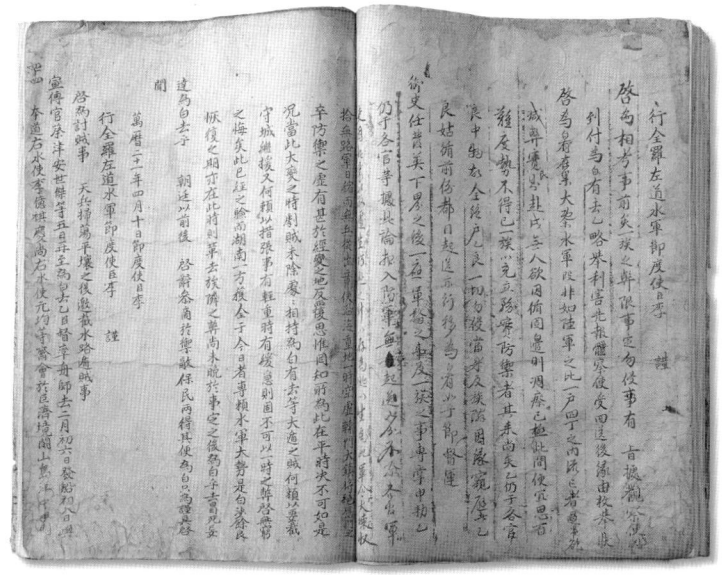

현충사 소장 임진왜란의 기록 『난중일기』. 임진왜란을 연구하는 조중화는 『난중일기』에는 한산대첩, 옥포해전 같은 중요한 전투가 빠져있는데 이는 일제시대 때 일본인들이 삭제한 것이라고 말 한다. 사진 박보하.

해군사령부에도 거북선이 있지만 그곳은 접근이 금지된 곳이고 일반에겐 현충사가 1592년의 해전 상황을 시각적으로 확인할 수 있는 유일한 곳이다.

　기다란 나팔, 적선을 걸어 잡는 쇠갈고리(四爪鉤), 호랑이 얼굴을 한 긴 줄(슈牌), 1.5미터의 장검, 그리고 바다에서의 전투 장면을 그린 그림이 있다. 이순신의 개인 유물 『난중일기(亂中日記)』가 물에 얼룩진 그대로 일부 보인다. 수군통제사의 의장으로 이순신의 모자를 장식했던 옥로(玉鷺), 그가 사용한 복숭아 모양의 은잔(桃盃)도 있다. 그 복숭아 모양은 도교적인 불멸을 상징하지만, 물론 이순신은 엄격한 유교인이었다. 초기의 화승총은 원초적으로 보인다. 포탄도 있고 왜군의 조총도 있다. 불화살과 총의 도화선 불을 붙이는 도구(虎樽砲)도 같이 전시중이다.

　유일하게 비사실적인 자료 하나는 조선 수군의 함대 진용을 매우 과장되게 그린 그림이다. 역사 기록에 따르면, 이순신이 실제로 활용한 거북선은 단 6척이었다. 같은 주제의 해전도 한 점이 호암미술관 1층 로비에도 있는데 여기에도 수많은 거북선이 그려져 있다. 거북선에서 휘날리는 통제사의 깃발만으로도 충분히 사실적이지만 거북선 숫자를 부풀려 말하는 경향이 있어온 듯하다. 그럴수록 나로서는 단 6척의 거북선을 갖고 어떻게 그런 큰 해전을 승리로 이끌어냈는지가 기적 이상의 사실로 다가온다.

## 한국 원산 벚나무와 워싱턴

1986년 4월의 진해 군항제는 한일 간의 가까워진 관계를 말해준다. 천리포수목원 주인 칼 훼리스 밀러(역자 주; 한국 이름 민병갈. 2002년 81세로 작고해 천리포수목원에 묻혔다)는 천리포의 수목원을 한국에서 가장 크고 유명한 식물원으로 발전시킨 사람이다. 그는 오늘날 일본 원산으로 알려져 세계에 널리 유통되는 요시노벚나무가 사실은 제주도의 벚나무를 한국의 누군가가 그 옛날 일본에 가져다 퍼뜨린 것이라고 했다.

제주도는 서부 규슈와 같은 위도 상에 있어 제주도 토착식물과 나무가 상당수 일본 땅으로 옮겨졌을 가능성이 크다. 밀러는 현재 워싱턴 조수(潮水)연못에 만발하는 벚나무는 한국이 원산인 벚나무의 변종이며 결코 일본 원산 벚나무가 아니라고 확신했다.

그렇지만 지난 세기에 이상한 일들이 벌어졌다. 한 예로, 진해 해군기지가 있는 곳에 길게 늘어선 5만 그루의 벚나무는 일본의 한국교포들이 일본 벚나무 원종이라고 선사해서 심어진 것이다. 진해 장복산에 심어진 4만 그루의 벚나무도 마찬가지다.

진해는 이순신 장군이 유명한 거북선을 가지고 1598년 일본군을 대패시킨 해전을 치른 역사적인 곳이며, 진해군항제에서는 청소년들이 이순

한국 원산의 왕벚꽃.

신으로 분장하고 가마행진을 하기도 한다.

해방 후 진해 시민들은 이 나무들이 일본 요시노 벚나무라는 사실이 싫어 특히 해군기지 주변의 벚나무들을 베어버리기도 했다. 이곳은 원래 조선 해군기지였다가 식민 통치 때 일본 해군기지가 되고, 해방 후에는 미군정이 끝난 1948년 대한민국 해군기지로 되돌아왔다. 일본은 이곳에 1만여 그루의 벚나무를 심어놓았다고 한다.

이제 와서 제주도 원산 왕벚나무의 몇 대 후손인 벚나무를 선물받은 사실이 진해 시민을 곤혹스럽게 만들었다. 일본의 '벚나무 선물'은 1912년 도쿄 시장이 도쿄 아라가와 강변의 벚나무를 워싱턴에 선물로 보낸 것이 처음이었다. 이 나무들은 벌레가 먹어서 다 죽었다. 몇 년 후 일본은 새 품종 벚나무를 다시 선물했다. 이때의 벚나무는 제주도에서 캐온 것으로, 미국 풍토에 보다 강하게 살아남을 것으로 생각했다.

이야기가 복잡해지지만 사실이 그렇다. 벚나무가 이리 저리 왔다 갔다 하며 섞어버린 것처럼, 한국인도 그런 과정을 겪었다. 현재 일본에 거주하는 70만 한국인(1986년 현재) 중에는 일본인과 결혼한 사람도 있고 한국 땅에도 일본 피가 섞인 한국인들이 산다.

인간과 나무의 가장 격심했던 혼합은 1500여 년 전 부여, 가야, 백제인들로 이루어진 기마족 지배 계층이 말을 대동해 왜 땅으로 가서 그곳 원주민들을 제압했던 때다. 나는 일본사서 『고사기』와 『일본서기』에 나오는 초기 일왕 25명의 혈통을 추적하여 그들이 순수한 한국 혈통의 한국인들임을 밝혀냈다. 그러나 현 124대 히로히토 일왕에 이르는 100명 가까운 일본왕의 혈통 연구는 '요시노 일본 벚나무'의 원래 혈통을 찾아내는 것만큼이나 복잡한 일이다.

부여족 순수 혈통이 무너진 뒤 나온 타협안으로 왕위에 오른 새 천황가의 혈통은 일부는 부여기마족이고 일부는 부여기마족보다 먼저 2000년 전부터 일본에 이주해 살던 교역자, 어부, 뱃사람 등 무속신앙을 받들던 옛 한국인들의 혈통을 받은 화족이었다. 이 두 혈통의 한국인들은 서로 경쟁관계가 되었지만 근본을 캐고 보면 다 같은 한국인이다.

밀러가 한국이 원산인 벚나무를 말하는 것보다 더 수월하게 나는 히로히토 일왕의 혈통을 캐어낼 수 있다. 전쟁과 식민시대의 고통도 끝났다. 수천 수만 명이 진해 벚꽃을 구경하러 모여든다.

자연의 아름다움이 과거의 증오를 씻어냈는지? 그래도 이승만 대통령은 워싱턴의 벚나무 이름을 한국 원산 벚나무로 고쳐줄 것을 미국 정부에 요청했었다.

워싱턴 D.C 제퍼슨기념관 조수연못의 '일본 벚나무'로 알려진 벚나무도 한국의 제주도에서 건너온 한국 벚나무로 바로잡아야 한다. 1990년

윌리엄 모로우 출판사에서 나온 칼 안토니가 지은 『1798~1961년 사이 미국 대통령 부인들과 그들의 역할』이란 책에는 하워드 태프트 대통령 부인 넬리 태프트가 이 나무를 수입해오던 당시의 정황이 잘 묘사돼 있다. 제주 왕벚나무는 CSPAN 텔레비전에서 브라이언 램이 진행하는 워싱턴의 주간 서평 프로그램 북노트에서도 다뤄졌다. 나는 1987년 한국을 떠나기 직전 이를 알았는데 자료를 찾을 수가 없었다.

점령군 손에 나무 정신대처럼 타국으로 떠나버린, 자기 주장을 못하고 있는 한국인의 잃어버린 이름이 이 벚나무다. 벚나무는 자신이 어디에서 생겨났는지 한마디도 밝히지 못한 채 침묵 속에 우아하고 아름다운 자태로 서 있을 뿐이다. 딱한 일이다.

## 1607~1811년 간의 조선통신사

매년 막부 예산의 7퍼센트가 조선통신사들 접대비로 지출된 것을 보면, 일본 국위는 위태로운 상태였다.

1985년 조선통신사의 일기를 번역중인 하와이 대학 역사과 연구원 루이스(Jay Lewis)의 논문 구절이다. 그 외에도 조선에서 오는 사신들을 위해 도로를 보수하거나 끊어진 다리를 놓아야 했고 사람과 말의 숙박은 에도(江戶; 도쿄)에서는 물론이고 교토(京都)와 쓰시마(對馬島)에서부터 오는 내내 준비해야 했다.

막부에서는 모든 것이 조선 사신들 눈에 들도록 공들여 위엄있게 꾸미는 일에 신경을 썼다. 이들이 지나가는 길 주변의 농민들한테는 별도의 세금이 가해졌기 때문에 불평이 많았다. '구니야쿠'라는 특별세는 쌀만이 아니라 말과 마부까지 과세 대상이 됐다. 뿐만 아니라 막부가 닛코(日光) 신사에서 행하는 의식, 왕실 보수, 제방 보수 등에도 특별세가 부과됐다. 이 때문에 종종 농민반란이 일어났다. 1764~65년간 일어난 메이와 엔보이이 난은 처음엔 7민 명의 농민이 봉기했다가 숫자가 늘어나 20만 명이나 되었다. 막부도 마침내 면세를 강구하지 않을 수 없었다.

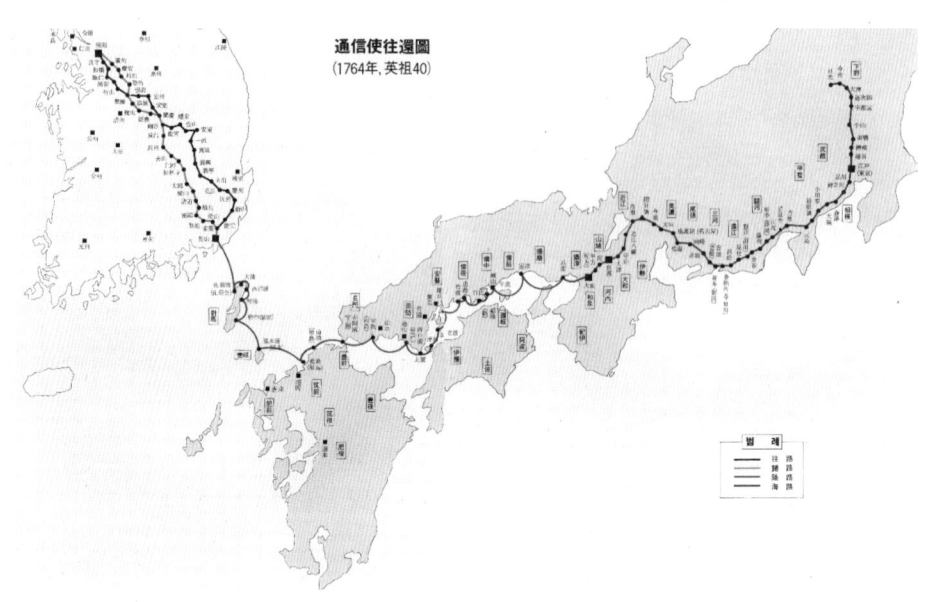

영조40년(1764)의 조선통신사가 왕래한 길. 조엄을 정사로 한 472명의 일행이었다. 이때의 기록으로 조엄의 『해차일기』 등이 있다.

  수백 명, 때론 500여 명이나 되는 조선통신사 일행이 일본에 들어온다는 것은 일본인들에겐 큰 부담이 아닐 수 없었다. 길에 나와 조선사신들 행렬을 구경하는 이들에겐 이를 데 없는 장관이지만 통역자, 기록담당자, 외교 담당자와 무관, 궁중 음악가들까지 관련자 모두에겐 긴장된 시간이었다.

  조선에서 일본으로 온 통신사 일행 500명 중 100명은 오사카에 남아서 배를 관리했다. 남아있는 기록에 의하면 조선에서 동경까지 들어오는 사신 일행을 위해 교토에서부터 육로 이동에 25만 명의 일본인이 노역에 동원됐고 말 800필이 징발됐다. 짐을 날라야 하는 것은 물론이고 말을 돌볼 마부 노릇도 해야 했다. 일본 땅의 중심부를 통과해 가는 조선인들은 모두 휘황찬란한 가마를 타고 이동했다.

조선통신사 일행이 탄 배로 정사(正使)가 앉아있는 부분이다. 요도가와 강을 오르는 누선의 선실 중앙에 정사가 위엄을 갖추고 앉아있고 붓을 든 기록관이 동석하고 있다. 덕천막부의 일본화가가 그린 기록이다. 국서선(國書船)이 선두에 가고 정사선(正使船)이 그뒤를 따르고 다시 뒤로 부사선(副使船)이 따랐다. 서채원(徐彩源) 소장.

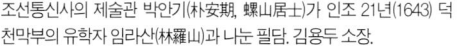

조선통신사의 제술관 박안기(朴安期, 螺山居士)가 인조 21년(1643) 덕천막부의 유학자 임라산(林羅山)과 나눈 필담. 김용두 소장.

일본의 화가 가노 쓰네노부(狩野常信)가 그린 1711년 조선통신사의 정사 조태억 초상. 국립중앙박물관 소장.

 조선은 바로 이웃나라이고 주자학을 받드는 나라였으며 일본 막부는 조선 사신 눈에 들어 인정을 받지 않으면 안 되었다. 조선은 일본에 대한 중국의 영향력을 증폭시키는 통로였던 것이다. 여기 비하면 오키나와 사절단은 미미한 존재였고 데지마(出島) 섬에서 들어오는 네덜란드 사절단도 별 볼 일 없었다. 사츠마의 다이묘가 오키나와를 정벌해 일본 속국으로 만들어 버린 뒤로는 더욱 오키나와는 에도의 막부에게 아무 것도 아

순조11년(1811)12차 조선통신사의 정사 김이교 (오른쪽)와 부사 이면구의 초상. 붉은조복에 칼을 메고 홀은 든 의례용 차림이다. 그림에는 김이교가 이조참의로 48세, 이면구는 홍문관 전한으로 55세라는 기록도 적혀있다. 동경국립박물관 소장.

닌 것이 되었다.

  이처럼 극진한 환대를 받은 조선통신사 일행이 일본에 왕래하던 시기가 영어권에서는 '쇄국, 폐쇄된 시기의 일본'으로 일컬어진다. 이 시기에는 네덜란드인들이 나가사키(長崎) 항의 조그만 섬 데지마에 유폐돼 거주했을 뿐 유럽인은 접근이 금지됐다. 네덜란드인들이 보기에 그들의 선박 척수를 제한하고 승선자를 조그만 섬에 격리해 두던 이 시기가 일본

4 임진왜란과 한일관계 245

이 단단하게 쇄국의 빗장을 채우고 있는 것으로 보였다.

임진왜란 이후 조선통신사는 1607년부터 1811년까지 모두 9회에 걸쳐(세분하여 12회로 보기도 한다) 일본에 갔으며 막부는 예산의 상당 부분을 써가며 이들을 환영했다. 이러한 외교활동으로 이 시기는 평화롭고 상호 관계가 좋았다. 통신사 일행에는 꼭 화가와 서예가들이 포함됐다. 일본의 문인 학자들이 이때 조선 학자들과 시서화(詩書畵)를 나눌 기회를 얻기 위해 얼마나 학수고대했는가는 기록에 남은 대로다. 무인을 멸시하고 문인이 되어 시서화를 연마하는 데 능했던 조선 학자들의 필적 한 장이라도 얻으려는 사람들이 하도 많았기 때문에 접근을 막아야 했다.

1603년부터 1868년 사이의 도쿠가와(德川) 막부 시절 조선은 일본이 접할 수 있던 유일한 국제 관계 파트너였다. 양국 모두 성리학에 심취했고 도쿠가와 막부는 성리학을 군신 간의 충성관계를 굳건히 할 통치이념으로 받아들였다.

그럼에도 불구하고 양국에서 학자들의 위상은 아주 달랐다. 일본에서는 중국의 『시경』이나 『사서오경』 따위를 아무리 공부해도 세상을 다스릴 관직을 얻게 되는 과거제도가 없었다. 무인들이 권력을 잡고 있었기 때문에 한문 잘하는 학자는 고작 비서나 통역으로 쓰일 뿐 제도를 좌지우지하는 권력자로 입신할 수가 없었다. 한 조선통신사는 한문에 능통한 일본인이 천한 출신 때문에 정치적 경륜을 펴보지 못하고 고작 청소부나 할 수밖에 없다는 사실에 개탄했다.

대부분의 일본인들은 조선인이 훨씬 문명화되었다는 것을 인정했다. 이런 사고방식은 17, 18세기에도 그대로 이어졌다.

그러나 1800년, 19세기가 열리면서 국제 기류에 중대한 변화가 일어났다. 1811년 이후 일본은 더 이상 조선통신사를 받아들이지 않았다. 막부는 예산이 궁핍해지고 권력을 잃고 있었다. 그러나 조선통신사가 더 이상 일본에 오지 않은 배경은 다른 것이었다. 일본 내 민족주의 사학자들이 힘을 얻어가고 있었다. 일본어를 파고들고 『고사기』와 『일본서기』를 신봉했다. 진구왕후가 한반도를 정벌했다는 서기의 기록은 일본인들에게 너무나도 달콤한 것이 되어 19세기 내내 점점 더 강화되어갔다. 미마나(任那, 즉 가야)를 오랜 기간 일본이 정복했었다는 것 또한 사학자들에겐 듣기 좋은 말이었다.

    서양인 중에는 이토 히로부미(伊藤博文)가 한국을 깔보는 일본인의 시대를 열어놓았다고 생각한다. 실제로 그가 주도한 한국 식민지시대에 한국인 멸시가 심했지만, 이런 사조가 하루아침에 일어난 것은 아니었다. 마찬가지로 식민지 한국을 업신여기던 일본인의 고자세가 정상적인 것으로 바뀌는 데도 얼마간의 시간이 걸려야 될 것이다.

## 조선통신사에 대한 정치적 목적과 조선에 대한 외경

1985년 11월 도쿄에서 조선통신사 전시회가 열리고 있다. 도쿄국립박물관과 한국의 국립중앙박물관이 공동으로 오랜 기간 준비한 결실이다. 1986년 봄에는 서울에서도 이 전시회를 볼 수 있다. 여기에는 일본 도쿄가 에도로 불리던 시절 조선에서 에도까지 갔던 임진왜란 이후 조선 통신사 일행의 9회에 걸친 활동과 그들의 행렬 광경을 새긴 목판화가 다수 전시된다. 이 목판화 대부분은 고베박물관 소장이다. 이 박물관은 16세기 일본이 포르투갈, 스페인과 교역한 것을 기록한 유물을 소장하고 있는 것으로 유명하다.

통신사를 통한 조선과의 관계 유지는 일본 측으로서는 교역을 위한 방편이 아니라 정치적 목적이 있었다. 당시 동아시아 일대에 기독교를 전파하려는 포르투갈과 스페인 선교사들이 지속적으로 조선에 신호를 보내고 있었다. 1639년, 1644년, 1649년과 1698년의 일이 그것이다. 조선은 1885년까지 기독교를 금지했다.

일본의 야심은 그때까지 일본이 주자학을 받드는 말썽 없는 세계의 일원으로 있다는 것을 조선에게 각인시키려던 것이었다. 도쿠가와 막부는 히데요시가 중국을 치러간다며 조선을 통과해 가겠다던 일이 헛일로 돌아간 뒤 조선을 안심시키려 들었다. 조선의 왕들과 외교관계를 누리는 것으로 그들이 왜구 해적떼가 아니라 문명도 있는 족속이란 것을 중국에 알려 인정받고 싶었던 것이다.

도쿠가와 막부는 히데요시의 아들 히데요리의 존재를 지우고 독자적이며 합법적인 정부로 나서고 싶었다. 대규모의 조선통신사 일행을 일본에 들어오게 하는 외교적 수사는 도쿠가와 막부의 집권, 히데요시의 조선 침략 시도 그리고 히데요리와 그 추종자 일당을 제거한 세키가하라 전투의 피를 덮어버릴 최적의 기회였다.

1960년경 나는 세 쪽의 목판을 길게 연결한 그림 한 폭을 받았다. 그림을 준 호시지마 지로 씨는 1950년 미일 평화조약에 일본대표로 서명한 정치가 3인 중의 한 사람이었다. 그림은 도쿄로 가는 조선통신사 일행이 교토와 도쿄 사이의 길에서 잠시 휴식을 취하는 장면이었다. 조선 사신들은 품계에 따라 다른 무늬의 흉배 달린 아름다운 관복을 차려입고 있었다. 사신들이 탄 가마를 운반하는 일본인 노역자는 단순히 허리를 두르는 헝겊에 머리띠를 매고 있을 뿐이다.

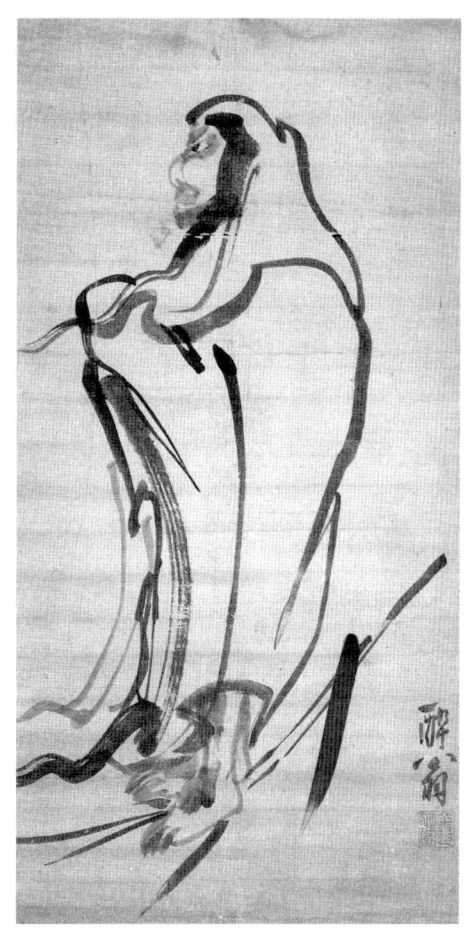

김명국(1600~1663)의 갈대 잎 타고 바다를 건너는 달마도. 그가 통신사 일행으로 일본에 갔을 때 그린 그림이다. 국립중앙박물관 소장.

조선통신사 일행이 묵었던 곳 우시마도(牛窓)에 지금도 남아 전하는 조선의 동자춤 가라코오도리(唐子踊).

일본 화가가 그린 1711년도 조선통신사 기록 중 조선 소년이 말위에 앉은 채로 일인이 받쳐든 종이에 휘호하는 모습. 당시 일본인들이 얼마나 조선통신사의 서화를 열망했는가를 보여준다. 91.4× 28cm, 신기수(辛基秀) 소장.

    하와이 대학 역사학과의 연구원 제이 루이스는 조선통신사 한 사람이 쓴 이때의 일기를 번역중이다. 일기에 나와 있는 내용 중 재미있는 것 하나는 사절단들이 가마 앞에 서서 창을 들고 걷는 일본인의 맨 엉덩이를 '쳐다보기 민망하다'고 불평했다는 사실이다. 조선의 유교관에서는 '인간이라면 아무리 더워도 옷을 제대로 갖춰 입어야' 했다.

조선통신사 행렬에는 이들의 그림이나 글씨 조각이라도 얻으려는 일본인들이 너무 많이 모여들어 그 접근을 차단해야 했다고 기록되어 있다. 조선에는 관리이면서 먹과 붓을 가지고 시서화를 치는 일이 일본 사람들보다 더 상당한 경지에 있었기 때문이다. 루이스가 찾아낸 자료에는 일본 관리가 종이를 한 궤짝이나 가져와 조선 사신들에게 그림이든 글씨든 그려달라고 해서 조선 측 기록관이 불평했다는 것도 있다. 기록관이 보기에 이런 요구는 지나친 것이었다.

18세기에 들어 일본에는 나가사키 근처 데지마 섬에서 교역하는 네덜란드 상인들을 통해 수입한 중국 서화에서 영향을 받는 문인화가들이 많아졌다. 그렇지만 이렇게 들어온 중국 서화는 대부분 지나간 17세기 것이고 과장된 것들이어서 조선 사신들이 그 자리에서 그려내는 서화가 훨씬 영감이 풍부했다.

나는 일본의 문인화, 즉 18세기 일본 화가에 대한 책을 펴냈다. 1963년 뉴욕 크라운출판사에서 이 책이 출판될 당시만 해도 일본의 문인화가 한국으로부터 영향을 받은 것이라는 사실은 전혀 생각하지 못했다. 당시 한국은 서구 미술사가들에겐 '버려진 땅'이나 다름없었다. 오늘날은 상당한 영향력이 인정된다. 더 나아가 조선의 영향을 받은 일본화가 개개인에 대한 추적까지도 가능해졌다.

1711년(숙종 37년) 일본에 파견된 조선통신사는 임진왜란 이후 9회에 걸친 통신사 중에서도 도쿠가와 막부가 가장 많은 재정을 기울여 접대했던 사절단이었다. 그때 들어간 비용은 금 15만 2301냥으로 오늘날의 금 시장 가격으로 따져보면 천문학적 액수이다. 루이스는 이 금액이 도쿠가와 막부 1년 총 예산의 13.3퍼센트를 차지하는 것이라고 계산해 냈다. 일본 땅에 발을 딛는 순간부터 말과 인부, 수천 명의 짐꾼, 기타 비용까지 모든 것은 접빈국인 일본이 지불했다. 조선통신사가 지나는 동해도(東海

道)나 길 어디든 그 지방의 다이묘나 호족이 접빈사가 되었다. 통신사 일행에겐 모든 것이 무료로 제공됐다. 조선 사신들의 학식에 감동한 다이묘와 관리들이 음식과 술 등으로 이들을 접대했지만 되돌아온 서화는 급하게 쳐낸 서화 몇 장에 불과했다. 이 중 몇 장은 도쿄국립박물관에 소장되어 있다.

  서울 시민들은 이 전시회에 관심을 가져볼 일이다. 그것은 17, 18세기에 걸쳐 한국에 대한 일본인들의 존경심이 정점에 달했던 시기의 일이다. 그것은 어느 한 면 경외심에서 생겨난 것이지만 어느 한 면은 일본 자신의 목적을 위한 정치적 행사였다.

## 천명과 혁명

　제임스 크라벨의 『쇼군(將軍)』은 미국 말고도 일본, 한국에서 많이 읽힌 소설이다. 그런데 이 소설이 과연 얼마나 진실을 다루고 있는가를 알아챈 사람은 소수다. 저자는 파선한 배의 선장과 예쁜 여자, 배신자인 그녀 아버지 등 기본적으로 실제 있었던 사건에서 소설의 주인공을 취해 이름을 약간씩 바꾸고 몇 가지를 덧붙였다.

　우선 쇼군이란 무슨 뜻인가? 일본의 임금들이 반란군을 진압하기 위해 휘하 장수에게 내리는 직함으로 정이대장군(征夷大將軍), 즉 진압대장이란 명칭이 7세기부터 있었다. 그런데 일본은 중세 이래 정이대장군은 으레 미나모토(源) 가문에서만 배출되는 것으로 굳어져버렸다.

　모든 경쟁자를 제거하고 일본 최고의 군사권자가 된 히데요시조차도 하급 보병 출신이라는 신분 때문에 정이대장군의 명칭을 지니지 못했다. 그 대신 그는 대공(大公)이라는 뜻의 다이코(太閤)란 명칭을 취하고 자신의 직권으로 모든 권위를 갖추었다.

　미나모토와도 연관된 도쿠가와 막부가 최고 실권자가 되자 그 역시 장군의 칭호를 썼다. 그렇지만 유교 국가인 조선과 상대할 때 일본의 장군은 조선의 대군(大君; 임금의 적자)이나 국왕에 미치지 못하는 직책이었다. 조선에서는 최고 통치자가 왕이니까 일본도 당연히 이를 따라야 했다. 그래서 도쿠가와 막부가 조선에 보내고 받아오는 서신에는 그들의 지도자를 대군 또는 왕으로 불러줄 것을 주저하면서 요청하고 있다.

국수적인 일본인들은 두 개의 명칭이 모두 '신화시대부터 이어진 일본 천황이 내린 명칭'이라고 가정해 놓고 실제 그렇게 믿고 있다. 그런데 일본 천황은 사실 1000년 이상 막부의 꼭두각시였을 뿐 아무 권한도 없었다. 이론상, 이 천황이란 명칭은 중국의 천자와 동격이다. 1638년 명나라가 망하고 만주족인 청나라가 북경에 나라를 세운 것은, 신유교적 관점에서는 중국이 사실상 해체된 것이었다. 이후 일본의 천황이란 여전히 실권 없는 자리이긴 해도 명칭상 중국의 황제보다 높은 것이 되고, 중국 황제로부터 합법성을 인정받아 통치하는 조선의 왕보다 우위에 있는 명칭이 되었다.

이런 방식으로 일본 정치가들은 신유교적 관점에서 자국의 우월함을 내세울 수 있는 천황 호칭을 고집해 왔다. 호칭에 대한 이러한 궤변은 무의미하기만 한 것인가? 이 궤변은 어느 나라나 의전상의 문제와 직결된다.

서울에서 김포로 가는 공항로는 교통이 자주 통제됐다. 내한하는 이가 일국의 대통령 등 국빈일 경우 여기서도 대통령, 총리 또는 그보다는 하

조선통신사의 국서선. 조선 국왕의 국서를 싣고 조선통신사 행렬의 맨 앞에 서서 오사카 요도가와 강을 오르고 있다. 국립중앙박물관 소장.

급 관리가 공항에 영접을 나간다. 신문에는 '양국 간의 무역 증대'라는 말이 나오지만 사실 크게 달라지는 것은 없다.

한일 간에는 17, 18, 19세기를 통틀어 모두 아홉 번의(12번으로 보기도 한다) 사신 교환이 있었다. 이때도 무역에 관한 논의가 있었으나 실제 주요 업무는 국위를 위한 것이었다. 의전이란 응분의 훌륭한 격식에 따라 일을 조정, 진행하는 과학이다. 더욱이 유교사회에서는 의례적인 형식과 예의가 무엇보다 중요하다.

중국은 역사상 북방 이민족들의 수많은 침입과 그로 인한 패배를 인정하기가 어려웠다. 그리하여 군벌에 의한 정권 찬탈을, 어리석고 무능한 당대 군주가 당하게 마련인데 이를 필연으로 돌리는 '천명(天命)'이란 것을 생각해 냈다. 중국에서는 왕조가 바뀔 때마다 '천명에 의해 그럴 수

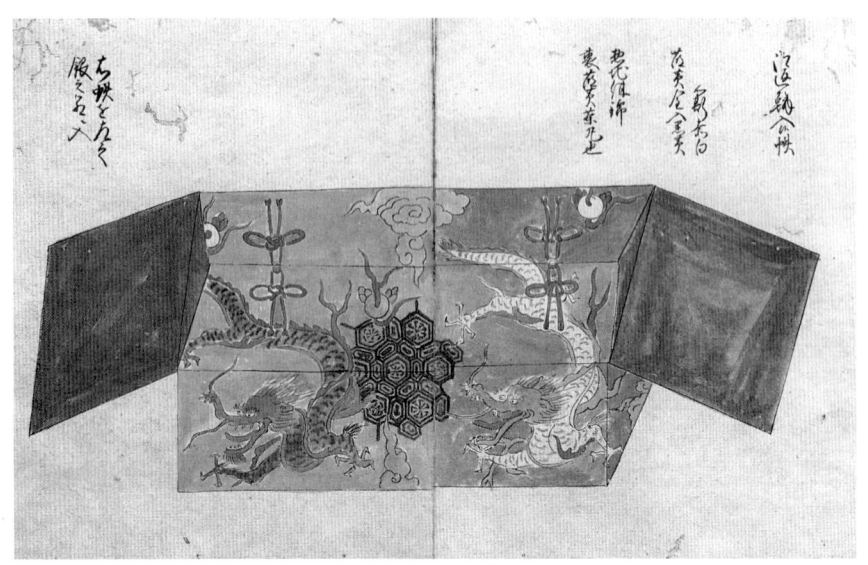
숙종 44-45년(1718~1719)의 조선통신사가 일본을 갈 때 일행이 가져간 조선 국왕의 봉서를 담은 국서함. 국사편찬위원회 소장.

밖에 없었다' 고 강조되었다. 실상은 허약한 군권이나 정부가 좀 더 강한 정부나 군권으로 교체되는 것일 뿐이다. 중국에서의 왕조 교체는 이른바 오랑캐라 불리던 북방민족과 한(漢)족이라 자칭하던 남방민족이 번갈아 가며 이루어졌다.

한국사에서도 이 같은 역성(易姓)혁명이 일어났다. 다만 중국 본토인보다 더 강한 유교정신을 지녔던 한국 혁명아는 좀 더 오랜 기간 망설였다. 조선을 건국한 장수 태조 이성계(李成桂)는 자신의 군주인 고려왕을 배반했다. 이성계는 왕명을 거역하고 위화도(威化島)에서 군대를 되돌려 그 자신의 거사를 위해 군사를 풀었다. 고려를 건국한 태조 왕건(王建)도 무관으로서 섬기던 후백제의 견훤(甄萱)왕을 패퇴시키고 전라남도 땅과 완도를 점령했다. 후삼국의 태봉국을 일으킨 궁예(弓裔)왕은 방탕한 것으로 과장되어 알려져 있긴 해도 한국사에서 어떤 최고 정점을

조선국왕 인조(李倧)가 일본 천황 혹은 막부의 장군을 호칭하는 일본국 대군전하(大君殿下)에게 보내는 국서. 동경국립박물관소장

지향한 바 있다. 그는 자신을 미륵부처라 자칭하고 백성들에게 숭배를 강요했다.

　임금을 섬기는 유교적 충성심을 의식해 왕건 장군은 신라 정복을 천천히, 매우 조심스럽게 진행해 나갔다. 918년에서 936년에 걸치는 시기를 두고 서구 사가들은 어느 시점부터를 고려 건국이라고 봐야할지 난감해 한다. 왕건은 수도를 개성으로 옮기고 국호를 고려라고 하여 고구려를 계승한 국가임을 천명했다. 왕건은 황폐해진 평양을 재건했다. 경주를 차지하기 위해 그는 920년대에 후백제군과 여러 번의 전투를 벌이지 않으면 안 되었다.

　믿을 만한 것인지는 알 수 없으나 신라 말 경애왕(景哀王)은 포석정에서 신하들과 연회를 벌이던 중 들이닥친 후백제군의 견훤에게 붙잡혔다. 드디어 고려 왕건의 신중한 행보는 신라인의 호감을 사는 데 성공했다.

4 임진왜란과 한일관계　257

그동안 수차례의 쿠데타로 많은 왕족들이 참수되거나 유폐된 상황에서 신라는 스스로 투항하고 잇달아 여러 호족들도 왕건에게 굴복해 들어왔다. 이것이 936년의 일이었으며 이때를 확실한 고려 건국연대로 봐야 할 것 같다.

한국 역사상 중요 왕조의 개국자는 모두 무인 출신이었다. 1910년 조선을 병합한 일본의 군부는 일종의 '천명'을 의식하지 않았나 싶다. 정권이 바뀌면 새로운 역사를 써나가야 하므로 그 앞 왕조의 마지막 통치자는 언제나 방탕했거나 덜떨어졌거나 정신병자 같은 족속으로 한국사, 중국사 기록에 남아 있다.

1985년 외신기자 클럽에서 이승만 대통령 때인 1953년 아이젠하워 미국 대통령이 한국 군부로 하여금 쿠데타를 일으키도록 사주했다는 비화를 한국인으로부터 들었다. 이 이야기는 곧 책으로 엮어질 예정이라 한다. 그러나 유교적 충성심을 가졌던 군부는 쿠데타를 일으키지 않았다. 결국 이승만 대통령은 아이젠하워가 바라던 대로 북한과의 휴전 협정에 동의하지 않을 수 없게 됐다. 중국의 모택동 또한 군대를 등에 업고 장개석의 국민당을 타파한 다음 중공 지도자가 됐다. 역사는 되풀이된다는 말이 있다.

# 5 일본의 역사왜곡

## 한일 양국의 증오감

　1985년 3월 나의 영문판 저서 『한국이 일본에 끼친 영향; 일본의 숨겨진 역사』를 일어로 번역하겠다는 제의를 받았다. 그 사이 몇몇 한국인이 이 책의 번역 가능성을 언급했지만 일본에서 온 이 편지는 사무적인 것이어서 캘리포니아은행 발행 수표를 동봉하고 있었다. 내가 그 순간 깨달은 것은 '어떻게 하여 연구 내용이, 학문이, 증오의 선전 도구이자 조직 폭력배가 연루된 살인행각으로 뒤바뀔 수 있는가' 하는 것이었다.

　일본 궁내청은 일본역사 초기의 일왕들(물론 한국인을 가리킨다) 이야기를 쓴 영문소설의 출판을 중지시키는 데 700만 달러를 썼다. 그 책은 1981년 미국에서 나왔다. 이 소설은 일찍이 일본으로 건너간 한국의 무당 왕녀들(신공왕후? 비미호?)을 다루고 있다. 이 소설 내용에는 그 토대가 되는 최소한의 학문적 설명이 가능하다. 그러나 저자인 호시노는 소설의 말미 20여 쪽에 걸쳐 날카로운 증오를 표출했다. 그는 동원할 수 있는 영어의 모든 비열한 형용사는 다 갖다 붙여서 히로히토천황, 도조 제독, 요시오 오카와라, 기타 일본인들을 묘사해 놓았다. 저자 호시노는 미국의 일본인 3세대다.

　약간의 고고학 경력을 지닌 호시노는 아스카-오사카 사이에 있는 오진왕이나 닌도쿠 왕릉이라고 알려진 고분의 발굴 허가를 요청했다. 내 생각에도 이들 고분에는 가야나 경주 고분에서 발굴된 것과 비슷한 금관, 장신구류가 당연히 매장되어 있을 것으로 보인다. 그러나 일본 궁내청도 이 사실을 아는 만큼 고분 발굴을 금지하고 있으며 이 상황은 1972~74년 한국의 경주 고분 발굴 이후 더욱 엄격해졌다.

발굴 요청이 거부된 데 화가 난 호시노는 현 일본 왕가의 조상이 한국인임을 알리는 소설을 써냈다. 소설 그 자체만으로는 문제될 게 없다. 그러나 끝부분 20여 쪽에 걸친 히로히토에 대한 비방으로 증오를 드러냄으로써 책 전체를 의심스러운 것으로 돌려놓았다.

증오는 증오를 낳고 폭력적인 말은 증폭된다. 『일본 황실의 음모』(1972년)의 저자 호시노는 "일당 400달러에 고용된 폭력배들이 이 책을 출판한 동아시아문화협회 본부의 우편물을 가로채고 자동차를 부수고 협회의 사업을 방해하는 등 시달림으로 '간접살해 당했다'"고 주장했다.

나는 그동안 일본 왕실은 4세기 한국에서 말을 배에 싣고 건너간 모험가들이 건국한 왕실에서 나온 것임을 확신하는 많은 글을 써왔다. 그러나 그것은 역사라는 것이다. 고고학으로 증명된 것이다. 냉정하게, 증오 없이, 현 일본 왕실 사람들에게 복수한다는 욕망 같은 것 없이 해야 하는 것이다. 이를 거부할 아무 것도 없다.

히로히토는 일본 천황제도의 포로였다. 일본에서 발달된 천황제도는 군부가 막강한 때나 영리한 관료들이 포진했을 때는 한낱 꼭두각시에 지나지 않았다. 쇼군이라는 장군들, 군부독재자들이 지난 몇 세기 일본을 통치하는 동안 천황이라는 일왕은 그저 의례나 집전할 뿐 아무 실권도 없었다. 이런 상황은 12세기부터 시작됐다. 1333년경에는 한 천황이 실권을 되찾으러 나섰지만 장군이 그를 폐위해 산속에 유폐시키고 온순한 다른 사람을 골라 천황 자리에 앉혔다.

책이 번역될 때면 저자는 걱정스럽다. 하물며 일본 왕실을 그토록 증오하는 사람이 내 책『한국이 일본에 미친 영향; 일본의 숨겨진 역사』를 번역하겠다는 것은 매우 편향된 번역자로 인해 일어날 분란을 자청하는 꼴이다. 또한 100여 쪽에 걸쳐 컬러사진이 있는 그 책을 동경에서 인쇄한다면 비용이 만만치 않을 것이다. 그보다 이 책에서 가장 중요한 부분인 고고학적 추구나 예술사적 개진을 증오로 뒤덮어버린다는 것은 너무나 큰 희생이다.

한일 간에는 너무나 많은 증오가 존재한다. 내 책이 추구하는 것 하나는 두 나라가 같은 문화권에 소속되어 지난 2000년 동안 지내왔다는 것이다. 지리적으로 일본은 중국과 떨어져 있어서 행운이었다. 중국은 이웃한 한국을 끊임없이 침략했다.

일본은 또한 먼저 산업국가로 탈바꿈했다. 그러나 두 나라는 문화적으로 매우 가깝다. 8세기까지 모든 선진기술은 한국을 거쳐 일본으로 들어왔다. 금세기에는 거꾸로 일본에서 한국으로 선진기술이 흘러간다. 초기의 선진기법 중에는 서기전 200년경이나 그보다 더 일찍 한국 기술자들이 가져다 유포함으로써 일본의 석기시대를 서서히 끝막음한 논 농사법이 있다. 도공이 쓰는 물레와 회전판, 오름가마(登窯) 또한 한국 도공들이 2000년 전 섬나라에 전파시킨 선진기술이었다.

내가 1960년대 도쿄 대학 고고학유물실에서 찍은 토기 사진 중에는 바로 그 당시의 토기도 포함돼 있다. 또한 이들 토기는 부산대박물관의 토기와 흡사하다. 단 하나 다른 점이라면 부산대박물관의 가야토기가 더 다채롭다. 그래도 양쪽 토기 모두 같은 문화권에 속한다.

1985년 수십 명의 한국 도예가들이 일본으로 세라믹 기술을 배우러 간다는 사실은 내겐 엄청난 역설로 들린다. 과거 수백 년 동안 선진기술은 정반대로 진행되어 왔기 때문이다. 오늘날에도 교토의 다도회에서 쓰이는 다기들은 한국산이 일본산보다 더 비싸게 취급된다.

도자기 전파의 역사는 2000년 전으로 거슬러 올라간다. 그것은 바로 역사이며 고고학이다. 이 사실은 누가 누구를 증오하기 위한 편법으로 이용될 수 없다. 히로히토 천황의 최고 조상이 한국인이라는 사실 또한 그만큼 오래된 역사이다. 본인의 저서『한국이 일본에 미친 영향; 일본의 숨겨진 역사』가 일역(日譯)된다면, 추악한 격정으로 휘둘리지 않도록 냉정한 마음가짐으로 다루어야 할 것이다. 그리하여 양국 문화에 대한 이해를 증진시키도록 말이다.

## 가토를 노린 한국 호랑이

하와이에 미국 최대 쇼핑센터라는 알라 모아나의 한 가게 진열장에서 일본 사무라이를 그린 실크 프린트 두루마리를 보았다. 오래도록 팔리지 않았던지 주인이 옆에 설명문까지 붙여놓았다. "일본 히데요시 휘하 최고 무사 중 하나인 가토 기요마사. 구마모토(熊本) 성을 쌓은 사람임. 누구 구마모토에서 오신 분, 이 그림 사가세요."

왼쪽에는 꽤 사실적인 필치의 호랑이 한 마리가, 대나무숲 속에 무장하고 있는 가토를 노려보고 있고 그는 호랑이를 향해 창을 날리려는 참이다(역자 주; 일본의 호랑이 그림은 대부분 대나무 숲이 배경이다. 한국의 호랑이는 소나무가 배경이라고 코벨은 분류했다). 1592년 임진왜란 때 가토는 고니시 다음 가는 부사령관이었다. 이 그림 속 호랑이의 존재는 그가 한국 땅에서 싸우고 있음을 말해 준다.

두 가지 생각이 떠올랐다. 하나는 비싸지도 않은 그 두루마리를 사다가 서울 집 거실에 걸어놓고 가토 그림 부분에 두꺼운 판자를 대어 벽이 상하지 않도록 한 뒤 우리 집에 오는 한국 친구들 중 일본이라면 이를 갈고 미워하는 이들에게 화살촉 다트를 던져 적대감을 풀 도구로 쓸까 하는 것이었다.

18~19세기 조선시대 한국 호랑이 그림. 105×68cm, 일본 민예관 소장.

두 번째는 왜 이 그림이 하와이에서 빨리 팔리지 않나 하는 의문이었다. 이미 하와이의 일본인들은 그들 모국으로부터 멀리 이완돼 있다. 설명문이 아니라면 그림의 남자가 누군지 알아보지 못했을 것이다.

호놀룰루에서 나오는 일본어 사진잡지 편집장이 내게 와서 오는 1980년 8월에 나올 기사에 대해 의논했다. 편집장은 설문조사에서 일본이 제일 증오하는 나라가 한국인데 한국에서도 일본을 가장 증오하는 나라로 꼽는다는 것을 알고 왜 한국인이 그토록 일본인을 싫어하는지 궁금해했다.

편집장은 "도대체 얼마나 시간이 지나야 이런 적대감이 사라질까요?" 하고 물었다. 나는 한국인들 앞에서는 일본말로 말하는 것도 극히 삼가고 있음을 말하면서 "최소한 50년 안에는 한국인의 대 일본 증오감이 절대 사라지지 않을 것"이라고 했다. 일제가 행한 식민정책 중에서도 가장 가혹했던 것이 조선말을 금하고 일어만 사용토록 한 것이었다고 설명했다. "지금은 일본어가 비즈니스에 유용하게 쓰이고 있긴 하지만 그 당시 한국인들은 조선말 못하게 하는 데 정말로 분노했지요."

그러고 나서 내가 가르치는 하와이 대학 예술사 과목의 수강생은 압도적으로 일본 학생들이 많은데, 그들이 한국사를 일본사와 마찬가지로 스스럼없이 받아들이는 사실을 두고 토론이 벌어졌다. "이 학생들은 이젠 일본인 3, 4세대로 내려왔어요. 이들에게는 오랜 세월 미국에 동화된 나머지 옛날의 라이벌은 지금 와서 전혀 문제가 안 돼요. 학교 안에서 한국, 일본 학생은 서로 잘 어울리고 연애도 하고 심각하게 따지지 않고 결혼합니다."

"양국 간의 증오가 언제나 사라질까요?" 편집장은 또 물었다. 그녀는 나의 열 번째 저서인 일본의 선승이자 시인이었던 『이큐(一休) 선사』의 발간에 맞춰 인터뷰하러 온 것인데 나는 계속 한국 이야기만 이어갔다.

"지금(1980년) 50세 이상 나이든 사람들이 모두 세상을 떠나고 최소한 새 세대가 등장한 뒤에나 가능할 것입니다. 물론 문화교류 현장에 몸담고 있는 학자들이나 최고 지성인들이야 예외지만 평범한 사람들은 아직도 상당한 회한이 남아있어요."

그 다음 편집장은 내가 어떻게 한일 양국의 예술사를 논할 수 있는지를 물었다. 결론은 내가 한국과 일본을 잇는 가교, 아니 세 개의 나라를 연결하는 통로가 되고 있다는 것이었다.

내가 호랑이를 공격하는 가토의 그림을 서울로 가지고 가 다트판으로 사용해야 되겠는가? 나는 일본이 역사교과서를 고쳐 쓰고 한국으로부터 혜택을 받은 수많은 것들을 솔직히 인정하지 않는 한, 한국인들은 절대 일본이나 히데요시, 또 그들의 한국 식민화를 용서하지 않으리라는 것을 잘 안다.

나는 한국이 일본에 미친 영향에 대한 글을 쓰고 있다. 양국의 국민들이 좀 더 가까워지기를 바라기 때문이다.

## 한국미술사 칼럼 쓰며 일본인 이웃과 절교

1979년 8월 서울의 날씨를 생각하는 것만으로도 좀 따뜻해진다. 미국의 이곳은 8월에 담요 두 장을 겹쳐 덮고 자는 데도 으스스하다. 해발 2000미터나 되는 이곳 소나무와 세다나무가 우거진 휴양지 아이딜와일드에서 이 칼럼을 쓰고 있다. 한국에도 이런 고지대 마을이 있는지 모르겠다. 통도사가 산속에 있긴 하지만 이만큼 높은 덴가? LA는 지난주 더위가 기록을 깰 정도였다지만 여기서는 담요를 두 장 덮어야 하고 그렇게 8월의 여름이 지나간다. 조금 지나면 담요를 세 장 덮고 모직 잠옷을 입어야 한다. 서울에서는 이런 말이 이상하게 들릴 것이다.

지금까지 20년 넘게 나는 캘리포니아 리버사이드 대학 여름 계절학기마다 여기 산속에서 동양문화사를 강의해왔다. 1979년 여름에는 '한국문화 하이라이트' 강의가 예정돼 있었는데 한국의 신문에 칼럼을 연재하는 일이 막중해지면서 강의를 취소하고 서울에서 지냈다. 내가 처음『코리아타임스』에 칼럼을 쓰기 시작한 것이 1979년 8월 22일이었다. 그러니 내가 여기 아름다운 산중에서의 계절학기마다 20년 넘게 동양미술사와 불교 선(禪)의 철학 등을 강의해오던 것을 그만두게 된 것은 『코리아타임스』 때문이기도 하다.

20년 전 나는 은퇴 후의 생활을 멋지게 그려보았었다. 추운 겨울에는 하와이가 좋을 듯했다. 7, 8월에는 대부분의 도시가 절절 끓어도 캘리포니아의 산속은 그런 더위를 모르고 지낼 수 있다. 봄, 가을에는 벚꽃이 만발하거나 단풍든 교토에 가 있으리라 생각했다. 그런데 현실의 나는 한국 땅으로 방향을 바꿔, 신나고 흥미진진한 나날을 보내고 있다. 그렇게 된 이유는 많다. 아마 일주일에 세 번 내 칼럼을 읽는 독자는 그 이유를 약간은 알 수 있을 것이다.

오는 10월 10일 나는 이 날 단 하루 사찰 소장의 고려불화를 공개 전시하는 교토의 선사찰 다이도쿠지(大德寺)에 간다. 고려시대의 걸작 불화 6점을 공부하고 사진도 찍을 수 있을 것이다. 지난 2년 동안 나는 불화가 일반에 공개되는 아침 9시 이전 40분과 전시가 끝난 4시 이후 30분 동안 사진 찍을 수 있는 허가를 받았다.

이제 생각하니 대덕사 소장의 양유관세음보살 불화는 14세기 아래로는 내려가지 않는, 매우 귀한 연대의 그림이다. 어떤 면에서는 한국의 가장 오래된 민화일 수도 있음을 깨달았다. 이 불화 하나만으로도 한국미술사는 뒤집어질 수밖에 없다. 적어도 그럴 가능성이 있다.

글을 쓰는 사람이니 서울에, 하와이에, 이곳 캘리포니아에 각각 타자기를 들여놓고 쓰면서 도서관에 가는 것도 중요한 일과다. 그런데 어제 마을도서관에 가서 '한국 관련 도서'를 찾았더니 K자 항목 아래 한국관련 자료라곤 단 하나도 없었다. 누구든 한국 해외문화재단에 말해서 이곳 아이딜와일드도서관에 한국 자료를 보내줄 수 있다면 좋으련만! 이 도서관은 음악과 예술센터를 겸하고 있고 주민들 교육 수준도 높은 편인데 이들이 한국에 대해 아무 것도 알 수 없다는 사실은 말이 안 된다.

웃어야 하나 울어야 하나? 앞서 쓴 한일 양국의 증오심 문제는 여기 캘리포니아 국립공원의 주민들 사이에도 퍼져 있다.

우리 옆집에는 현대 서양 추상미술을 하는 요코하마 출신의 60세 일본인 화가가 살고 있다. 그의 재혼한 미국인 부인은 18년 전부터 나의 일본미술사 강의를 수강하면서 이곳에 정착했다. 10년 가까이 우리는 사이좋은 이웃으로 내가 외국에 갈 때는 집 열쇠를 맡기고 다닐 정도였다. 그러나 지금 우리는 절교한 상태다. 내가 일본미술사에 대해 쓰는 동안만 우리는 절친한 사이였던 것이다.

두어 해 전 그녀가 내게 짜증나는 소리를 한 이후 나는 열쇠를 맡기지 않게 되었다. 그때는 내가 일본보다 한국을 더 흥미로워하고 이큐선사보다는 만해 스님(만해는 만년에 누가 그의 면전에서 일본말을 하면 격렬하게 화를 냈다. 1944년 사망하기까지 그의 생애는 일본에 대한 쓰라린 통분으로 일관했다. 사실 그는 죽기 전까지 30여 년을 일본을 증오하며 살았다. 3.1 만세운동의 민족대표로 나선 것 때문에 일경에 잡혀 3년간 감옥살이를 했지만 그 증오심은 전혀 누그러지지 않았다)에 더 관심을 가질 때였다. 나 때문에 그들은 여기다 집을 사서 이웃으로 살게 됐고 두 집 모두 일본 도자기가 많았지만 우리는 서로 무시하고 말을 하지 않는다.

만일 내가 한국 예찬론자가 아니라면 이웃 일본계 미국인과 다시 사이가 좋아질까? 확신할 수는 없지만 그 계기가 매우 교묘했다. 따라서 나는 이 침묵을 깨뜨리려 하지 않는다. 내가 서울로 간 뒤에 아들 앨런이 그들과 말을 할지도 모른다. 그는 교토에서 살아봐서 일본의 고도(古都)에 대한 추억을 지니고 있다.

그러나 한국문화에 대한 나의 열정은 수그러들지 않고 앨런도 곧 서울로 나를 따라 들어갈 예정이다. 그는 이미 만해를 위대한 시인으로 인식하고 있다.

## 한국의 영향을 인정하지 않는 일본

　이 책에서 나는 한국의 고대부터 중세, 현대에 걸친 다양한 문화 양상을 경계 없이 넘나들고 있다. 최근 나는 일본의 역사적, 사회적 양상에 관한 의견을 개진했다. 이제 나는 한국으로부터의 끊임없는 문화유입이 없었던들 일본 역사는 지금과는 아주 다른 어떤 것이 되었으리라는 것을 천명하지 않을 수 없다. 소설가 리처드 김(金恩國)은 최근 '역사에서 만일 이러했다면' 이라는 몇 가지 가정을 글로 썼으나 그것은 역사가의 입장에서 고찰된 것은 아니기에 한계가 분명하다. 그러나 일본이 그 옛날 아시아 대륙에서 지금보다 훨씬 멀리 떨어져 있어 서기전 3세기 한국인이 배를 타고 일본에 갈 수 없었다면, 일본은 농업경제의 근간이 된 벼농사를 아마 1000년은 더 늦게 받아들일 수밖에 없었을 지도모른다. 한국이 가져가 전수한 선진기술이 아니었다면 일본인은 석기시대의 조몬(繩文)인 그대로 머물러 있었을 것이다. 한국은 대륙의 한 끝에 위치하는 지정학적 유리함이 있었다. 일본은 그러한 한국으로부터 불과 160킬로미터 밖에 안 떨어진 곳에 있는 섬이었다. 만약 일본이 태평양 한가운데 떠 있었다면?

　서기전 3세기에서 7세기에 이르는 1000여 년간, 일본이 이룬 발전은 전적으로 이웃 나라 한국에 의존한 것이었다. 그 이후에는 바다 항해 기술이 좀 나아졌다. 8세기 기록에 의하면, 배 4척에 각각 100명씩 타고 한국을 거치지 않고 중국~일본 간 직항로로 항해했는데 절반은 파선, 침몰했다. 일본~중국 간의 직항로가 가능해진 것은 15세기에 들어와서다. 즉 1469년에 배 세 척이 나섰다가 그 중 한 척만이 직항로 뱃길에 성공했는데, 이를 두고 뱃길이 열렸다고 한 것이다!

그러므로 일본에 들어온 '중국적 영향'이란 거의 모두 한국적 영향이거나 또는 한국을 통해 들어온 중국 영향을 말한다. 서기전 202년 중국 진나라가 망하자 사람들은 일단 한국으로 피신했다. 한국에서 수십 년, 또는 몇 대를 내리 사는 동안 그들은 한국인이 되어 있었다.

행간을 읽을 줄 아는 명민한 사람이라면 한국이 수많은 학자, 장인, 예술가, 승려, 그 외 많은 것을 통해 일본에 엄청난 문화적 영향을 끼쳤으리라는 것을 쉽게 알아볼 수 있을 것이다. 불행하게도, 이 사실에 대해 한국 학자가 무어라 말을 해도 한국이 20세기 일본 식민지였던 역사가 있었기 때문에 그다지 진지하게 받아들여지지 않는다. 이런 편견이 사라지려면 세월이 흘러야 할 것 같다.

일본의 역사왜곡 문제가 불거질 때 나는 지난 반세기 동안 내가 배운 일본 역사를 모두 되짚어 읽으면서 특히 한국과 관련된 부분을 주의해 보았다. 고고학 유물이나 미술품을 통해서 뿐만 아니라 다른 것에서도 압도할 만한 증거가 나온다.

영국은 유럽대륙으로부터의 수혜를 결코 부정하지 않았다. 영국은 유럽대륙의 로마, 색슨 그리고 바이킹과 노르만족 등의 침입을 받았으나 이를 부인하지 않는다. 그리고 영국과 유럽대륙과의 거리는 일본~한반도 간의 거리보다 가깝다.

그러나 일본은 한국으로부터의 수혜를 전적으로 부인한다. 한국을 일본과 비슷하거나 일본보다 열등한 문화를 지닌 2등 국민으로 낮춰 보려는 의도가 있어서 그런 것이다. 어떤 영국인도 대륙의 프랑스인이나 이탈리아 로마인, 스칸디나비아인을 붙들고 "너희들은 고작 섬나라 영국과 비슷한 정도의 문화를 전해주었을 뿐이다"라고 말하지 않는다. 영국인들은 단지 이렇게 말할 뿐이다. "그들은 뒤떨어진 섬나라에 문화를 전해주었다"라고.

그런데 왜 일본인들은 한국에 대해 그렇게 영국인처럼 사실 그대로 받아들일 수 없는가? 왜 고개를 좀 낮추어 말하려 들지 않는 것인가? 왜 일본인들은 그들의 야요이시대가 한국에 90퍼센트 의존했던 것을 인정하지 않는가? 왜 일본인들은 4세기에서 6세기에 이르는 일본 고분시대가 90퍼센트 한국에서 받은 결과임을 인정하지 못하는가? 왜 일본인들은 7세기의 아름다운 아스카 불교예술이 한국에 90퍼센트 빚진 것임을 인정하지 않는가? 왜 일본인들은 14~15세기 중세미술이 한국에서 엄청난 영향을 받은 것임을 인정하지 못하는가? 왜 일본인들은 2000년 전 야요이시대부터 5, 6세기의 스에키 토기를 걸쳐 1000여 년 간의 일본 도자기 전통과 일본 다도에 쓰이는 다기가 16세기 이래 조선의 도공과 한국으로부터 이루 말할 수 없이 혜택을 입은 것임을 인정하지 못하는가? 왜 그들은 '도자기 전쟁'이라고까지 불리는 임진왜란 때 일본이 납치해 간 조선 도공이 바로 이런 갈등의 현실적 양상이었음을 인정하지 못하는가?

일본인들이 이 모든 것을 인정하기만 하면 문제는 깨끗이 해결된다. 그런 이후에야 한국과 일본은 사이좋은 근대국가로서 협력하고 무역이나 차관 등 필요한 국제관계 업무를 일궈갈 수 있을 것이다. 근대 한국은 일본의 팽창주의 정책에 값싼 노동력을 제공했지만 고대 한국이 일본에 전해준 것은 일본문화의 진작을 위한 영감이었다.

한국이 일본에 준 모든 영향을 제거한다면 일본은 1000년 이상을 석기시대에 그대로 파묻혀 있었을지 모른다. 누가 알랴? 한국인 없이는 일본에 중앙집권 제도가 1000년도 더 늦게 생겨 났을지를. 일본에서 중국으로 직행하는 뱃길은 너무 험난했기에 배편은 전혀 없었다. 7세기 일본은 언제나 한국 배에 편승해 한국 학자와 승려의 도움을 받으면서 중국을 오가고 서서히 국가 형성의 기술을 익혔다.

부모는 자식이 그들을 이어받고 성공하면 기뻐하며 자식으로부터 감사의 뜻을 받을 것을 기대한다. 이것이 바로 문제의 근원이다. 일본이 조금이라도 감사를 표할 줄 안다면, 조금이라도 후회하는 기색이 있다면, 한국은 일본을 용서할 수 있을지 모른다. 한국은 언제나 용서를 베푸는 쪽에 있다. 일본은 한 번도 용서를 베풀 일이 없었다. 그러면서 이번 교과서 역사왜곡 파동에 분명하게 드러난 대로 '잊고 싶은 일'들만 많다.

이렇게 왜곡된 역사교과서는 100만 부가 인쇄되어 3년간 쓰인다고 한다. 1930년대 일본을 휩쓸었던 '거룩한 천황이 통치하는 유일한 나라'라는 개념과 유사한, 100만 개의 낟알로 3년 동안 단단히 무장된 전사를 키워내게 되는 것이다.

역사가들은 오래 살게 되면 역사가 되풀이 되는 것을 본다.

## 한국문화의 뿌리 찾기

　1978년 처음 한국문화 칼럼을 쓰기 시작해 어느덧 4년이 지났다. 그동안 많은 일이 일어났다. 한국문화에 대한 관심이 높아지는 것이 보였다. 특히 젊은이들이 고대 문화의 근원을 찾는 일에 열심인 듯하다. 한 예로 1982년 9월경 무속음악과 굿을 공연하는 공간(空間)소극장에 갔는데 관객 대부분이 20대 젊은이들로, 진지하게 무대를 지켜보고 있었다. 송광사의 서울 절인 법련사에 갔더니 석지현 스님이 "절에 오는 10대, 20대가 많다"고 했다. 우리 집에 일본 교토 대덕사의 스님 한 분이 손님으로 왔는데 한국에서는 많은 젊은이들이 불교에 심취한다는 말을 듣고는 부러워서 죽을 지경이 됐다.

　"요새(1982년) 일본 젊은이들은 아무 생각도 없어요. 인생에 목표가 없는 듯합니다. 오직 돈뿐이에요. 난 여기 한국에 와 있었으면 좋겠어. 일본 불교엔 미래가 안 보여요. 오직 돈밖에는……."

　그 말은 일본에 300개의 말사를 거느린 교토의 선사찰 대주지가 한국에 왔다가 한 말과 상통했다. 그 주지 스님도 "한국인이 일본인들보다 더 이상주의자라고 느꼈다"고 했다. "일본은 너무 물질중심주의가 돼버렸어요. 문화에 관심을 보이는 사람이 거의 없어요. 한국에 와 보고는 이 나라에 대한 인상이 완전히 바뀌었습니다. 보는 게 믿는 거죠. 좀 더 자세히 한국을 알지 않으면 안 되겠어요. 어쨌든 한국은 일본 불교의 모국이니까."

1976년 여름에는 북한산에서 굿을 하는데 경찰이 와서 못하게 막았다. 신문에도 무당굿은 아무 가치도 없는 것으로 보도했다. 그런데 1982년 9월, 『코리아 타임스』 문화면에는 굿을 소개하는 큼직한 기사가 실렸다.

실제로 1982년 여름, 일본교과서의 한국사 왜곡문제로 떠들썩했던 일이 한국인들에게 바람직한 결과를 불러왔다. 그 전에는 무관심하던 많은 사람들이 한국역사, 특히 고대사와 한일합방 역사에 관심을 갖게 된 것이다. 독립기념관은 이러한 추세에 힘입어 건립됐다. 참으로 묘하게도, 일본의 역사왜곡은 한국인들에게 1945년 광복 이래 경제부흥에만 진력하느라 너무 바빠서 챙길 틈이 없었던 역사를 다함께 되돌아보게 하는 자극이 되었다.

그러한 노력의 하나로 나도 교과서 왜곡문제가 불거진 뒤 하루에 3, 4시간씩만 자면서 한일 양국 역사에 관한 장문의 논문을 썼다. 이 논문은 한글로 번역되어 출판될 예정이다. 많은 학생들이 이 글에서 사실을 접할 수 있도록 싼값에 보급될 것이다 (역자 주; 이 논문은 당시 출판되지 않았다. 이 책에 처음 번역, 출판되는 것이며 제3장에 나오는 긴 글이다).

그 외에 본인은 한국불교를 영미

관륵스님. 법륭사에서 의술, 천문을 담당했던 백제인 학자이다.

법륭사 소장 소형 청동미륵반가상. 한국인의 얼굴을 하고 있다. 당시 법륭사는 한국 문물의 본거지였다.

백제인이 세운 건축 일본 법륭사 금당의 보살상. 고구려 담징이 미술을 전했다.

독자들에게 소개하는 작은 책자를 저술하고 있다. 1982년 봄부터 본인은 아들 앨런과 함께 한국의 절이 태국이나 일본, 인도 등 여타 불교국가와 어떻게 다른가를 요령있게 알려줄 것들을 추려내느라고 애썼다. 앨런이 각지를 다니며 찍은 사진 중 홍보 가치가 있고 아름다운 86장의 컬러사진을 통해 한국의 절을 소개할 것이다.

여기에서 가장 중요한 것은 '한국불교의 특징'을 다룬 부분이다. 비교 분석의 측면에서 다룬 이 글은 문화에 대한 흥미를 깊게할 뿐 아니라 전략적으로도 도움이 될 것이다. 이 책은 한국관광공사가 무료로 배포한다. 첫판 2만5000부는 이미 일어로 번역되었으니 일본인들은 그들 불교

1424년 일본으로 건너가 활동한 조선 화가 이수문(李秀文)의 묵죽도.

일본 화가 세슈(雪舟)의 파묵산수. 세슈는 1469년 일본 하카다에서 조선을 거치지 않고 바로 중국으로 들어갈 수밖에 없었다. 당시 조선에선 불교를 탄압하고 있었다. 이때 배 세 척이 떠났는데 겨우 한 척만이 험한 뱃길을 무사히 통과했다. 배경에 보이는 바늘 끝처럼 뾰족한 산은 1424년 일본국 왕사의 일원으로 조선에 와서 금강산에 들어가 다섯 달 동안 있다가 온 화가 슈분(周文)에게서 이어받은 기법이다. 슈분이 그림의 배경에 금강산을 그려 넣은 뒤로 일본 역사상 가장 유명한 수묵화가가 된 세슈도 그와 같이 그렸다. 문화적 영향의 여파는 실로 길다. 동경국립박물관 소장.

문화의 모국을 쉽사리 이해하게 될 것이다.

1000여 년 동안 불교는 한국문화의 가장 주된 예술 주제였다. 일본도 마찬가지였지만 일본에는 임진왜란 같은 난리나 조선시대 불교탄압 같은 역사가 없었기에 1000년을 더 넘게 불교예술이 꽃을 피웠다.

일본인은 한국을 방문하는 주요 관광객이다. 『경향신문』에 연재한 나의 한일 고대사론도 관광공사가 일역해 일본인들에게 설명한다. 한국이 일본예술에 미친 영향을 알게 되면 관광 안내원들은 일본인들에게 보다 자세한 사실을 알려줄 수 있을 것이다.

한국고대사에 관심 있거나 그와 연관된 어떤 일들이 일본 역사에 일어났는지, 또 한국문화가 일본문화에 어떤 힘을 가했는지를 알고 싶은 독자라면 1982년 10월 16일 세종문화회관에서 열리는 대토론회에 와서 강연을 들을 수 있다. 내가 강연할 예술 분야는 오후 2시에 시작하며 한국어로 통역이 되고 무료 입장이다. 강연 내용이 인쇄물로 배포될 것이다.

이 모든 일이 1978년에는 불가능했다. 그때는 한국이 일본에 미친 영향에 대한 일본 측의 은폐를 눈치 챈 한국인들도 많지 않았고 한국인이 가진 문화를 대학살하는 일제 식민시절의 음모를 알고 있는 한국인들도 역시 많지 못했다.

1980년대에 와서 한국문화의 뿌리를 찾는 일이 다양하게 시작되었다. 일본으로선 과거의 젊음을 되찾는 일이 너무 늦었지만, 한국은 아직 늦지 않았다.

## 한국이 일본에 전한 6대 영향

　뉴욕의 하르코트 브레이스 요바노비치(Harcourt Brace Jovanovich) 출판사가 펴낸 『시대를 통해 본 미술*Art Through the Ages*』 7판이 1982년 나와서 보니, 한국미술사는 단 한 줄도 언급되지 않고 완전히 생략돼 있다. 이 책은 미국, 특히 서부 전역에서 대학의 미술사 교재로 쓰이는 책이다. 한국미술사가 그렇게 통째로 빠진 것을 보니 1970년도의 기억이 되살아난다. 그때 나는 이 출판사 측으로부터 한국미술사를 맡아 집필해 달라는 요청을 받았다. 내 대답은 '노'였다. 그때 나는 '전세계를 다니며 해야 할 일이 너무 많았다.'

　그런데 1970년에 그 책을 맡아 집필했다면 그때의 나로선 도자기와 불교미술에서 한국을 언급했지 중국미술이나 일본미술처럼 완전히 독립된 항목으로 한국미술사를 다루지는 않았을지 모른다. 이 책은 중국미술에 22쪽, 일본미술에 17쪽이 할애되었고 남미와 아프리카, 남태평양의 원시미술이 40여 쪽을 차지하고 있다. 1982년 현재 미국 내 많은 대학에서 원시미술에 대한 강의가 많아져 그 책에서도 비중이 높아진 것이다.

　그렇다면 얼마나 많은 대학에서 한국미술사를 가르치고 있는가? 단 한 군데, 하와이 대학에서 유일하게 한국미술사를 정규 교과목으로 강의할 뿐이다. 국제교류기관에서 외국의 미술사 담당교수를 한국에 초청, 아름답고 중요한 한국 미술품들을 보여주고 그래서 미국 내 여러 학교에 한국미술사 강의가 생겨난다면 좋지 않은가? 그러려면 미술사 책이 있어야 한다.

그리고 미술사 책을 만들려면 하르코트의 『시대를 통해 본 미술』 같은 일반미술사 책에 한국미술이 인쇄되어 실려야 한다. 물론 7판째가 출판된 65쪽의 동양미술사에 집중적으로 다뤄지는 것이(3장에 걸쳐 인도, 중국, 일본미술이 소개되었다) 영어로 별도 출판되는 일반 미술사 개설보다 좋다.

잰슨(H.W. Janson)의 『예술의 역사 History of Art』는 수백만 부가 팔린 책이지만 동양미술을 깡그리 무시하고 있기 때문에 이 책으로 공부한 지금의(1980년대) 30대나 40대들은 동양미술에 대해 아무 개념이 없고 무지하다. 잰슨은 그의 책 제목을 '역사 초기부터 현재에 이르는 주요 미술품을 망라한 미술사'라고 했지만 아시아란 존재에 대한 고찰은 티끌만큼도 없고 오직 서구의 우월감으로만 차 있다.

세계미술사에 한국미술사가 제자리를 찾아 들어가기 위해서 그 외 어떤 것들을 염두에 두어야 할까. 적어도 일본미술사와 같은 비중으로 편집되어야 할 것이다. 그 나라 인구에 비례해야 한다는 주장이 먹혀든다면 일본미술사의 절반 정도까지 낮춰질 수도 있다.

1982년 10월 23일 나는 '한국 역사를 통해 본 한국의 정체성'이란 대강연회에 참석했다. 비록 모든 단어를 다 이해하지는 못했지만, 한국 역사가 평가절하되어 있다는 주장은 확실히 알 수 있었다. 일본학자들이 쓴 왜곡된 역사책이 큰 이유이기는 하지만 다른 나라 역사가들의 경우도 일본학자들과 크게 다르지 않다는 것이었다.

내가 이날 발표한 내용은 일본문화에 막대한 영향을 끼친 한국문화가 과소평가되는 것을 바로잡자는 것이었다. 나는 지난 2000여 년 간 한국이 일본에 영향을 미친 문화를 크게 6단계로 구분했다.

청동 제조법과 함께 왜에 벼농사와 도자기 만드는 회전판, 도공의 물레, 오름가마(登窯)를 전한 야요이(彌生)문화가 한국문화의 일본 유입 첫 단계이다. 두 번째 단계는 369년부터 505년에 걸쳐 부여기마족들이 건너가 왜를 준(準)국가 형태로 발전시킨 것이다.

놀랍게도 청중의 절반 이상이 나의 영문 강의를 이해하고 따라왔다. 발표 내용은 한국어 번역이 되어 있었다. 그러나 내가 일본의 오진왕(일본의 건국자 진무 천황으로도 알려진 인물)이 한국의 왕녀 신공과 대가야의 장군 다케우치노 스쿠네 사이에서 태어난 사생아라는 설명을 하자 유교적 가치관이 확고한 청중들의 동요가 느껴졌다. 『일본서기』에 그 증거가 나와 있는 데도 말이다. 역사적 인물과 날짜 등 사적을 모두 직업적으로 외워서 노래로 전하던 사람들은 세부 사항을 잊지 않았다. 열린 마음으로 그 기록을 다시 읽어보면 이해가 될 것이다.

8세기 초 역사서를 만든 왜 사가들은 369년 가야의 부여족들이 왜를 침입해 들어와 최초의 봉건국가를 이룩했다는 사실을 숨겼다. 그때 정권을 잡은지 150년밖에 안 된 새 일왕 가문에 정통성을 부여하는 용비어천가를 쓰는 것이 사사 편찬의 목적이었다. 그들이 바라는 대로 '만세일계의 일본왕 혈통'으로 오래된 조상 계보를 만들려면 부여족의 침입을 없애고, 진구왕후의 일본 침입을 완전히 뒤집어버리지 않으면 안 되었다. 사실상 신공은 대구에서 출발해 남으로 내려가 바다를 건너 왜로 들어갔다. 이것이 그녀의 진짜 여정이었다. 실제로 일본의 15대 천황으로 기록된 오진부터 26대 게이타이 전대(前代)에 이르기까지 일본왕은 모두 부여 혈통의 왕들이며 왕후는 가야의 가츠라기(葛城) 가문에서 맞아 들였다.

나와 함께 일하던 사람이 이렇게 질문했다. "그때 초기 일본의 왕들이 모두 한국인이고 소가 우마코도 한국인이라면 일본에서 일어난 일에 대해 그럼 한국인을 비판해야 된단 말입니까?"라고. 이 질문의 답은 독자들 판단에 맡기겠다. 일본인들이 그토록 사납고 군국적인 생각을 갖게 된 것이 4세기에 일본을 정벌한 부여기마족의 피가 흐르고 있어서 그런 것인가?

세종문화회관에서 열린 그 강연회는 한국인들이 자신의 문화적 전통을 살펴보고 자부심과 자존심을 회복하려는 시도였다. 그 전에도 그런 시도가 있었지만 일본의 역사교과서 왜곡 문제가 불거지면서 진상을 아는 사람들이 아직 살아있는 한 과거의 잘못된 해석을 바로잡는 데 중점을 둔 것이다.

그런데 이 역사적 왜곡을 해결하기 위한 노력의 하나로 한국의 고대사와 문화적 성취에 대한 관심이 새로워졌다. 나는 4년째 한국문화에 대한 영문 칼럼을 쓰면서 외국인이든 한국 독자든(영어로 읽는) 가리지 않고 한국의 문화유산과 미술사적으로 추적한 한국문화의 뿌리를 두고 가차없는 토론과 지식의 확산이 일어나도록 애써왔다.

나의 칼럼은 이제까지 단 한 자도 타인이 손대거나 가감하는 어떤 제재도 받지 않았다. 나는 두 발로 굳게 서서 나의 의견을 당당히 피력하는 저널리스트의 자세를 지녀왔다. 나의 '현재 일본에 있는 한국 보물의 송환' 주장이 '일본의 심기를 건드린다' 며 걱정하는 사람이 있었다. 보통 유식한 한국인이라면 일본이 과거 불교 분야 등에 한국의 은혜를 톡톡히 입었다는 사실을 잘 알고 있다.

그러나 경제문제가 대두되는 한 일본의 협조가 요구된다. 그래도 총리가 나서서 '경제보다 교과서 왜곡문제가 우선이다'고 한 뒤에 상황이 달라졌다. 두 잡지사가 내게 예술사적으로 한일문제를 고찰해 달라며 1년

치 원고를 부탁했다. 일반문화사나 예술품은 문자 기록의 역사처럼 쉽게 왜곡될 수 없는 것이다. 바로 이런 이유 때문에 식민지 시절 일본의 위정자들은 많은 노력을 들여 한국의 문화예술이 종주국인 일본의 그것에 비해 '열등한' 것이라고 주입시키려 한 것이다.

1979년 피터 바톨로뮤는 이런 상황을 '문화적 대량학살'이라는 용어로 표현했다. 피터는 어떤 한국인보다 한국문화에 깊은 관심을 보였다. 한국의 독립기념관 건립은 일본의 역사교과서 왜곡이 큰 문제를 일으킨 다음에야 거론되었다.

한국 강점에 대한 왜곡이 바로 잡힌 다음에는 한국과 일본 간의 문화적 관계가 심도있게 논의되어야 할 줄 안다. 어떤 의미에서 7세기의 백제와 일본은 거대한 문화가족의 두 식구나 다름없었다. 백제 성왕의 아들 아좌태자는 일본불교의 아버지라는 쇼도쿠태자의 초상을 그렸다. 그리고 일본은 백제가 신라에 패망할 당시 동맹군을 보냈다. 그러나 그 도움은 너무 늦게, 너무 적은 규모의 것이었다. 현대에 베트남 보트피플이 생긴 것처럼, 백제 땅에 남아서 신라군 칼에 목숨이 달아나느니 왜에 가면 그들의 선진기술이 우대받으리란 것을 아는 백제의 보트피플이 있었던 것이다.

이때 일본으로 피신해 간 백제인이 10만 명이었다는 기록을 보았다. 그들은 무슨 일이 생기든 가만히 앉아서 당할 수밖에 없는 단순한 농부가 아니었다. 그들은 배를 구해 바다 건너로 떠날 수 있는 재력을 지닌 엘리트 계층이었다. 당시 일본의 총인구는 300만 명을 넘지 않았으리라 한다. 백제로부터 10만 명의 지식층이 유입된다는 것은 대단한 수혜였다. 그로부터 100년이 지난 뒤 일본의 귀족층을 조사한 자료에는 도래 외국인 성씨의 3분의 1 이상이 한국과 중국인 성씨였다. 그 중 많은 한국인 성씨 중에는 백제 출신이 대부분이고 고구려 출신이 약간, 신라출신은 드물었다.

  백제 난민은 예술분야에 어떤 진보를 가져왔던가? 첫 번째는 건축술이었다. 백제와 신라가 전쟁 중일 때도 신라 임금은 백제 건축가를 데려다 황룡사 건축을 맡겼을 정도였다. 질투에서 그렇게 된 것인지, 660년 최후의 전쟁이 있은 후 백제의 화강암 돌탑은 다 파괴되고 단 한 개, 그리고 익산 미륵사탑의 폐허 정도가 남았다. 나무로 된 불교유물은 더할 나위 없이 깡그리 사라졌다.

  백제 난민이 일본에 도달했을 때는 첫 번째 법륭사가 불에 타 없어진 뒤였다. 새로 들어온 백제 건축가, 장인, 예술가들을 폭넓게 활용해 법륭사를 재건축할 좋은 여건이 되었던 셈이다. 이때 세운 법륭사가 지금까지 남아 전한다.

  이제 그 법륭사는 일본이 전 세계에 자랑하는 최고의 고대유적이다. 일본은 이 보물을 한국의 백제 땅이었던 전라남북도와 나눠 가져야 한다. 법륭사는 당시 남중국 불교건축과 유대를 가졌던 백제의 최신 기술을 지닌 건축가들이 지은 건축이기 때문이다. 건축만이 아니라 금당의 불상 등 내부에 안치된 불상도 백제에 감사하지 않으면 안 된다. '문화적 대량학살'에도 불구하고 구다라관음, 즉 백제관음이란 이름으로 아직까지 전해오는 목조불상이 있다. 구다라는 바로 백제를 말한다.

  1982년 미국 컬럼비아 대학에서 개최된 법륭사 세미나에서는 법륭사의 주요 유물들을 '7세기 일본 고유의 예술'로 규정했다. 그렇다면 일본 고유란 말은 '백제의 영향을 받은'이란 말이다. 일본문화의 뿌리를 들여다보면 볼수록 그것은 바다 건너온 한국인의 손길이 깊게 미쳐있는 것임을 확인하게 된다.

# 역사를 통해 본 일본의 역사왜곡
## - 1982년 일본의 역사교과서 왜곡 파동을 보고

 일본인의 9할은 자기 나라의 진짜 역사를 모른다. 진실을 알게 된다면 마음이 혼란스러울 것이다. 고대 이래 현대에 이르기까지 일본 문부성은 국가적 자신감을 얻기 위해 역사적 사실을 위조하고, 가미가제(神風) 특공대처럼 죽는 맹목적 충성을 요구했다. 역사를 들춰보면 모두 확인할 수 있는 사실들이다. 일본의 역사왜곡은 외국 역사가들에겐 잘 알려져 있는 반면 일본인들에게는 대부분 은폐되어 왔다. 이 글은 왜곡된 일본 역사 중에서도 가장 분명하고도 어이없기까지 한 고대사 부분에 대한 연구이다.

### '만세일계의 일본 왕가'가 아니다
 근대 일본의 젊은이들은 일본의 지배자 혈통이 '서기전 660년부터 한 번도 단절된 일 없이 백수십 대를 이어져 온 만세일계의 왕가'라고 배웠다. 일제 강점기의 일본 선생들은 한국 학생들에게 이런 사실을 주입했다.

한국 무당의 모습을 한 일본 건국신화의 주인공 아마테라스 오미가미(天照大神).

'진무왕은 서기전 660년 신의 계보에서 나온 1대조이고 일본 열도 전체를 통일한 개국자'라고 이상화되었다. 이러한 '신화'는 보편화되고 1930년대 군부에 의해 더욱 강조돼 이를 믿지 않으면 감옥에 갇히는 지경이 됐다.

'다른 어떤 나라도 갖지 못한' 건국 2600년 역사를 기념하는 행사로 전 세계 37개국에 일본문화를 주제로 한 에세이 공모가 있었다. 필자도 젊은 학도시절 이에 응모해 〈일본의 미(시부미)〉란 글을 쓰고 기쁘게 상을 받았다. 그리고 나서 내가 일본의 미학이란 것이 사실은 얼마나 많이 한국에서 비롯된 것인가를 알기까지 40년이 걸렸다.

### 망명 사관들이 저지른 왜곡 『일본서기』

'일본이 서기전 660년에 나라를 세우고 천황혈통이 한 가계로 이어져 왔다'는 주장은 712년과 720년에 편찬된 『고사기』와 『일본서기』 두 역사서에서 나왔다. 두 책 모두 8세기 당대의 일왕을 합법화시키느라고 '천황 가문은 서기전 660년 건국한 1대 조상으로부터 이어져 온 혈통'이라고 쓴 것이다. 역사 편찬 당시의 일본 왕가는 왕위에 오른지 겨우 100년 정도된 집안이었을 뿐이고 그때까지 일본에는 글을 아는 사람이 거의 없어 문자로 기록된 역사서가 없었다. 앞서 7세기 때 역사서가 편찬되었으나 왕권 다툼의 전란 속에 불타버렸다.

일본왕은 백제에서 망명온 학자들에게 『일본서기』를 편찬토록 했다. 이들은 조국 백제를 멸망시킨 신라에 대한 원한과 함께 새로 섬기게 된 일본 임금에게 충성을 서약하지 않으면 살아남을 수 없었다. 그리하여 이들 손에서 나온 일본 역사서는 엄청난 모순과 날조로 가득찬 것이 되었다. 그들이 알고 있는 실제 역사는 오직 300년 전부터였지만 1000여 년이나 더 길게 역사를 늘리기 위해 어떤 일왕은 100년도 넘게 통치했다고 썼다.

일본의 조몬시대 토우. 동경국립박물관 소장

일본의 조몬시대 토기. 프랑스 기메박물관 소장

그 전에는 오랜 가계를 노래처럼 외우던 가다리베(語部)의 사람들이 역사서를 대신했다. 가다리베는 일본말로 '부르는 것' 이었다. 반면 『고사기』와 『일본서기』는 한문으로 쓰였는데 어떤 경우는 음을 따서 쓰고 어떤 것은 뜻을 차용해 썼기 때문에 이해하기가 무척 어렵다.

신생 왕가를 역사 깊은 왕가로 탈바꿈시켜야 했고, 신라에 대한 증오로 불타면서 일본어로 들은 것을 한자로 옮겨야 했던 역사학자들의 어려움을 헤아린다면, 『일본서기』에 수없이 나타나는 모순이나 오류는 그다지 괴이할 것도 없다.

그 중 대표적인 '실수'는 없애야 될 사실 하나를 완전히 지울 수 없어 그대로 두었다는 것이다. 즉 일본 최초의 왕조는 일부 학자들이 '기마족'이라고 하는, 4세기에 와서 일본에 등장하는 부족으로, 바다 건너 북쪽으로부터 내려왔다는 사실이다. 그들은 무시해버려도 좋을 일개 유목민 집단이 아니라 한 세기에 걸쳐 한국의 북쪽 끝에서 남쪽까지를 휩쓸었던 부여족으로, 3세기경 한반도 남쪽으로 내려왔다. 선진기술을 지녔던 이들 부여족이 가야와 백제에 둘러막힌 지역을 버리고 부산에서 바다 건너 새로운 땅 왜를 점령하러 온 369년 무렵에는 가야와 백제에 많은 '사촌'들을 남겨두고 떠났다. 그들은 바다 건너 왜 땅 남서부로 건너간 많은 한국인들이 수백 년 동안 정착해 있음을 알고 있었다.

부여족은 야심만만한 부족이었다. 그들은 일본에 최초의 실제 왕조를 건국하고 척박한 그곳에 중앙집권 체제와 기마병술을 전수했다. 8세기 역사학자들의 첫 번째 임무는 이러한 부여족의 일본 정복을 은폐하고 부여족이 이룩한 중앙집권 국가를 당대 일왕네 조상들이 만든 것처럼 바꿔치기하는 것이었다. 글을 아는 사람이 거의 없던 시대였으므로 이런 작업이 그다지 어려운 것은 아니었다.

동경 부근에서 출토된 일본 고대 금동관. 윗부분에 말모양 장식이 눈에 띈다. 이바라기역사관 소장.

## 일본의 구신석기시대 조몬(繩文)인

서기전 660년의 일본은 구석기 혹은 신석기시대에 있었으며 금속문명은 그때까지 도래하지 않았다. 또한 이때의 사람들이 최초의 거주민은 아니다. 10만 년 전 일본 땅에도 인간이 거주해 돌도끼, 돌칼 같은 유물을 남겼다고 한다(역자 주; 일본의 구석기유물 발굴은 최근 허구였음이 드러났다).

그들이 누구였는지, 원시 도구를 만들어 썼던 호모 사피엔스가 그대로 멸족했는지, 아니면 그 다음 신석기시대 조몬(繩文)인과 연결되었는지는 단정하기 어렵다. 필자의 의견은 구석기시대 인류와 일본의 신석기 조몬시대 인류는 모두 시베리아 바이칼 호수에서 시작해 한반도와 알래스카까지 뻗어나간 북방족에 속한다는 것이다. 방사선 탄소측정 결과 조몬토기는 서기전 1만 년에서 서기전 3000년 대와 그보다 조금 늦게까지 분포한다.

일본 홋카이도 섬 최북단에 소수 남아있는 아이누족은 오랫동안 조몬인의 후손으로 알려셨다. 일본 정부가 종족 외혼을 장려한 결과 순수 아이누는 지금 100여 명밖에 없지만 이들은 현재 일본인들보다 몸에 털이 많고 얇은 입술과 잘 발달된 턱을 지녔으며 몽골형 눈꺼풀이 없다. 코카시언 백인종이 분명한 이들의 먼 조상은 아시아 북서부에서 이주해온 것으로 보이지만 이는 앞으로 풀어야 할 문제다.

### 한국에서 온 야요이문화, 논농사와 금속문화의 전래

조몬인은 수천 년 동안 사냥으로 먹고 살았을 뿐 농경하던 종족은 아니었는 데 서기전 3세기경 급격한 변화를 겪었다. 이러한 변혁은 한국으로 가는, 또는 한국에서 들어오는 관문이던 규슈 북부에서부터 나타났다. 논 농사법과 금속 지식을 지닌 완전히 다른 혈통의 야요이(彌生)종족이 나타났는데 이들은 조몬인을 밀어내고 규슈에 처음 정착했다. 이들의 신기술은 일본 땅 절반을 넘어 동부까지 퍼져나갔다. 규슈에서 발굴된 야요이인의 두개골은 한반도 남부 사람의 것과 유사하다.

야요이인은 조몬인과도 결혼하고 논농사를 가르치기도 했지만 농토를 빼앗기 위해 원주민들을 토벌하기도 했다. 몇몇 고분에서는 조몬과 야요이 유물이 섞여 나오기도 하는데, 이때 토기 생산이라는 근본적이고 결정적인 변화가 일어났다.

서기 57년의 중국 역사서 『삼국』『위지』는 왜에 100여 개가 넘는 부족 집단이 청동기문명에 들어 살고 있었다고 기록했다. 일본 역사가들이 말하는, '이보다 700년 전 신인(神人) 진무(神武)왕이 나타나 통일국가를 건국했다' 는 주장과는 상당한 거리가 있는 것이다. 한반도에서 건너간 야요이인은 대부분 농부였다. 한국인들이 엄청난 학식과 신기술을 가지고 이주해간 것은 이보다 훨씬 뒤인 고분시대 이후의 일이다. 새로운 이주자들은 집단 정착지를 이루고 군림했으며 조몬인은 피지배 계층이 됐다.

위의 상황으로 볼 때 일본 외무성이 내놓은 『일본약사(日本略史)』에 "일본에 논농사와 금속문화가 들어온 것이 서기전 9세기였다"고 한 것은 실제보다 500여 년을 앞당겨 쓴 것이다. 일본 외무성은 또 "야마토 정부는 서기전 5세기경 일어났다"고 했다. 그러나 그 시기의 일본열도는 여전히 구석기 조몬시대여서 철로 된 창칼도, 논농사도, 대단위 정부조직도 없었다. 고고학은 일본 외무성의 이런 역사 기술(記述)을 웃음거리로 만들었다.

고고학적 증거는 구석기 인간인 조몬과 아이누족이 정벌당했거나 바다 건너온 한국인 집단과 섞여버렸음을 시사한다. 이 시기에 바다를 건너온 한국인 집단은 여러 군데에 한국문화의 본산지를 이루었다. 그 중 세 군데, 규슈지방, 북쪽 해안의 이즈모지방 그리고 야마토로 알려진 오사카 나라평원이 발달의 본산이 되었다.

3세기에 중국 한나라가 망하자 남경과 산동 부근에서 '진인(秦人)'이라 불리는 중국인들이 일본으로 흘러들어왔다. 그러나 이들은 한국을 거쳐서야만 일본으로 들어올 수 있었고 그 중 일부는 한국 땅에서 몇 대를 이어 살며 한국인이 되었다.

### 왜에 관한 중국 사료

『일본서기』이전 후한의 공식 사서인 『한서(漢書)』나 『삼국지(三國志)』「위지(魏志)」 등 3세기 중국책에 의하면 왜의 여러 부족들 사이에 내전 상태의 혼란한 권력 투쟁이 있었다. 중국에서 이들을 호칭한 말은 왜, 난쟁이족속 그런 것이었다. 몇 구절을 인용해 보면 다음과 같다.

왜인들은 새해도 모르고 사계절도 모른다. 그저 봄에 밭을 갈고 가을에 추수하는 것으로 한 해를 가늠한다. 한 족장이 다른 부족장들보다 강력해 보인다. 규슈에 그 족장의 부(副)족장이 있다. 여자들은 몸에 분홍과 붉은 물감 칠을 하고 맨발로 다니는 것이 보통이다. 길은 날짐승의 통로나 다름없고 좋은 논이 없다. 주민들은 물고기를 잡아 나무그릇에 담아서 맨손으로 집어먹는다. 독한 술을 많이 마신다.

적어도 중국인 기록자의 판단에 따르면 3세기 후반 일본문명은 거의 원시나 다름없었다. 당시의 상류층은 조그만 봉분형 무덤을 만들고 청동거울이나 동검, 동탁을 부장했다. 청동방울을 쓰는 한국인의 도래로 청동과 더불어 철기를 사용하며 지석(支石)을 세우는 사람들이 생겨났다.

이처럼 연달아 왜에 들어온 이주자는 뒤떨어진 왜국에 와서 쉽사리 지배층이 되어 보다 나은 삶을 구가하려는 한국인들이었다. 이 시대에는 민족주의란 개념도 없고 한국과 왜국에 대한 충성이 대립하는 것도 아니었다. 바다는 주요 수송 통로이고 소통할 수 있는 길이었다. 한반도의 같은 지역에서 떠나온 한국인들은 왜국에 와서도 같은 지역에 모여 살았다.

### 신라인 개척자, 스사노오와 한국 무속

신라인은 그 중에서도 활동적인 이주 집단이었다. 북쪽 해안의 이즈모(현재 시마네 현 마쓰에)가 그들의 주된 거주지였다. 오늘날에도 이즈모에는 신토(神道)에 나오는 아마테라스 오미가미의 오빠로 알려진 맹렬한 남성 스사노오미코토를 받드는 신사가 있다.

스사노오는 실존인물로 신라에서 온 첫 번째 개척자인 듯하다. 그의 아들은 신라에서 옷감을 취급하는 상인이라는 암시가 『일본서기』에 나와 있다. 이즈모 신사는 아마테라스 오미가미를 받드는 이세 신사보다 더 오래된 곳이며 한때는 일본에서 가장 큰 목조건물이었다. 지금도 '이즈모 신사에서 결혼하면 복을 받는다' 고 알려져 있다. 성스러운 백마 모형을 안치한 마구간 건물도 있다.

이로 미루어 초기에 신라지역에서 건너간 이주민을 이끈 스사노오 같은 무속적인 지도자는, 그보다 늦은 시기 경주 천마총을 만든 사람들과 같은 일파임을 알 수 있다. 스사노오를 상징하는 신칼은 그가 머리를 베어 죽인, 용의 꼬리에서 뽑아낸 것이라 한다. 이 칼은 '오로시노 가라스키', 다시 말해 '한국의 용검(龍劍)'이라고 불린다. 이 칼은 일본 왕권을 상징하는 삼종 신기(三種 神器)의 하나가 되었다.

당시 한반도에 삼국이 있던 것처럼 일본에도 세 군데의 한인 정착지가 있었다. 신라인들은 이즈모에, 고구려에서 건너간 이주민들은 규슈 북쪽에 자리 잡았다. 부산-가야-백제지역에서 간 사람들은 동쪽 깊숙이 야마토 또는 나라라고 불리는 땅으로 모였다.

기운 찬 한국인들이 일본으로 건너가면서 시베리아지방에서 성행한 것과 비슷한 그들의 무속신앙도 가져갔다. 따라서 이들은 신 내린 경지에 들어가 영혼세계와 소통하면서 무리를 재난에서 막아줄 사람을 지도자로 받들었다. 지방에 따라 특색을 달리 했어도 당시 모든 한국인의 기본 신앙은 무속이었고 일본의 무속도 한국으로부터 유입됐다. 일찍이 세계 여러 나라가 샤머니즘 형태의 신앙을 받들었다.

### 한국인의 정착지 이즈모, 규슈, 야마토

북방지역에서는 태양은 소중한 존재였다. 곡식을 여물게 하고 따뜻하게 내리쬐는 태양을 우러르지 않을 수 없었다. 뱃사람의 삶에 중요한 바람도 숭상하긴 마찬가지였다. 또한 각 지방마다 특수한 신을 받들었다. 논농사에는 노동력이 확보되는 대가족이 필요하다. 풍년을 기원하는 온갖 행사가 치러지고 다산과 풍년은 매우 중요한 것이 되었다. 오늘날에도 신토에는 풍년과 다산을 비는 성적 상징이 가득하다.

애초에 존재하던 수천 개의 조그만 마을은 야요이시대에 와서 점차 통합되고 받드는 신(神)도 넓은 지역을 부여받으면서 줄어들었다. 지도자가 나타나 지배영역을 확보하면서 조상신도 더 숭상되었다. 이에 따라 지도자인 왕의 조상신은 보다 우월한 것이 되었다.

일찍이 신라에서 건너와 이즈모에 모여 사는 집단과 그보다 늦게 건너와 아마테라스 오미가미를 수호신으로 받드는 집단 사이에는 모호하게나마 권력 분배가 이뤄진 듯하다. 당시 중국 기록에는 여왕 히미코(卑彌呼)가 3세기 말 실제로 일본의 일부 지방을 다스린 것으로 나와 있는데 고대 일본사에는 이런 여걸이 많이 등장한다.

일본 왕의 혈통이 천조대신 아마테라스와 태풍의 남신(男神) 스사노오의 결합으로 비롯됐다는 설정은 일종의 타협이 이루어졌음을 말해준다. 남신이 아마테라스 여신의 목걸이인 곡옥 500개를 씹어 먹은 후 아이가 태어났다는 것이다.

이즈모의 신라인 집단은 시간적으로 먼저 일본에 건너왔다. 그런데 뒤늦게 부산-김해에서 떠나온 부여기마족 또는 가야, 백제인 집단은 뛰어난 성능의 무기를 지니고 있었다. 그들은 규슈에서 오사카 나라지역으로 이동했는데, 본질적으로 같은 한국인인 두 집단은 평화 협정을 맺어 이즈모 집단이 해의 여신에게 첫째 자리를 내주며 항복했다(이것이 일본사에서 말하는 국양(國讓)이다). 이리하여 천조대신은 『고사기』와 『일본서기』에 나와 있는 대로 초대 일왕의 거룩한 조상이 되었다.

이즈모에 모인 집단은 아마도 뱃사람과 어부들이었기에 바람신을 숭상하다가 논밭을 지닌 아마테라스 여신 그룹에게 제압되었을 것이다. 이즈모의 주변 땅은 벼농사에 적당치 못했다. 같은 한국인인 두 개척자 집단은 결국 경쟁보다는 타협 쪽으로 뜻을 모았는데 그 방법은 혼인관계를 맺는 것이었다. 아마테라스의 자손인 1대, 2대, 3대 '천황'들이 모두 스사노오 쪽의 여자들과 결혼했다. 스사노오, 즉 이즈모 바람신의 후손인 이 여자들은 조상으로부터 신통력과 점성술 등을 이어받은 무당이었을 것이다.

실제로 초기 천황들의 이름과 가계를 살펴보면 이즈모에 정착한 신라인의 자취가 어렴풋이 나타난다. 그들에 대한 기억이 역사를 암기하던 7,8세기 직업인들을 통해 남아있었기 때문이다.

### 369년 부여기마족의 왜 정벌 - 고분 출토 말

4세기 후반 왜에 변화가 일어났다. 이 사실은 논란의 여지가 없다. 변화는 아주 급격한 것이었다. 3세기의 중국 사서 『삼국지』「위지」에는 "일본에 말이 없다"고 기록돼 있다. 그런데 갑자기 많은 말의 존재가 입증된 것이다. 이 말들은 한국에서 배에 실려 바다를 건너왔다. 고구려 이웃 북방 지역의 부여족이 길들여 사용하던 땅딸막한 몽골말은 부여족이 한반도 서부지역(백제로 알려진 곳)을 점령하고 부산 근처 가야 지역으로 퍼지던 때에도 부여족이 대동해 다녔다. 한국고대사에 "동부여가 바다로 사라졌다"는 기록이 있다. 그러나 일본사는 이를 회피한다.

백제지역을 정복한 부여족은 그대로 남아 살기도 하고 일부는 나아가 가야족을 정벌, 그곳에서의 입지를 굳건히 다진 뒤, 더 과감한 일부는 369년 바다 건너 일본으로 갔다. 대담하게도 말이 동승할 배를 만들어 바다를 건너간 이들은 4세기에 있었던 가장 큰 선단 부대였으며 작전은 성공했다.

일본의 어용사학자들은 물론 이를 '부여족의 일본 정벌'로 기록하지 않았다. 하지만 『고사기』와 『일본서기』의 진구(神功)왕후, 진무 및 여러 왕대의 기록에는 이 사실이 수없이 반영되어 있다. 8세기 당대 지배자의 정통성을 세워주기 위한 역사 쓰기에서, 사실은 왜곡되고 180도 뒤집어져 일본이 '가야(미마나) 정벌'을 했다고 기록됐다. 사실은 그와 정반대로 가야가 일본을 정벌한 것인데 말이다!

부여족 전사들은 372년 이래 백제의 왕이 되었으며 백제의 마지막 수도 부여는 부여족의 이름을 그대로 지녔다. 서기전 18년 백제 건국이후 6갑자(甲子), 즉 360년 지난 역사를 보면 부여기마족의 이 시기 이런 움직임과 대략 부합한다. 중국 한나라 멸망 이후 동아시아 전역에 어지러운 시기가 지속되던 때였음을 생각해야 한다. 진나라와 고구려 틈바구니에서 시달리던 부여족은 남하하면서 멸망한 낙랑족과 합류하며 세를 불렸을지 모른다.

일본에서 말하는 소위 '역사'에 의할 것 같으면 중애왕은 362년 죽었다. 그의 통치 이후 진구왕후 또는 오키나지 다라시 공주의 섭정이 이어졌다. 진구는 한국에서 출생한 왕녀. 진구와 그녀의 아들 오진왕의 출현은 일본의 역사서에 그 연대가 정확히 두 갑자, 120년 앞당겨 올려졌다.

그러나 전체적인 왜곡에 비하면 이 정도는 약과다. 그들에 따르면 진구가 가야를 정복하고 이곳을 '일본(일본이라는 이름이 생기기도 전에)'이 지배했다는 것이다. 실제로는 369년에 가야에 기반을 둔 부여족이 바다 건너 규슈로 건너가 왜를 정벌했다.

부여족 선단의 항해 방향을 거꾸로 돌려놓은 사실을 그럴듯하게 만들기 위해 일본 역사서는 "진구왕후가 신라와 가야를 대구까지 올라가 정복했으며 신라왕은 자발적으로 항복했다"고 덧붙였다. 물론 이는 모두 날조다. 왜는 한반도에 침입해 대구까지 올라갔다가 방향을 틀어서 다시 남하하면서 신라와 백제를 정복한 일이 없다.

8세기 일본 사가들이 참고한 기록으로 『구다라기(백제기)』가 있었을 것이다. 부여족은 대구를 정복하고 계속 남하했다. 그들은 만주의 본거지를 떠난 이래 계속 몽골말을 타고 이동했다. 부여는 남쪽에 퍼진 마한 원주민들을 제압하고 백제지역에서 전리품을 얻어낸 뒤 낙동강 유역의 근거지, 부산으로 떠났다.

　이러한 부여족의 정복활동 전체가 일본 사서에는 '이와레(磐餘彦)왕자의 야마토 동정(東征)'으로 기록돼 있다. 이와레 왕자는 후일 진무(神武)천황이란 이름으로 알려졌다.

### 진무천황=이와레왕자=오진천황=부여족의 일본 정벌

　진무왕(천황)이란 이름은 『고사기』와 『일본서기』가 나온 뒤 800년경에 와서야 처음 등장한다. 이와레, 즉 부여 바위왕자가 지나간 길에는 시사하는 바가 있다. 그는 규슈에서 출발해 일본 내해를 따라 동으로 400킬로미터 이상 떨어진 나라의 야마토 평원으로 항해했다. 지름길인 시고쿠 섬의 남쪽 태평양 바다로 들어올 수도 있었지만 당시 배의 성능상 내해를 따라 들어가는 것이 훨씬 안전했다.

　이와레왕자의 동정은 속도가 느렸다. 곳곳에서 원주민들의 저항에 부딪혔던 것으로 보인다. 『일본서기』에 따르면 이와레왕자의 동정은 4년, 『고사기』에 따르면 16년이 걸렸다. 마침내 그의 군대는 오사카와 요도 강에 상륙했지만 여기서 오랜 원주민(아마 야요이족일 것이다)의 저항을 받아 패했다.

　이에 그들이 받드는 해의 여신 아마테라스 오미가미가 해 뜨는 동쪽을 향해 진군해온 것을 노여워해 패했다고 생각하고 기이(紀伊)반도로 배를 돌려 해를 등지고 서쪽으로부터 상륙했다. 후쿠오카(福岡) 현 동굴 고분 벽화에 아마도 진무와 팔지오(八咫烏; 야다노 가라스)의 전설을 묘사한, 세 발 달린 까마귀가 진무의 배를 인도해 가는 그림이 있다. 이때 이와레왕자의 두 형제가 폭풍으로 죽었다. 그들의 어머니는 용왕의 딸이었다고 한다.

　많은 시련을 넘어 마침내 그릇에 제물을 담아 제사를 지내게 되었다.

이와레왕자도 토기 그릇을 직접 빚었다. 또다시 치른 전투가 패색이 짙어졌을 때 금빛 깃털이 달린 연(매를 말한다)이 이와레왕자의 활에 내려앉아 적들을 눈부시게 만든 덕분에 이겼다. 오늘날 일본 군부의 최고 휘장은 금빛 연 훈장이다. 이와레 히코노 수메라 미코토(磐餘(余)彦)왕자, 즉 진무왕은 오진왕을 말한다. 일본사를 늘리기 위해 오진의 활동을 진무라는 가상 인물에 갖다 붙여 기록한 것이다.

### 닌도쿠왕과 한국문물 유입

이와레왕자(오진왕)는 우네비 산에 안장됐다. 지금도 매년 4월 초사흗날 왕실의 제관이 산, 강, 바다에서 나는 제물로 제사를 지낸다. 제관들은 그 제사가 현재의 일본 천황 가문이 큰 덕을 입은 도래인 정복자에게 올리고 있는 것임은 꿈에도 생각지 못할 것이다.

그런데 첫 역사책에 오진의 동정에 관한 기록은 대단히 세밀하게 기록된 반면, 치세에 대한 기록은 별로 없다. 하지만 그의 아들 닌도쿠(仁德)왕의 치세는 많이 기록돼 있다. 닌도쿠왕은 가장 큰 능묘를 축조했다. 이 능묘는 경주고분의 그 어떤 것보다 크다. 일본에는 규모가 각각인 2,000여 기의 고분이 있는데 한반도 가까운 규슈 북부의 후기 야요이 시대 무덤은 자그마하다. 그러나 5세기가 되면서 고분은 갑자기 엄청난 규모로 커졌다. 이들 대형고분이 모두 오사카 나라지역에 분포돼 있음은 주목할 사실이다.

또한 이들 고분에는 수많은 부장품이 매장돼 있다. 『삼국지』「위지」에는 "왜에는 말이 없다"고 했지만 5세기 대형고분에는 한국식 마구와 무기류가 부장돼 있었다. 부여족이 전투에 쓰던 말과 마구, 당시의 최신 무기인 철제무기들로 보인다.

옛 천황들 무덤으로 알려진 이 고분군은 일본 정부의 방침에 따라 발굴이 금지된 상태다. 그런데 1872년 폭풍으로 닌도쿠 왕릉이 무너져 이를 수리하게 되었을 때 내부를 본 컬럼비아 대학의 쓰노다 류사쿠(角田柳作) 일본사 교수는 부장된 유물이 "더할 나위 없이 한국적 이었다"고 했다. 일본 당국이 부여기마족의 야마토 정벌을 논박할 수 있다고 생각한다면, 닌도쿠 왕릉을 발굴해야 한다.

부여족 혈통의 두 번째 왕이 되는 닌도쿠는 능의 규모로 보아 가장 강력한 군주였던 듯하다. 그의 통치 형식은 봉건제도지만 장관이나 봉건영주와 같은 4개의 우지(氏)가 있어 왕명은 모두 그들을 통해 전달되었다. 네 명의 우지 중 3인은 부여기마족 건국자 오진왕을 보좌했던 무장이었다. 나머지 한 명은 옛 야요이족 출신으로 무속 의례를 주관하는 모노노베(物部) 가문이었다.

후일 모노노베 가문은 '임금 되는 기저(基底)는 무속신앙에 있음'을 주장하면서 무속과 대치될 불교가 왜에 유입되는 것에 반대했다. 나카토미(中臣) 가문 역시 오래전 왜에 자리 잡고 여러 신에게 제사 지내며 사슴뿔로 점술을 행하던 복부(卜部)의 인물이었다.

불교가 들어오기 이전 일본 전역에서 무속을 믿었지만 군사권력이나 종교권력은 모두 세습되고 있어서 혈통 그 자체를 무엇보다 중요하게 여겼다. 일본 역사가들이 당대 주요 가문의 역사를 모두 신의 시대라는 고대와 연관시키고 조상을 모두 신으로 설정한 이유도 이 때문이다.

### 삼종 신기가 가리키는 것은 한국이다

일본 왕권의 상징으로, 이를 소유한 사람이 왕이 된다는 삼종 신기(三種 神器)는 4세기부터 전해 내려왔다. 그러한 전통의 배경에는 전적으로 무속신앙이 있다.

그 중 하나인 동경(銅鏡)은 신통력을 지닌 것이라 하여 죽은 자의 가슴에 놓인 채 사후세계를 위해 부장되었다. 동경은 그 번쩍이는 기능이 고대 농경사회에서 일반화된 태양숭배와 통했다. 6세기 초 신라 금관에 달려있는 조그맣고 둥근 금판도 태양을 뜻한다.

삼종 신기의 두 번째 물건인 칼 또한 왕권의 상징으로 일찍이 신라에서 이즈모로 이주한 한국인의 권세를 말해 준다. 이 특별한 칼은 맹렬한 바람의 신 스사노오가 머리 여덟 개 달린 용을 쳐부수고 얻어냈다.

세 번째 신기는 곡옥 또는 곡옥 목걸이다. 곡옥은 일본에서 나지 않는다. 이 곡옥은 한반도 북부에서 나는 연옥이나 경옥으로 깎아 만들었다. 고대에는 다른 어떤 신기보다 곡옥(일본에서 마가타마라고 부른다)이 진정한 왕권의 상징이었다. 경주고분에는 이런 곡옥이 수십 개씩 장식된 금관이 많이 부장되었다.

곡옥은 태아 또는 올챙이와도 비슷한 모습이다. 물고기는 아시아 전체에서 부의 상징이다. 그 외에 한국 무속에서 호랑이는 산신의 전령사로 중요한 존재이며 벽사용으로 지니는 호랑이 발톱은 곡옥과 생김새가 같다. 그러나 곡옥이라 해서 모두 똑같은 것은 아니며 그 중에는 곰의 발톱도 있다. 단군은 웅녀의 아들이며 아이누족은 곰을 신으로 받든다. 홋카이도의 아이누 족들은 지금도 곰 축제를 연다.

곡옥은 일본보다는 한국 고고학계에서 더 많이 발굴된다. 이 물건의 이동 경로는 북에서 남으로 향한 것이지 절대 그 반대 방향으로 역류해 온 것이 아니다.

### 한국의 왕녀 신공왕후

『고사기』나 『일본서기』에는 왕가의 분열상을 감추려는 끊임없는 조작이 행해졌지만, 14대 중애왕 대에 결정적인 단절이 있었다. 중애 이전의 13명의 왕들은 모두 '야마토에 거주' 했다는 데, 중애왕만은 규슈에 살았던 것이다. 중애왕은 10척 장신이라는 등 특징적인 묘사가 많다. 그는 아마도 마지막 야요이 종족인 듯하다. 그러나 무엇보다 놀라운 것은 중애왕비 진구왕후에 대한 것이다.

『일본서기』에 따르면 진구는 신라에서 온 것이 분명한 한국왕자 아마노 히코코의 딸이지만 가야에서 왔을 확률이 더 높다. 중애왕은 신공과 결혼했다. 그는 이미 두 명의 왕비로부터 두 아들을 두고 있었다. 새 왕비가 된 신공은 매우 명석하고 영리했으며 얼굴은 마치 한 송이 피어나는 꽃처럼 아름다워 그의 아버지가 매우 특별히 여겼다고 기록에 나와 있다.

신공은 야심이 대단하고 수완도 비범한 한국 왕녀였던 듯하다. 그녀가 한국을 원정했다는 일본의 주장은 정반대의 것일 수 있다. 그녀의 전설적인 행적은 한국이 369년 바다를 건너가 일본을 정벌한 것을 떠올리게 한다. 도래인 왕족 신공이 혼자 힘으로 거사한 이 원정은 일본사에는 이와레왕자의 무공에 가려 기록되지 않았다. 일본사가들은 한국 부여족의 일본 원정 중 일부를 따서 이 두 인물의 전설적인 무공으로 돌려놓은 듯하다.

한반도가 이들에게 점령당해 왜 땅으로 편입되고 신라왕이 굴복한 것이 아니라 한국인 남녀가 신무기를 들고 바다 건너 왜를 정복한 것이다.

또다시 '바위'가 저변에 드러난다. 신공은 중애왕의 아이인 태아(이와레왕자)를 한국 아닌 왜 땅에서 낳을 수 있도록 자궁에 돌을 끼워 막아서 출산을 지연시켰다. 부여족의 일본집권을 공고히 하기 위해 출생부터 왜 땅에서 태어난 자주적 왕가라는 해석이 가능하게끔 한바탕 작전이 연출된 것이다. 이로부터 350년 뒤 일본사가 처음 편찬될 때 한국과의 혈연관계를 덮어버리게 된 역사 기록의 전후좌우가 엮어진 것이다.

**일본의 신토와 왕권**

5세기는 신라와 야마토 모두 무당 왕이자 제관인 지배자의 힘이 정점에 달했다. 527년 신라에 불교가 공인되면서 무속적 색채는 많이 사라졌지만 일본에서는 계속 무속이 힘을 발휘했다. 이 원시 민중종교는 신토(神道)의 틀을 갖추고 9세기에 집중적으로 불교와 대치되는 종교가 되었다.

신토는 점차 일왕 숭배를 위한 도구로 변질된 반면, 한국 무속에는 그러한 요소가 없었다. 한국에서는 왕권을 강화시키는 요인으로 처음에는 불교가, 나중에는 유교가 작동했지만 그것은 주술적 신비한 힘을 이용한 것은 아니었다. 한국에서는 군사권이 무속과 결부된 적은 한 번도 없었다.

그러나 일본에서는 군국주의, 또는 '신성한 천황'을 위해 싸우는 일이 점점 중요하게 부각되고 정책상 우위를 차지하게 됐다. 13세기에서 14세기에 걸친 고다이고 조와 메이지유신 이후 19세기에 이러한 풍조는 극에 달했다.

무속신앙은 일본에서도 역사 초기에는 한국에서와 비슷한 것이었다. 한국에서 매우 중요한 존재인 산신(山神)은 일본 무속에도 전적으로 흡수됐다. 즉 해의 여신 아마테라스의 아들은 규슈에 하강해 산신의 딸을 만나 사랑하게 되고 그녀는 그날 밤으로 니니기를 잉태하게 됐다는 것이다. 이는 단군역사와도 같은 것이다(역자주: 여기서 산신으로 소개된 사람은 고황산령신(高皇産靈尊), 또는 고목신(高木神); 다카미 무쓰비노 미코토 혹은 고마노 가미, 즉 고령가야의 한국인이었다는 것이 가야지명 연구자인 다카모토 마사토시(高本政俊)와 최태영의 연구로 나와 있다).

성군이 나오면 받들지만 패륜 군주가 나오면 제거한다는 것이 중국의 천명 개념이다. 중국에서는 천명을 핑계로 왕조를 바꿔치는 일이 허다했다. 그러나 이 개념은 결코 일본에 도입되진 않았다. 그 대신 권력가문이 내세운 총리나 장군이 권력을 행사했으며 천황은 신성시되긴 했지만 실권 없는 꼭두각시에 불과했다.

『고사기』와 『일본서기』의 편찬자들은 한적(漢籍)을 옆에 두고 거기서 표절했음이 분명하다. 한 예로 닌도쿠는 거대한 묘 규모로 보아 일단의 강제노역을 동원했던 왕임에도 『일본서기』는 그가 "민가에 밥 짓는 연기가 올라오지 않는다" 하면서 3년 간 세금을 면제해준 매우 인자한 군주로 기술했다. 중국 사서를 그대로 갖다 베낀 것이다.

봄 2월 6일, 왕이 신하들에게 말하기를 "높은 탑에 올라 멀리까지 두루 살펴보니 밥 짓는 연기가 일지를 않는다. 이로 미루어 백성들이 매우 곤궁하여 집에서 밥을 짓지 못함을 알겠다. 옛 성군들이 나라를 다스릴 때는 '우리는 행복하다'는 백성의 노래가 들렸다고 한다. 그런데 지금은 지난 3년 동안 그러한 노래를 들을 수가 없다… 이제 앞으로 3년 동안 백성들에게 일체의 부역을 면제해주고 쉬게 하라."

이날부터 왕의 옷과 신발을 새로 만들지 아니하고, 대궐 담이 무너져 내렸지만 새로 짓지 아니하고, 지붕의 이엉이 썩었어도 새로 올리지 아니하니 비바람이 그 틈으로 들어와 이불을 적셨다. 세 해 가을동안 백성들은 넉넉히 거둬들여 땅에는 임금을 칭송하는 소리가 자자하고 집집마다 밥 짓는 연기가 짙게 일었다."

닌도쿠 대에는 부여기마족이 한국에서 들여온 오락거리와 매사냥이 유행했다. 석빙고에 얼음을 저장했다가 여름에 쓰기도 했다. 경주 석빙고를 쉽게 떠올릴 수 있을 것이다. 한반도를 통해 비단과 베 헝겊을 비롯해 금, 은, 철, 한문책 등이 들어오고 교역량이 늘었다. 이때까지도 불교는 유입되지 않았다.

### 실권 없는 일왕

8세기 역사 기술의 방편 가운데 또 하나는 유명 가문 우지(氏)의 조상을 일본 건국자 이와레왕자의 원정 때 동참한 신(神)들과 연결시키는 것이었다. 대표 우지는 가문 전체에 군림했다. 왕의 명령은 대 우지나 장관을 통해 하부로 전달되고 농민과 장인이 여러 우지에게 종속되어 노역을 하면서 살았다.

우지는 외국, 특히 한국이나 중국 진나라에서 비단옷 짓는 기술이나 직조 같은 특별한 기술을 가지고 일본에 들어온 장인들이 형성한 것이다. 외래 예술과 기술을 망라하는 이런 전문 우지는 700여 개나 되었다. 노예도 있었다. 남부 규슈가 전란에 패하며 생겨난 구마소(熊襲)족 같은 전쟁포로나 동부 혼슈에 굴종한 에미시(蝦夷)족이 그러했다.

대우지들의 존재로 왕권은 일정 부분 제한되었지만 천황이 군부의 손에 놀아나는 꼭두각시가 되면서 누가 천황이 되건 그것은 문제되지 않았다. 천황은 그저 눈에 띄지 않는 곳에서 시나 짓고 꽃밭이나 산책하고 제사나 지내고 빈둥거리면 그만이었다. 대신 국가의 정무는 민간 출신의 권력자가 집행하면서 어떻게 해서든 자기 아들에게 대를 물려주거나 천황가와 혼사를 맺는 방법으로 권력을 유지했다.

한국 출신 가문이 번성하여 부여 지배계급과 혼사를 맺었다. 이 가문에서는 몇 대에 걸쳐 딸을 왕위를 상속할 만한 자들에게 비로 들여보내고 맹렬히 뒤에서 조종하여 사위를 왕위에 올려놓았다. 후일 후지와라(藤原) 가문 같은 총리대신급 가문에서도 딸과 손녀를 줄줄이 왕비로 들여보내서는 왕권을 자기 뜻대로 조종했다.

5세기를 통틀어 왜국의 왕위는 부여기마족의 후손이 차지했다. 닌도쿠 왕의 비 바위공주, 즉 이와노 히메(磐之媛)는 가야 출신 가츠라기 우지의 선조인 가츠라기노 소츠의 딸이었고 손녀 하에는 부여 혈통의 두 임금

겐쇼와 닌켄의 어머니다. 겐쇼 조에는 경주 포석정에서 흐르는 물에 술잔을 띄우고 잔치를 벌인 것처럼 그도 닷새씩이나 연회를 계속하며 곡수연을 즐겼다.

### 흔들리는 부여 왕통

그러는 동안 부여 왕통은 점점 유약해지고 혈통을 따지는 파벌 간에 왕권 다툼이 생겼다. 『일본서기』에 따르면 제26대 왕인 게이타이가 즉위하면서 새로운 시대가 열렸다. 그러나 변방지역에서는 이에 대한 저항이 있었다. 527년 북 규슈에서 일어난 이와이(岩井)의 난은 왕권 교체에 반발하는 부여기마족 후손들의 저항으로 보인다. 이즈음에 백제가 가야 땅을 조금씩 먹어 들어가고 있었으므로 부여기마족의 한국 지지기반도 전 같지 않았다. 얼마 뒤 532년에는 신라가 가야의 북부를, 이어서 562년에는 남부가야를 정복함으로써 가야는 끝났다.

6세기 말에는 불교 도입을 놓고 가야 출신 신진세력과 화족(和)는 왜의 높임말)사이에 큰 대립이 생겼다. 한국인 후손으로 일본에 불교를 받아들이려는 소가(蘇我)와 오래된 무속을 그대로 받들려는 모노노베(物部) 두 파의 대립이 그것이다. 결국 친불교파 소가가 승리했다. 이후 50여 년간 한국인 후손 소가 가문이 일본의 실질 지배자가 되고 딸들을 계속 왕비로 만들었던 만큼 일본왕의 혈통에는 한국인 소가 집안 피가 많이 스며들었다.

### 견직업을 전파한 하타 가문

점차 한국의 상류층들이 전문기술을 가지고 이주해왔다. 한 예로 300년경 백제에서는 가케쯔(眞毛津)라는 이름의 옷 만드는 여성을 보냈다. 그 후손들은 기누누이(衣縫; 견직공)로 자리 잡았다. 덧붙여 기록에는

265년 중국 진시황(또는 사마염)의 방계손 하나가 일본에 왔다고 한다. 그 궁월군이 처음에는 한국에 정착하여 120가구를 거느리고 살았다. 시국이 복잡해지자 그는 후손들을 모두 거느리고 왜로 이주키로 했다(역자 주; 『일본서기』에는 처음에 백제인 궁월군으로 기록됐다가 815년에 나온 책 『신찬성씨록』에는 '진시황제 3세손 효무왕'으로 변질되었다).

한국으로부터 뛰어난 견직기술을 가지고 온 하타 우지(秦氏)는 부여기마족 통치하에서 번성했다. 이들은 광대한 토지를 하사받았다. 175년이 지나 하타 가문 자손은 1만 8670명으로 불어났다. 한국말을 하면서 살던 하타 사람들은 별도의 지역에 따로 모여 살았으며 한국에서 불교가 들어왔을 때 그 강력한 후원자가 되었다.

600년경 이 집안의 우두머리는 하타 가와가쓰(秦河勝)란 사람이었다. 왜국과 한국관계를 평화롭게 유지하던 쇼도쿠태자가 죽었을 때 하타 가와가쓰는 이를 진정으로 슬퍼한 중요 인물이었다. 그 뒤 100년 쯤 지나 하타의 후손은 이번에는 간무(桓武)왕의 통치를 도왔다. 그는 하타 집안 소유의 땅 중 지금 교토 시의 3분의 2에 해당하는 대지를 간무에게 내주어 795년 여기에 새 수도 교토를 건설하게 했다.

예나 지금이나 교토는 비단 직조로 유명하다. 하타 후손들이 지금도 견직업에 골몰하고 있음은 말할 것도 없다. 히데요시는 견직공들을 교토 서북쪽 니시진(西陣)으로 이주시켰다. 그들의 혈통은 근본적으로 비(非)일본이지만 지금 그 일을 들춰내는 사람은 아무도 없다.

### '가라노' 라는 배

부여기마족 시절 일본과 중국 간의 광활한 바다를 건너는 직항로란 불가능했음을 알아야 한다. 필연적으로 중국과 일본 간의 소통은 한정적이고 그나마 한국을 통해서만 가능한 것이었다. 부여기마족이 일본에 들어

덕천장군의 기주(紀州) 가문이 소장했던 조선통신사 누선도 병풍. 금박 입힌 화려한 병풍 바탕에 별도로 그린 누선을 오려 붙인 것인데 깃발이 없는 것으로 보아 정사나 부사가 아닌 상상관이 탄 배인 듯하다. 조선통신사 악대의 선상 연주 모습도 그려져 있는데 일본인 사공들은 노래를 부르며 노를 저었다. 신기수 소장.

오면서 해상 수송업도 성장했다. 이를 입증하는 사실 하나는 가라노(枯野)라는 배가 26년이 되어 더 쓸 수 없게 되자 태워버리면서 소금을 만들었다는 기록이다. 이렇게 낡은 배를 불태워 소금 500광주리를 얻었다고 역사는 기록했다.

이 소금은 배로 날라다 각 지방에 나눠주었다. 왕실로부터 이 소금 선물을 받은 지방에서는 답례로 배를 만들어 왕실에 헌납하지 않으면 안 됐다. 약 500척의 배가 효고(兵庫) 항에 모였다. 그런데 이 배들은 신라 사신의 숙소에서 난 불로 일부가 파괴됐다. 신라 사신들이 이에 책임을 지고 신라에서 배 만드는 장인을 불러다 수리해 주었다. 이것이 저명부(猪名部)의 시초다.

또한 가라노 배에서 나온 나뭇조각 가운데 성한 것을 골라 고토(琴)라는 악기를 만들었다고 기록됐다. 고토의 원조 격인 가야금은 1세기에 가야에서 처음 만들어 썼으며 신공왕후가 일본에 올 때 가시고 온 것으로 보인다. 그의 아들 오진왕이 이런 노래를 지어 불렀다.

가라노라는 배를
소금 굽는 장작 삼아 태우고
게서 남은 것으로
고토 가야금을 만들었네
이를 연주하니
여름날 나무처럼 삭삭 소리나네
유라강 항구에 우뚝 선 암석에 부딪치듯

이상 애스턴의 영역에서 옮김(참고; 가라노(枯野)를 소금 굽는 재목으로 불태워, 그 나머지를 가야금으로 만들어 긁어 소리를 내니, 유양(由良)의 바다의 해석(海石)에 부딪혀 나는 나즈(미상)의 나무처럼 큰 소리를 내는구나 - 전용신 옮김 『일본서기』에서 인용).

『고사기』와 『일본서기』의 기본적인 사실은 비록 뒤틀리고, 왜곡되고, 때로는 완전히 뒤바뀐 것이긴 해도 부여족이 건너갔던 당시 상황을 단편적으로나마 파악할 수 있게 한다. 이들의 혈통은 조몬 - 야요이가 혼합된 원주민의 혈통과 뒤섞였다. 상류층은 한반도로부터 최근에 건너온 부류들이고 석기시대 주거민이 포함된 오래전 주민들이 하류층을 형성했다.

일본이 그처럼 자랑스럽게 내세우는 '단일민족'이란 사실이 아니다. 석기시대 원주민에 한반도 남부해안에서 건너간 농부, 모험가들의 피가 섞였다. 그 뒤에도 부여에서 말을 대동하고 한반도로 내려와 백제와 가야에 흔적을 남긴 뒤 일본으로 건너온 부여족의 피가 혼합됐다. 이들이 일본 역사에 남긴 흔적은 너무도 지대한 것이어서 8세기의 역사 날조에도 불구하고 그 자취는 남아있다.

기마족이 오고난 뒤로 일본은 큰 변화를 겪었다. 일본의 관념론자들은 부여족의 원정에서 힌트를 얻어 이를 진무왕의 동정(東征)으로, 신공왕후 이야기로 꾸미고 이즈모 사람들이 진무에게 항복했다는 기이한 스토리를 만들어냈다. 8세기의 일본 사관들은 부여족의 정복을 은폐하고 '만세일계의 일본 왕가'를 만들어 정복 사실을 반대로 뒤집고 그럴 듯하게 보이도록 최선을 다했다.

그러나 몇 백 년 동안 잠재해 있던 씨가 후일 '현인신 천황'을 핵심으로 한 군국주의로 발아되었다. 이토 히로부미와 그 일당이 일본을 세계 강국으로 만들고자 했을 때 그들은 불교나 기독교는 개인주의 성향이 너

일본 나라 도다이지(東大寺)의 불상. 한국인의 후손이 완성했다.

무 강한 종교임을 알았다. 고대 신토 무속은 초군국적, 초애국적 이념을 고취하는 데 이용하기 꼭 좋은 비조직적 신앙이었다.

### 한국인의 손에서 탄생한 불상

한국에서는 불교가 유입된 후, 왕이 신들리는 능력으로 신과 소통하는 제관을 겸하던 무속적 개념이 현학적인 것으로 바뀌었다. 일본에서는 불교로의 완전한 몰입이 이루어졌다. 열렬한 불심을 가진 쇼무(聖務)왕은 딸 코우켄(孝謙)에게 왕위를 물려주고 출가해 중이 되었다. 일본 불교는 도쿄(道鏡) 선사(코우켄여왕의 사랑을 받아 권력을 전횡한 승려)처럼 파행적인 경우도 있지만 기적과 천황 숭배를 핵으로 하여 국가 안보를 주도한 무속 가문 나카토미(中臣)와 모노노베(物部) 우지에 의해 보존돼 왔다.

한국에서 불교가 들어오고 200년이 채 안 되어 불교는 이 섬나라를 완전 점령했다. 불심이 깊었던 쇼무는 지방마다 절을 짓고 7층탑을 세웠다. 더 나아가 온 나라의 자원을 긁어모아 구리 100만 근을 녹여 거대한 불상을 만들었다. 그런데 이 불상 제조가 6번이나 실패로 돌아가자, 나중에는 한국인 후손인 불교예술가에게 일임했다. 한국인 손으로 불상은 마침내 성공했고 그는 궁중의 4급 관인 벼슬을 받았다. 그때까지도 일본은 한국인의 도움 없이는 잘 움직여 나가지 못했던 것이다.

## 1300년 계속되는 역사왜곡과 일본사가들

　일본인이 쓴 글에는 한일 관계를 거짓 기록한 것이 아주 많은데 많은 한국인들이 이를 곧이듣고 사실인 듯 받아들인다. 히틀러는 과거 "거짓말이 크면 클수록 사람들이 이를 믿는다. 거짓말이라도 자꾸 되풀이하면 머잖아 많은 사람들이 진실로 받아들인다"고 했다.
　첫 번째 왜곡은 1300여 년 전 첫 일본 역사책에서 일어났다. 당시 나라(奈良)의 왜 지배자들은 학자들에게 사서 편찬을 의뢰했다. 편찬 목적은 당대의 일왕들이 정통성을 가진 지배자임을 내세우기 위한 것이었다. 일본 사가들은 369년 가야 부여족의 왜 정벌 이래 700년까지 한국이 정치적, 문화적으로 일본을 전적으로 지배했다는 사실을 완전히 감춰버렸다. 히틀러가 말한 것처럼 '거짓말은 클수록 사람들 속이기가 쉬운 것이다.' 그렇게 해서 일본 사가들은 역사를 뒤집고 가야에서 온 부여족이 왜를 정복한 것이 아니라 왜가 가야를 정복했다고 썼다.
　'일본에서 와서 가야와 신라를 정복했다'는 것으로 알려진 유명한 신공(神功)은 사실은 선단을 이끌고 왜를 침략해 정벌한 강인한 의지의 한국 왕녀였다. 369년의 오진왕부터 세이나이왕 이전까지 일본 역사에 등장하는 15~25대 일왕은 전혀 일본인이 아닌, 순수 부여 혈통의 왜왕이었다.

  일본의 건국자로 알려진 진무는 4세기 부여 한국인들이 일본을 정벌한 사실의 반영일 뿐이다. 해의 여신 아마테라스 오미가미(天照大神)는 무당이며 그녀의 오빠 스사노오미코토는 신라인이었다. 8세기 역사가들은 이 두 인물에게 더할 나위 없이 일본 옷을 덮어 씌웠다. 20세기에 와서 이들의 정체가 드러나기까지, 역사가들은 사람들을 속이는 소기의 목적을 달성한 셈이다.

  나이 든 부모를 버리는 불효자식 이야기가 있다. 이제는 거짓말도 서슴지 않는다. 일본인들은 두 세대 전 한국인들에게 한국문화는 열등한 것이라 하고 일본 말과 일본 이름, 일본식 제도를 따라야 한다고 강권했다.

  한국의 수많은 서책이 불에 타 없어지고 예술 활동도 금지되었다. 숱한 보물이 나라 밖으로 실려 나갔다. 석굴암을 해체해 돌 하나하나를 일본으로 옮기려 했지만 성공하지 못했다. 일본은 거짓말과 날조를 통해 한국인에게 문화적 대량학살을 감행했다. 그러나 진실은 일본이 초기 역사부터 8세기에 이르도록 한국이 떠주는 음식(문화를 말한다)을 받아먹고 자란 어린 아이였다는 것이다.

  정말 배은망덕한 사람들이다. 그들은 이제는 일제 강제합병이 '한국을 위한 좋은 선택'이었으며 '한국인들이 원해서 된 일'이라고 말도 안 되는 거짓말로 역사를 재구성하려 시도한다.

## 일본의 교과서 왜곡과 군국시대 '신성한 천황'의 부활

일본이 일으키는 지금(1982년)의 교과서 파동은 첫 단계에 불과하다. 다음 단계는 일본 헌법의 전쟁 금지조항을 삭제하고, 세 번째 단계에 가서는 천황가를 '성스러운 권력체'로 되살린다는 것이 일본의 속셈이다. 이것이 실현 가능할 것인가?

제2차 세계대전에서 패한 이후 집권여당이 된 자민당은 그 이름과는 동떨어지게 보수성과 상업성을 추구하는 정당으로 군림했다. 이제 자민당은 일왕을 지금의 상징적인 존재에서 벗어나 실제적인 국가원수로 키우고 싶어한다.

자민당의 헌법조사위원회는 현행 헌법에 대한 다양한 개정안을 마련해 놓고 있다. 일본의 역사교과서가 왜곡을 서슴지 않게 되고 전쟁 금지조항이 헌법에서 삭제된다는 것은, 1920년대 전후에 그러했듯이 군부 세력의 득세를 말해주는 것이다. 그 다음 단계로 현행 일본헌법 제4조를 삭제하려는 시도는 앞으로의 정세가 어떻게 움직여 가는지를 결정적으로 말해주는 것이 될 것이다. 현행 일본헌법 제4조는 '천황은 국가적 문제에 결정권이 없다'는 것이다.

1920~30년대에 '신성 천황' 개념은 일본 군부가 '헌 칼 휘두르듯' 내세

운 구호였다. 천황을 손아귀에 넣고 조종하던 군부는 '만세일계의 현인신(顯人神) 천황'의 이름으로 각종 군사조직을 강화했다. 그 당시 일본 정부는 지금처럼, 교과서 내용을 왜곡했다.

한국과 일본의 건국신화는 모두 청동기 문화시대에 해당한다. 그러므로 그 내용은 엇비슷할 수밖에 없다. 한국의 건국신화는 일본보다 일찍 생겨났다. 한국인들이 석기시대 왜로 이주해 가면서, 우수한 무기와 건국신화도 따라서 이동했다. 이는 세계 어느 곳에서나 공통된 현상으로, 앞선 문화와 앞선 기술의 무기를 가진 민족은 늘 그보다 못한 민족을 정복했다.

역사왜곡 또한 인간이 역사를 기록하기 시작한 이래로 수많은 나라에서 행해진 일이다. 그렇기에 필자는 보다 정직한 미술사를 선호한다. 중국 역사가들이 남긴 전형에서 보듯, 새 왕조를 연 개국공신들은 언제나 전 왕조를 비난했다. 공산주의 국가는 역사를 아예 사상의 선전도구로 활용했는데 소련이나 북한이 책을 정직하게 기술하길 기대한다는 것은 무리다. 그에 비해 일본과 서독(역자주;지금은 독일)은 민주국가를 표방한다. 민주국가라는 일본이 한일 강제합병이나 남경대학살이라는 명백한 사실을 부인한다면 독일이 히틀러를 영웅이라고 정당화하는 것이나 다를 게 없다.

일본의 왕들이 아무 권력도 없던 중세에는 역사가 비교적 정확하게 기술됐다. 그러나 일본 군부가 아시아를 침탈하는 팽창 정책에 천황이 이용되면서, 일본의 교과서는 주요 선전도구가 되고 말았다. 일왕을 상징적 존재 이상의 것으로 만들려는 자민당의 최근 노력은 다른 것보다 우선하는 것이어서 그 실현은 앞으로 시간문제일 것 같은 불길한 예감이 든다. 일본인들은 이를 '국내문제'라 할 것이고 어떤 면에선 그렇다. 하지만 불행하게도, 수백만 명이 '일본 내 문제가 아닌 세계의 문제'임을 알고도 말할 수 없게 되었다. 죽었기 때문이다. 그 '문제'는 한때 아시아 8개국에게 처참한 결과를 가져왔고 여타 국가에도 말할 수 없는 영향을 끼친 분명한 '세계의 문제'였다.

일본이 지금보다 상대적으로 빈곤했던 1920년대에도 군국주의의 대두는 그처럼 심각한 것이었다. 일본은 이제 세계 제2의 부국이며 경제적으로 번영하는 국가로 성장한 지금에 와서 군국주의는 백배 더 가공할 사태를 불러올 것이다. 한때 한국인들은 누구나 일본경찰을 두려워했다. 일본에서조차 한낱 동네경찰이라 해도 1930년대의 양식 있는 시민에게는 막강한 군부세력의 말단 조직원으로, 진정 두려운 존재였다.

일본에 있을 때의 일이다. 나는 여행길에 배의 상갑판에 올라가 있었다. 그때 "천황의 초상화를 싣고 가는 배의 상갑판에 올라간 것은 불경죄에 해당하니 당장 내려오라"고 해서 억지로 내려서야 했다. 또 말이 날뛰는 바람에 위험에 처한 왕비에게 뛰어들어 목숨을 구해준 어느 남자는 '신성한' 왕비의 비단옷에 손을 댔다는 이유로 손목이 잘렸다는 이야기를 들었다.

흔히 '역사는 되풀이된다'고 한다. 그렇다면 일본은 정말 '신성(神聖)'의 시대로 되돌아가는 중인가? 히로히토(裕仁) 일왕은 그의 취미인 물고기 표본에 심취한 팔순의 멋진 노인으로 남아있기를 나는 바란다.

### 일본은 1930년대 군국주의로 되돌아가고 있다

1930년대에 나는 일본에서 살면서 과거 컬럼비아 대학에서 배운 일본어와 일본예술, 문화를 더 공부했다. 일본 사회에 파고 들어가 일본을 깊이 이해한 뒤 미국으로 돌아가 일본학의 대가가 되고 싶었다. 그러느라 기모노를 입고 나비와 조리를 신었는데 서양식으로 발달된 내 신체에 이런 차림으로 도쿄~요코하마 행 급행열차를 타려고 옷소매를 휘날리며

뛰던 시절은 악몽 같다.

　일본에 있는 동안 두 분의 스승을 알게 됐다. 이들은 나보다 갑절이나 높은 연세였지만 모두 영어가 유창하고 열린 사고방식을 지니고 있었다. 한 사람은 신문기자였는데 천조대신 신사에서 모자를 안 벗었다고 불경죄로 심한 처벌을 받고는 기자직을 버리고 '안전한 직업'인 사업가가 되었다. 그는 다이마루 백화점의 사장이 되어 이를 서구화하는 노력을 했다.

　또 다른 스승 후쿠이 리키시로(福井利吉郞) 교수는 1920년대에 "15세기 일본의 유명 수묵화가 중 몇 사람은 사실은 한국인이다"라고 발표했다가 지방으로 쫓겨나 고통받고 있었다. 일본예술사에 박학하고 영어 실력이 빼어난 그는 도쿄 대학의 최고 교수직을 맡고 있었지만 그 발표 이후 이단으로 몰려 북동부 센다이의 도호쿠(東北) 대학으로 가 있었다. 15세기 일본의 유명한 수묵화가가 한국인이라는 그의 연구 발표는 일본학계에 참으로 충격적인 것이었다. 그의 제자 중 보수파 한 사람은 도쿄국립박물관장이 되었고 서양인 제자인 나는 그의 진보적 가르침을 좇는 미술사가가 되어 지금 서울에서 이 글을 쓰고 있다.

　일본에서는 일본 것인지, 한국 것인지 따져보지도 않고 '좋은 것은 무조건 일본 것'이라고 거머쥐는 사고가 1982년 아직도 팽배하다. 일례로 7세기 아스카 불교미술품이 일본 박물관에 소장됐다는 이유만으로 한국 것 아닌 일본 것이라고 치부해 버린다. 그러나 본인은 법륭사를 중심으로 한 일본 아스카시대 불교예술품이 한국에서 비롯된 것임을 역설하고 학생들에게 그렇게 가르쳐왔다. 그러자 일본 태생의 한국인인 이화여대 대학원생 하나는 내 강의를 '아집'으로 간주했다.

　예술사가로서 본인은 거만한 일본 미술사가들이 7세기 일본의 중요한 국보 미술품들이 한국적 진수가 담긴, 한국인 손으로 만들어진 것임을 인정치 않으려 한다는 것을 잘 안다.

문제는 그보다 더 심각하다. 나는 1930년대 일본에서 살았고 당시의 지배적 정신이 어떤 것인지를 안다. 나를 경악케 하는 것은 그때와 똑같은 정신이 지금 되살아나고 있다는 사실이다. 신군국주의, 네오군국주의라고 불러도 좋다. 본질은 같은 것이니까. 일본의 선량한 사람들은 1930년대의 그러한 군국주의에 아무 저항도 하지 못했다.

1941년 12월 7일 일본의 진주만 공격이 있던 날 밤, 나는 일본 공보관에서 다몬 마에다 관장과 얘기를 나눴다. 미국 FBI 관계자가 한 시간 전쯤 그곳에 와 있다가 돌아가려는 참이었다. 관장은 책상 유리판 위에서 무슨 서류를 태우고 있었다. 그는 한마디로 충성스런 일본인이었다(그는 사상이 자유로운 사람이어서 맥아더 장군은 일본 패전 후 유일하게 그가 도쿄 시장으로 나서는 것을 막지 않았다).

관장과 나 모두 각자의 조국이 전쟁에 말려드는 것을 원치 않았다. 우리는 눈물을 흘리며 껴안았다. "이건 무서운 실수요." 그는 계속 그렇게 말했다. "군부가 저 잘났다고 그러는 거요. 우리 시민은 그 사람들을 말릴 수가 없어요."

일본은 군국주의가 지배하던 1920~1940년대의 정신을 되풀이하려는가? 건전한 상식을 가진 시민들은 과연 군부의 도전적인 움직임을 막을 수 없는 것인가?

처음에 나는 이번 교과서 왜곡 파동이 찻잔 속의 태풍에 불과하다고 보았지만, 자세히 검토하면서 의문이 나기 시작했다. 일본은 자국 헌법의 전쟁 금지조항을 없애기 위한 홍보를 해왔다. 현행 일본헌법의 골자는 미국 컬럼비아 대학의 사이러스 피크(Cyrus Peake) 교수가 작성한 것으로 서구적 이념의 소산이다. 피크 교수는 자신이 선생금시 조항을 삽입하도록 했음을 내게 말한 적이 있다. 당시 레이건은 헐리우드 배우였을 뿐 아시아문제에 대한 인식이 거의 없었다. 오늘날 레이건은 막강한 세계적 파워를 지닌 대통령으로, 그와 그의 보좌관은 이제서야 아시아가 얼마나 복잡한 곳인가 알기 시작한 것 같다.

솔직히, 나는 중동이 세계문제의 중점이라고 보지 않는다. 석유는 중요한 것이지만 세계는 지난 수천 년 간 석유 없이도 지내왔고 앞으로 대체연료를 찾아낼 것이다. 내가 보기에 동아시아문제야말로 중요한 것이며 한국은 거기서 중심축 역할을 하고 있다. 따라서 일본이 군국주의를 부활하느냐, 마느냐의 문제는 나이 든 한국인들이 걱정하는 감정적 차원을 넘어선, 세계적 문제거리다.

정직이 통하지 않고 계속 핍박만 당한다면 어떻게 평화가 유지될 수 있겠는가? 단순히 교과서 왜곡이나 전쟁금지 조항만이 문제되는 것이 아니다. 패전 이후부터 집권한 일본 자유민주당(이 당은 이름과 달리 민주적이지도 자유롭지도 않다)은 개헌위원회를 만들어 일본 천황을 상징 아닌 국가기관으로 할 것을 제의해놓은 상태다.

이는 바로 과거의 전쟁주동자들이 했던 짓이다. 그들은 천황을 국가기관으로 이용하고 천황의 이름으로 명령을 내렸다. 그러나 천황이 국가문제에 실제적인 권한을 직접 행사한 것은 아니었다. 그는 야심 많은 군부 인물들 손에 놀아난 꼭두각시였을 뿐이다.

역사상의 일본 천황 혈통에 대한 철저한 연구가 필요하다. 일본 역사교과서에 써놓은 것처럼 서기전 660년에 일본 왕통이 처음 시작된 것이 아니다. 4세기 들어 처음 생겨난 일본 왕가는 바로 우수한 무기와 기마병을 대동해 배를 타고 바다를 건너온 한국 부여족이었다. 505년 일시적 교체가 있었으나 부여족은 계속 중요한 지배 계층으로 군림하다가 6세기 후반에 가서는 통치권을 완전 장악했다. 한국인 후손 소가(蘇我) 가문은 군부 권력자로 645년까지 수십 년에 걸쳐 일왕 자리를 마음대로 뒤흔들었다. 8세기가 될 때까지 일본의 문화발전은 전적으로 한국인의 도움에 의한 것이었다.

이러한 사실이 일본 교과서에 실려 있는가? 아니다. 절대 그렇게 기술하지 않고 있다.

이제 와서 일왕이 권력 주체로 나온다면 일본에 1930년대의 군국주의가 부활하지 못할 것도 없다. 나는 내가 탄 배에 천황 사진이 실려 있다는 이유로 갑판에서 내려서야 했던 일을 기억한다. '천황 폐하'가 교토 시내를 지나간다는 이유로 방문과 대문을 모두 닫아 잠가야 했던 기억도 있다. 1971년, 새로운 자유시대가 되어서야 도쿄역 호텔에서 천황의 사진을 찍을 수 있었던 것도 기억한다.

일본은 어째서 가만히 있지 못하는가? 일본은 군사비 지출을 하지 않는 덕분에 1인당 국민소득 대비 세계 제2의 부국이 되었다. 그런데 왜 일본은 한국과 중국, 동남 아시아인들이 일본에게 당한, 아직도 잊지 못하는 고통을 들쑤시는가? 일본은 또다시 '대동아 공영권'을 꿈꾸고 있는가?

1930년대를 일본에서 살았던 나는 일반 시민들이 얼마나 거리의 경찰을 두려워했는지, 군부가 보통 시민을 얼마나 공포로 몰아넣었는지 잘 안다. 일본에서 그 정도니까 식민지 조선에서는 그 공포가 더했음은 물론이다. 이런 상황이 되풀이되면 안 된다. 전쟁을 금지한 일본헌법의 평화조항은 그대로 지켜져야 한다. 80줄에 들어선 히로히토 일왕은 군부를 강력하게 해서 옛날처럼 파괴적으로 만드는 법안에 서명하는 일을 해서는 안 된다. 일본은 자국을 강력하게 비판하는 세력이 있어야 스스로를 구할 수 있다.

## 솔직할 수 없는 일본인들

1980년 나는 서울 명동의 유네스코 강당에서 세 대의 영사기로 컬러 슬라이드를 비춰가며 한국, 중국, 일본의 예술형태를 통해 세 나라를 비교하는 강연을 했다. 세 나라의 특성을 간단히 나타낼 말을 찾다가 영어의 C자로 시작하는 낱말을 떠올렸다. 중국은 통제(control), 한국은 무심함(casual), 일본은 작의적(contrived)이라고. 이런 대비는 삼국의 도자기를 비교해 보면 잘 드러난다.

중국 도자기는 가마와 유약에 완벽한 통제를 추구한 결과 특히 도자기에서 무취미하기까지 한 일종의 완벽의 경지를 이뤄냈다. 한국의 도공은 언제나 자연스럽기 짝이 없고 무심해서, 이들이 만들어내는 도자기는 도공의 기질과 불이 어떻게 작용했는지가 그대로 반영된다. 일본인들은 15세기 이도다완 전쟁에서 보듯, 이러한 한국적 무심함을 높이 취해서 의도적으로 무심함을 과도히 발전시킨 나머지 그들의 도자기는 자의식이 담긴 작의적인 것이 되었다. 일본인들은 가마에서 구워낸 화병의 한 귀를 일부러 구부리거나 깨버려서 한국 도자기가 갖는 '무심함'의 미를 주려고 한다.

미국인이 보기에 한국 도자기의 이런 무심함은 솔직함과 통한다. 내가 일본의 교토보다 서울에서 더 편히 지내는 이유는 지극하게 미소 짓는 얼굴을 하고 사는 교토 사람들보다 서울 사람들이 상대적으로 솔직하기 때문이다.

나는 10여 년 동안 매년 여름, 겨울을 교토 다이도쿠지(大德寺)의 유명한 선 사찰 진주암에서 지냈다. 이 무렵 나는 주지스님과 삶에 있어서 '솔직함'의 문제로 자주 다투곤 했다. 사람 면전에 대고 하는 말과 등 뒤에서 하는 말이 다른 일본인들의 이중성을 지적하면 그것은 그래야만 하는 것으로 정당화되곤 했다. 그것이 바로 '호벤', 즉 방편이라는 것이었다.

일본에서는 솔직함이 통용되지 않는다는 말을 나는 지속적으로 들었다. 감정을 밖으로 표현하는 법을 배우는 일본인들은 어떤 상황이라도 거기에 맞는 얼굴을 지어보일 수 있다. 그들이 진짜로 느끼는 감정은 속에서 억제되고 대신 '작의적인 얼굴'로 외부에 알려지는 것이다. 인생은 이미 오래 전에 인위적인 대로 따라가야 하는 것이니 누구든 자신을 거

일왕의 아들이자 대덕사의 불교 선승이었던 이큐 선사의 초상. 동경국립박물관 소장.

기 맞춰 살아야지 예상에 없는 짓을 해서 혼란스럽게 해서는 안 된다는 것이다.

진주암은 일본 역사상 아마도 유일하게 100퍼센트 솔직했던 인물을 받드는 절이기 때문에 나는 그런 개념을 특별히 더 기만적이라 생각했다. 겉으로는 독신을 내세우면서 뒤로는 온갖 난잡함을 다 저지르는 대신, 승려 이큐(一休)는 거리낌 없이 여자들과 즐겼다. 또한 계율로 엄격하게 금지된 것들에 대해 잘 알았다. 이 때문에 이큐는 호벤, 혹은 '방편상의 거짓말'을 정당하게 받아들이는 사찰에서 받드는 인물이 되었다.

진주암에서 이런 문제로 한바탕 논쟁이 벌어지면 주지스님이 으레 하는 말이 "그래, 당신이 옳소. 이큐는 솔직한 사람이고 우리도 그래야겠지만 여기는 일본이요. 이큐처럼 정직한 건 미국에선 괜찮겠지만 일본에선 맞지 않아요"라는 것이었다.

조선 화가의 그림이 많이 소장되어 있는 일본 대덕사 진주암. 코벨은 100여 년간 머물며 일본불교의 선과 선화를 연구했고 사후 이곳에 묻혔다.

나는 일본에 있는 모든 절이 다 그런 식이라는 것을 알았기 때문에 계속해서 '거짓말이 살아있는' 진주암에서 지냈다. 적어도 이큐의 추모사찰인 이곳에는 여러 개의 아름다운 정원이 있고 벽에는 섬세한 수묵화가 걸려 있었다. 이러한 아름다움은 여기서의 표준 개념인 '살아있는 거짓말'로부터의 도피이기도 했다.

잇달아 2년간 한국식 솔직함과 일본식 방편(결과적으로 정당하다고 생각해서 거짓말하는 것)의 차이를 경험할 기회가 왔다. 하와이 대학에서 1975년 여름에는 일본의 후류 연구여행을, 1976년에는 한국의 풍류 연구여행을 지원한 것이다. 후류, 풍류 모두 '風流'라는 한자는 같다. 막상 중국에서는 당나라 때 풍류라는 말을 격하시켰지만 한국과 일본에서는 그 의미가 약간 다르기는 해도 지식층에서 맥이 이어졌다.

미학적이며 심리적인 이 단어의 첫 글자는 '바람'이라는 뜻이고 다음 글자는 '흐른다'는 뜻이다. 일본에서 후류를 연구하는 동안 중국 시인 왕유(王維)와 도연명(陶淵明) 그리고 죽림칠현의 시를 읽었다. 그것은 세속의 부귀영화를 떠나 아직도 매화나 달의 아름다움을 찾는 선승들의 검박한 생활과 잘 어울리는 것이라 했다. 하지만 이 또한 속물적인 도락이었다.

후류 연구를 위해 일본에서 가장 섬세하다는 음식점 몇 군데를 소개받았다. 모두 후류의 자부심을 뽐내는 곳이었다. 아름다운 솔밭의 졸졸 흐르는 물가에 앉아 조그만 개인용 화로에서 끓여낸, 한입거리도 안 되는 생선요리 세 숟갈 그런 식의 정교한 음식을 받았다. 매우 아름답고 눈으로 즐기기에 딱 좋았지만 밥통을 위해서는 너무 적은 양이었다. 그래도 그것은 '대단한 후류'라는 설명이었다.

다음해 1976년 여름에 접한 한국의 풍류는 보다 명확해 보였다. 풍류는 엘리트를 위한 절묘한 음식 맛이 아니라 시인 김삿갓이나 기생 황진

이가 그런 것처럼 솔직하고 매인 데 없이 사물을 즐기는 태도(bon vivant)를 말하는 것이었다. 풍류에는 '인생은 흘러가는 것, 머잖아 죽음이 올 테니 우리 즐겁게 살아가야지' 하는 실존적 움직임이 가득했다.

서예에 있어서도 한국적 무심함과 일본적 작의성은 차이가 난다. 내가 가진 한국과 일본의 유명한 선승들 붓글씨에는 어느 것이나 그러한 차이점을 드러낸다. 한국의 서예는 글씨가 자연스럽게 흐르고 무심한 경지를 보인다. 일본 서예는 작의성이 엿보인다.

이러한 작의성(contrivance), 또는 호벤, 또는 솔직함이 없고 자연스러움도 없는 이 기질은 모든 일본인의 성격에 스며들었다.

그러니 일본 문부성이 나서서 교과서 왜곡을 두고 사죄한다고 해서 상황이 달라지리라고 생각하면 오산이다. 어떻게 해야 일본인들이 솔직해질까? 1300여 년을 두고 한일관계 역사를 왜곡하고 있는 일본, 어떻게 해야 그들이 역사왜곡을 바로잡고 솔직해질 것인가?

나는 일본이 절대 그럴 리 없다고 확신한다. 미국 컬럼비아 대학의 사이러스 피크 교수는 원자폭탄의 끔찍한 경험이 겨우 일본헌법의 전쟁금지 조항을 이끌어낸 효과였다고 썼다. 이후 신세대가 성장했고 국방비 지출이 없는 데 힘입어 일본의 1인당 소득 수준은 엄청난 것이 되었다. 이제 1982년에 와서는 군국주의 파워가 고개 드는 것을 실감할 수 있게 됐다.

물론 이것이 보통 일본인들의 잘못은 아니다. 그들도 일생을 이중적 얼굴로 살아가지 않아도 된다면, 한국인만큼 솔직하게 감정을 표현하며 살아가며 기뻐할 것이다. 그렇지만 일본의 사회규범은 엄격하기 짝이 없고 거기서 헤어날 방법이 없다. 자민당이 계속 집권한다면 신국국주의를 지속적으로 강화할 것이 뻔하다. 그것도 점점 더 대담하게 말이다.

아무도 고등학교 교과서의 몇 줄을 두고 전쟁이 일어나길 바라지는 않는다. 그러나 이것은 앞으로 전쟁으로 치달을 징후를 보여주는 것이다.

하지만 본질적으로 솔직하지 못한 사람들에게 무엇을 기대할 수 있을까? 왜곡된 역사교과서를 배우는 청소년들은 곧 군인 적령기가 된다. 노골적으로 군을 미화하는 이런 정책이 지속된다면 일본당국은 이제 자기들이 저지른 침략과 전쟁의 흔적을 제거하는 데 나설 것이다. 시간이 흘러 진상을 아는 사람들도 모두 사망하고 나면 그 다음엔 어떻게 될 것인가?

## 영국 사학자 조지 샘슨의 일본사

　영국 사학자들은 바보가 아니다. 영국에서 일본사의 권위로 알려진 조지 샘슨(George Samson) 경은 나의 컬럼비아 대학 스승이기도 했다. 그는 내 박사학위 논문을 심사한 9명의 위원 중 한 사람이고 일본 정부가 주는 훈장을 받았다. 오랜 기간 일본에서 살아온 조지 샘슨은 저서 『1334년까지의 일본사』 33~34쪽에 『이즈모 풍토기(出雲 風土記)』에 전해지는 일본 고대사의 흥미로운 전설에 대해 썼다.
　『이즈모 풍토기』는 713년에 나온 책이다. 당시 겐메이(元明)여왕은 각 현에 그 지방의 역사와 지리, 희귀한 일 등을 기록해 놓도록 했다. 그렇게 해서 세 군데 기록이 오늘날 남아 전하는 데, 그 중 하나가 신라에서 온 한국인들이 정착해 살던 이즈모에 관한 것이다. 이즈모는 적어도 2~4세기 당시에는 일본에서 가장 발전된 지역이었을 것이다. 다음은 샘슨이 그 책에 인용한 구절이다.

　신이 어느 날 살펴보니 한반도 남부에 땅이 아주 넓었다. 그래서 신라 땅을 조금 떼어내 바다 건너로 끌어다가 이즈모 자리에 붙였다.

'땅 끌어가기'는 과학적으로 불가능한 일이고 빙하시대의 지표 이동은 까마득한 옛날 일이다. 샘슨 경은 "남아돈 땅이 이동한 것이 아니라 많은 사람이 이주한 것을 민간설화로 표현한 것"이라고 해석했다. 이는 침입해 온 것이 아니라 이주해온 것으로 보아야 한다. 즉 신라 사람들이 대규모 이즈모로 이주해 갔음을 말하는 것이다. 석기시대 왜에는 인구가 아주 적었으므로, 많은 한국인들이 오늘날 미국 이민을 떠나듯 새로운 가능성을 찾아 당시 왜로 가 정착한 것은 아주 자연스런 현상이었다.

아마테라스의 오빠이며 일본 역사서에 '맹렬한 남성'으로 기록된 스사노오는 일본으로 이주한 한국인 가운데서도 아주 정력적인 남자였던 듯하다. 그는 '김해에서 바다 건너로 금과 은을 보냈다'고 한다. 즉 스사노오는 신라인들의 무속적 지도자였다. 스사노오를 모신 이즈모 신사는 일본에서 가장 오래된 신토(神道) 신사로 여기에는 스사노오가 타던 흰 말을 위한 마구간이 있다.

히로히토 일왕도 1930년대 거동할 때 흰말을 탔다. 5세기 자작나무 말다래에 무속적 통치자의 흰말을 그린 신라시대 천마도가 1973~74년 경주 천마총에서 발굴됐다. 영리한 일본인들은 한국에서 들어온 무속사상에 흰말, 곡옥, 왕관 등을 연계시켰다. 1920~30년 군국주의 세력이 팽창하던 때의 통치자 숭배사상이 되살아났다.

내가 샘슨에게서 배운 일본사에는 '일본의 성스러운 통치자'로 불리던 일왕 중에 15세기에는 너무 가난해서 그저 호구지책을 위해 글씨를 써서 팔아야 했던 사람도 있었다. 어떤 왕은 장례 치를 돈이 없어서 죽고 나서 몇 달 동안이나 매장되지 못했다. 군권을 장악한 권력자나 장군들이 왕을 마음대로 세우고 왕위를 찬탈했다. 14세기에는 왕권 계승에서 차남이 장남 계열을 밀어내고 차지했다. 적통 장자의 후손은 1982년 지금 오사카에서 가난하게 살고 있고 차남으로 왕좌에 오른 그의 후손은 도쿄의 왕궁에서 지낸다.

그렇다. 내가 컬럼비아 대학에서 배운 일본사의 어떤 부분은 지금 일본 정부의 인가를 받아 출판된 역사교과서에서는 볼 수 없는 내용들이다.

샘슨 경이 예술문화사 분야의 스승으로 여기던 사람이 바로 도호쿠(東北) 대학의 후쿠이 리키시로(福井利吉郞) 교수다. 후쿠이 교수는 "15세기 아시카가 막부시대의 가장 뛰어난 수묵화가 대부분은 한국인들이다. 조선시대의 불교 탄압으로 절이 핍박을 받자 더 이상 절에 의탁할 수 없게 된 나머지 일본으로 건너왔던 한국의 불교미술가들이다"라는 대담한 주장을 처음으로 말한 학자이다. 1928년에 나온 후쿠이의 이 주장은 1980년에 이르기까지 정말로 일본의 예술사가들을 충격에 빠뜨렸다.

나는 이 영국인 일본사학자로부터 일본역사의 매우 민감한 부분인 초기 고대사와 1910년 이후 전쟁을 포함한 현대사 과정을 배웠다. 현대사 부분은 아직도 그때를 증언할 많은 사람들이 살아있다. 그런데 초기 고대사는 1930년 일본이 세계의 정복자를 꿈꾸며 군국주의를 팽창시킨 기저로 활용될 만큼 중요한 것이다. 따라서 일본 정부는 제2차 세계대전사를 다시 쓰는 순간에도 일본이라는 나라의 건국 기초가 된 고대사에서 눈을 뗄 수가 없는 것이다.

일본의 고대사는 712년에 쓰인 『고사기(古事記)』와 720년에 편찬된 『일본서기(日本書紀)』 두 역사책에 주로 근거한다. 『고사기』는 문자 기록이 불가능하던 때 가다리베(語部)의 직업인들이 역사 속 왕의 치적과 영웅담 등을 자자손손 내려가며 노래처럼 외워 부르던 내용을 편집한 것이다. 한국의 판소리와 같은 유형이다. 일본이 과거 왜 한국의 판소리를 말살하려 했는지 짐작할 수 있을 것이다. 6세기에 이르기까지 가다리베가 일본의 유일한 역사가들이었다. 이것에는 어마어마하게도 서기전 660년으로 설정한 첫 번째 왕의 이야기부터 내려온다.

문자 기록된 최초의 역사서 편찬은 620년 쇼도쿠태자와 그의 삼촌이자 권력가 소가 우마코(蘇我馬子)의 합작으로 시도됐다. 소가 우마코는 한국인 후손으로 왜국의 최고 군사권력자가 된 사람이다. 그러나 645년 소가 가문이 권력을 잃게 되자 그가 쓴 역사서도 불길 속에 던져졌다. 전해오는 이야기로는 그 책의 일부가 불 속에서 건져졌다고 한다.

 두 번째 역사 편찬은 덴무(天武) 일왕 때였다. 오랜 역사를 모두 기억하는 신하가 한 사람 있었다. 그가 기억하는 옛 이야기를 모두 글자로 기록하라는 임무가 학자에게 주어졌다. 그러나 덴무가 바로 죽고 다음 대에 넘어가도록 아무 진척이 없었다. 결국 712년에 와서 구전 역사가 『고사기』로 기록돼 나왔고 이것이 실존하는 최고(最古)의 일본 역사서가 되었다.

 당시에 만든 이 책은 엉망인 것이 한눈에 보인다. 그럼에도 한국인들의 놀라운 위력을 입증하는 내용이 나타난다. 한국이 일본에 미친 영향은 너무나도 압도적인 것이기에 이를 완전히 감춰버리기는 불가능했던 것이다. 신하 한 사람이 기억해서 풀어놓은 옛 이야기는 아마 순수 일본어였을 것이다. 그로부터 29년의 작업을 거쳐 나온 『고사기』는 순수 한문으로 쓰인 것이었다. 그 작업이 얼마나 어려운 것이었을지 능히 짐작이 간다. 또 얼마나 부정확한 것인지도 짐작할 수 있다.

## 일본인을 좋아하지만 신뢰하지는 않는다

맥킨지(Mckenzie). 그도 한 때는 일본에 우호적이던 지지자였다…. 그가 쓴 장문의 글은 도쿄의 신문에 보도되고 그의 뛰어난 능력에 감사하는 사설이 실릴 정도였다. 그런데 그가 조선이 처해있는 암담한 현실을 깨닫게 된 이후 일본에서 그에 대한 평가는 하루아침에 '황색 저널리스트' 라는 경멸적인 것으로 바뀌었다…. (랜슬럿 로슨(Lancelot Lawson) 지음, 『극동의 제국들』, 1920년 런던에서 출판)

맥킨지는 선교사가 아닌 외국인 중 유일하게 일본의 요시찰 인물이 되어 서울에서 시골로 숨어들었다. 그곳에서 그는 일본인들이 저지르는 짓을 자기 눈으로 직접 확인하게 됐다… (해리슨(E. J. Harrison)의 글, 요코하마).

맥킨지가 두 눈으로 직접 본 것은 무엇이며 무엇이라고 글을 남겼던가? 그것은 그야말로 일본이 새로 내놓은 역사책이 거짓말투성이임을 확신케 해주는 것이다. 일본이 '한국을 도우려고' 저지른 한일 강제합병에 대한 그의 비판은 일본교과서 논쟁이 한참인 1982년 지금 흥미로운 읽을 거리다. 여기 인용해 본다.

일본은 조선인을 굴욕적으로 만드는 것으로 식민정치를 시작했다. 행정적 입장에서는 민(民)과 융합하지 않고는 훌륭한 행정을 도모할 수 없다. 그러나 막무가내에다 어리석은 모욕 아래 그런 융화는 불가능했다. 일인들은 조선인의 국가적 이상을 파괴하고, 고래로부터 내려온 관습과 양식을 뿌리 뽑고, 조선인은 얼마든지 거저 부려먹을 수 있는 열등한 존재로, 일본인화시키는 데 열을 올렸다.

그런데 일본은 자신을 과대평가하고 조선인은 과소평가했다… 그들은 유료 교육기관에 위탁해 외교관과 영사들에게 주로 영국과 미국에 대해 가르쳤다. 이들이 모두 반일본적 인물이 되었다… 외교와 사회분야에서 일본은 전 세계를 마치 어린 애인양 취급했다. 일본인은 한껏 미화하고 조선인은 무능력한 인종으로 세뇌시켰다. 궁극적으로 그들은 일본 문명이 세계 제일이라고 믿게 됐다… 조선인은 아무짝에도 쓸데없고 그저 노동력을 착취하기 위한 열등 인간으로 대했다.

그러다 일본은 조선을 전시장으로 만들 계획을 세웠다. 공들인 건축물이 들어서고 철도가 부설되고, 국가 경제력을 무시한 채 지탱해 나갔다. 그러한 발전은 대부분의 조선인들은 이용할 수 없는 것들로, 오직 일본인만이 접근 가능하거나 외국인들에게 과시하기 위한 것이었다. 일본은 조선인이 생각도 하고 영혼을 가진 존재라는 사실도 잊었다. 미성년들은 때려서, 성인들은 엄벌하고 감옥에 보내 몰아세움으로써, 황국 신민이 되는 충성을 강요했다.

1919년의 3.1 만세운동은 일본이 반역자들을 키워왔음을 자각하게 된 계기였다. 이에 조선문화를 깡그리 섬멸했으며 일본어를 선뜻 배우려들지 않는 조선인들을 족쳤다….

맥킨지는 일본 순사가 어떤 집이든 멋대로 수색하고 누구든 재판 없이도 벌주는 것을 썼다. 일인들은 사람 몸이 견뎌내는 물리적 고통의 한계는 '하루에 태형 30대(대나무 두 개를 같이 묶어서)씩 사흘 계속 90대가 한도'이고 그 이상은 고통이 극에 달해 견디지 못하고 죽게 된다는 계산을 해냈다. 1916년의 공식보고서에는 8만 2121명이 그런 체형을 받았다고 기록되었는데 그 이후에는 이런 보고서가 출판되지 않았다. 같은 해에 3만 2830명이 감옥에 갇혔다.

일본이 이른바 불법적인 '불온사상'으로 여긴 사례 중에는 영국 선교사 게일이 한글로 번역한 키플링의 코끼리 이야기도 있었다. "코끼리는 두 번째 주인을 따르지 않았다"는 구절이 있는데 일인 당국은 이것이 조선의 아이들에게 두 번째 주인인 천황을 받들지 말라고 가르치는 것으로 여겼다.

은행은 조선인의 토지를 강탈하는 도구였다. 조선은행은 모든 종류의 통화를 관장하면서 토지를 무가치한 것으로 만들었다. 세금을 내려면 현금을 마련해야 하니 할 수 없이 땅을 파는 조선인들은 일본 정부로부터 보조금을 지원 받은 자들에게 이전 가격의 20퍼센트 밖에 안 되는 헐값으로 땅을 넘겼다. 이렇게 땅의 원경작자들을 축출하는 것으로 일본은 '농업을 개량'했다.

남경대학살도 역사에 기록되지 않을 모양이다. 아마도 일본인들은 후손들에게 일본인들이 갸륵한 이타심을 발휘하여 황인종의 문제와 한국 사회의 저변을 발전시킬 소명을 떠안았던 것이라고 가르치려나 보다.

몇 년 동안 나는 칼럼을 통해 일본의 미술사가들이 이미 동아시아의 예술사를 자기네 뜻대로 다시 썼으며, 그에 따라 한국인이 만든 예술품 다수가 일본예술로 편입돼버렸다는 사실을 주장해 왔다. 그러나 예술사가인 전문가로서 내 이러한 주장은 한국신문에서 별 주목을 받지 못했다. 신문은 그보다 더 범위가 넓은 역사, 특히 정치적 관점에서 일본 교과서에 드러난 새로운 왜곡의 문제점은 연일 톱기사로 다뤘다. 이처럼 의도적이든 아니면 예술사적 지적이라서 무시하든 근본은 같다. 정치는 신문 1면에 실리고 문화는 4면에 실리지만, 장기적 관점에서 본다면.

일본이 한국에 가한 잘못 중에서도 최악의 것은 한국문화를 말살해서 한국인이 자신의 과거에 대한 자부심을 잃고 자신을 비하하게 만들었다는 것이다. 이제까지 수년 동안 나는 이 칼럼이 한국인 독자들에게 과거 한국의 예술과 문화적 영광으로 자부심을 되찾게 하고 영미의 독자들에게는 과거에 이룩된 수많은 아름다움에 대한 지식을 제공하는 것이 되도록 애써왔다.

미국 컬럼비아 대학의 중국정치사 전공 사이러스 피크 박사는 제2차 대전 후 패전국 일본의 헌법을 다시 쓰고 전쟁금지 조항을 삽입시켰다. 그러나 역사가로서 내가 기억하는 것은 더욱 긴 기간의 흐름이다.

나는 1930년부터 일본어와 그 문화, 역사를 연구해 왔기에 일본인이 어떤 사람들인지 잘 안다. 나는 1930년 이래 일본예술사를 진작시킨 공로로 히로히토 천황의 동생 다카마쓰 공이 주는 메달과 명예를 받았다. 그러나 시고쿠 섬이 해군기지인 것을 모르고 카메라를 지니고 그곳에 갔다가 가택연금되면서 동전의 다른 면도 잘 알게 됐다.

나는 시고쿠 섬이 멀리 떨어져 있는, 연인들의 소풍 장소 정도로 알다가 백인 여성으로는 두 번째로 그 섬에 발 디딘 나를 그들이 매우 수상쩍어 한다는 것을 눈치챘다. 일본 헌병은 내가 밥 먹을 때도 옆자리에 앉아 감시하고 심지어는 화장실 갈 때도 따라왔다. 프라이버시 같은 것은 안중에 없었다. 그러나 이것은 또 다른 이야기일 뿐이다. 나는 일본인을 아주 고위층부터 하류까지 다 알고 있다. 나는 그들을 좋아는 하지만, 신뢰하지는 않는다. 역사를 다시 쓴 일본은 그 본능을 다시 한 번 더 확인시켜 줬다.

## 유구한 역사왜곡의 나라 일본
― 나카소네 일본 총리 방한에 부쳐

앨런 코벨(Alan Covell)

역사왜곡이 문제다. 왜 모든 사람들이 일본의 역사적 사실을 왜곡하는 것에 대해 그처럼 치를 떠는가? 일본은 과거 500년이 넘게 역사왜곡을 해 왔는데 대부분의 사람들이 이를 의심없이 그대로 받아들인다. 하지만 내가 공부한 한국의 고대사와 고고학은 바로 한국인이 고대의 지도자들이었으며, 그 당시 중국인에게 난쟁이, 왜구로 알려진 지금의 일본이야말로 선진문명을 감지덕지 받아들인 수혜자임을 확신케 하는 것이었다. 일본은 '난쟁이', '왜' 라는 단어를 아주 싫어해 7세기부터 이 단어를 없애버렸지만, 사실상 왜인들은 오직 백제 사신들을 통해서만 선진문물을 접할 수 있었다.

이를 증명하는 좋은 자료가 바로 전(前) 주일 미국대사 에드윈 라이샤위가 번역한 엔닌(圓仁)의 일기 『입당구법순례행기(入唐求法巡禮行記)』다. 승려 엔닌은 "한국인 해상왕 장보고의 통치 아래 있던 중국 내 한국 식민지 신라방이 베풀어준 배려가 아니었다면 나는 중국에서 일본으로 돌아오지 못했을 것"이라고 썼다. 불교도인 엔닌 일행이 가 있던 840년 경의 중국은 불교를 탄압하고 있었다. 엔닌 일행은 중국인, 한국인에게 뇌물을 주어 중국으로부터 벗어나고 금강경을 일본에 가지고 들어왔다. 모든 배편은 한국을 경유하는 것이었으며 모두 한국 배였다.

오늘날 일본이 저지르는 역사왜곡의 맥락에서라면 머잖아 히데요시의 군사들이 한국인 도공을 '초청'해다가 '일본에 파견 근무' 케 하고 이들에게 '무료 교통편과 숙식을 제공'하여 '그들이 기술을 이곳에 전파했다'고 할지도 모른다.

당시 일본의 도자기 기술은 5~6세기에 한국인들이 일본에 전한 스에키 토기의 수준에 주저앉아 있었다. 그 뒤 1000여 년 동안 일본 도공들은 한반도에서 온 도자기 기본만으로 지내왔는데 16세기에 들어 조선 도자기산업의 새 피를 수혈할 필요가 있었다. '새 피의 수혈'은 뛰어난 기술혁신을 가져다 준 것이었다. 이후 일본의 도자기는 한국적 착상에 힘입어 발전을 이룩했다.

1923년 도쿄와 요코하마를 덮친 관동대지진 때 조선인은 인명과 재산 피해로 광폭해진 일본인들의 희생양이 되어 타격을 받았다. 1930년대에는 조선인들이 모여 사는 빈곤지역을 '마늘 먹는 조선인'들이

신라인 해상왕 장보고의 보살핌으로 무사히 중국여행을 끝내고 일본으로 돌아가 『입당구법순례행기』 저서를 남긴 일본의 엔닌 스님. 일본 일승사 소장.

엔닌이 받드는 대명신은 신라 해상왕 장보고를 가리킨다. 관복을 입은 한국인의 모습을 한 대명신. 사진 최태영.

사는 곳이라 부르며 일본인들이 기피하는 지역으로 몰아갔다.

미국 정부는 제2차 세계대전 당시 광분한 미국인으로부터 재미 일본인들을 보호하기 위해 그들을 일정 지역에 피난시킨 루즈벨트 대통령의 조치를 교과서에 수록하도록 요구할지도 모른다. 그로부터 수십 년이 지난 오늘(1982년)에 와서 일본 자본가들은 그때 잃은 땅과 사업을 언제라도 마음만 먹으면 배상받을 수 있게 되었다. 그런데 일본은 이 같은 조치를 한국인들에게 취했는가?

아니다. 일본인들은 한국에 해악을 끼친 사실에 대해 치욕을 느끼기는 커녕 오히려 시건방진 자랑으로 여기며 수십 년 전과 달라진 바 없는 차별과 역사왜곡을 일삼고 있다. 일본 군부는 제2차 세계대전에서 아무 교훈도 못 얻었단 말인가? 겉보기에 그들은 분명히 반성의 기색이 없다.

그런데 일본문화사에서 한국의 영향을 모두 제거한다면, 그들에게 남아나는 것은 거의 없다. 적어도 서기전 3세기부터 8세기까지는 그러하다. 순수한 일본 고유문화가 이룩됐다고 하는 10세기에 와서도 일본 대궐에서 벌어지는 가장 신나는 일 중의 하나는 대궐 사람들 중 누가 한국 춤을 제일 잘 추는지 가려 뽑는 행사였다.

일본이 매우 자랑스럽게 여기는 중세 수묵화는 14세기에 조선에서 생겨난 화풍이다. 일본의 수묵화에서 조선 출신의 수묵화가 선승(禪僧)들을 다 추려낸다면 일본이 뽐낼 만한 부분은 거의 없다. 적어도 일본이 내세우는 14세기 수묵화 대가의 80퍼센트는 일본인이 아닌 조선인들이다.

16세기에 들어와서도 조선에서 들어온 사상과 인력이 일본예술을 발전시킨 원동력이었다. 그리고는 20세기 들어 일본은 조선을 강제합병해 조선인을 경제 노예로 부려먹었다. 또 있다. 알 수 없는 시대부터 있었던 왜구들의 노략질은 고려시대에는 아주 심했다. 그리고 지금 와서는 역사왜곡까지 새롭게 시도해서 한국을 뒤흔들고 있다. 이루 다 쓸 수 없을 만큼 많은 예들이 있다.

한국인들이 일본의 이런 압력에 굴복하거나 모욕을 한 귀로 흘려 넘기는 한, 일본은 소리 없이 등 뒤로 다가와 한국을 밟고 설 것이다.

### 나카소네 총리의 방한에 부쳐

1983년 2월의 신문들은 전두환(全斗煥) 대통령과 나란히, 한국을 방문한 나카소네 야스히로(中曾根康弘) 일본 총리의 사진을 보여주기 바빴다. 나는 한일 양국 모두에서 수년씩 살아 봐 전형적인 한국인과 전형적인 일본인의 얼굴을 구별할 수 있게 됐다.

그런데 전 대통령과 나카소네 총리의 사진을 살펴보는 동안, 놀랍게도 나는 나카소네 총리 쪽이 내가 생각하는 한국인의 얼굴인 것을 알고는 매우 놀랐다. 후쿠다 다케오 전 일본총리는 대중 앞에서 그의 조상이 1500여 년 전 한반도에서 규슈로 이주해온 도래인 혈통임을 공표했다고 들었다. 나는 나카소네 총리의 가게 또한 후쿠다 총리처럼 먼 조상이 한반도에서 건너온 집안이 아닌가 생각한다.

한국문화사를 공부하는 내가 들은 나카소네의 만찬연설 중 핵심은 "6-7세기 일본의 역사는 한국인들이 일본에 전해 준 기술과 문화가 아니었다면 아무 것도 아니었다"고 한 부분이다. 이제 일본의 지도자들이 그들이 진 빚을 공식적으로 인정해야 할 때다. 실제로 연구된 대로 나카소네 총리는 일본이 한국에 지고 있는 문화적, 기술적 빚이 6-7세기에만 국한된 것이 아니라 그 이전 5세기 전체, 부여족의 혈통으로 일본 천황자리가 채워졌던 시대까지 언급했더라면 더 좋았을 것이다. 나는 나카소네 총리의 우호적인 말들이 새로 쓰여질 일본교과서에 반영되었으면 한다. 그리고 나는 정말로 나카소네 총리의 조상이 어디서 온 분들인지 궁금하다.

존 카터 코벨지음-부여기마족과 왜(倭) 원문

서론
Korean impact on Japanese culture, 1984, 한림출판사

## 1 부여족과 말

Japan's culture rooted in Korea part 1; Puyo Kaya and Paekche, 1982. 5. 10, 경향신문
Japan's culture rooted in Korea part 2; More about the horseriders, 1982. 5. 12, 경향신문
From Korea to Japan; 4th century boat problems 1, 1982. 6. 7, 경향신문
From Korea to Japan; 4th century boat problems 2, 1982. 6. 9, 경향신문
Japan's Culture 'Rooted' in Korea Part 2; More about the Horseriders, 1982. 5. 12, 경향신문
Horses vital force in Korean history, 1983. 3. 9, 코리아헤럴드
Horses can change history, 1984. 10. 17, 코리아헤럴드
Korean impact on Japanese culture; Japan's hidden history, 1984, 한림출판사
Galloping on Korea's flying white horse from Ferghana through Korea to Japan, 1982. 5. 24, 경향신문
Tremendous hoax or history 3, 1985. 4. 3, 코리아헤럴드

## 2 바다 건너 왜로; 부여기마족의 왜 정벌

Tsuruga and Koreans, 1987. 2. 20, 코리아헤럴드
위대한 부여족의 재출발 2, 1984. 6, 월간자유
Korean impact on Japanese culture 1984, 한림출판사
Puyo's horseriders and rocks, 1982. 5. 31, 경향신문
위대한 부여족의 재출발 3, 1984. 9, 월간자유
이주 한국인들의 천년성, 1985. 3, 월간자유
Distortion of history, 1985. 11. 7, 코리아헤럴드
Koreans who sailed to Japan, 1984. 10. 6, 코리아헤럴드
Japan's culture 'rooted' in Korea part 3; Korean royalty in 5th century Japan, 1982. 5. 17, 경향신문
Pusan port, 1980. 9. 19, 코리아타임스

## 3 학자들의 부여기마족 연구

The pen is mightier than the sword, 1985. 2. 9, 코리아헤럴드
위대한 부여족의 재출발 2, 1984.6, 월간자유
Japan's debt to Korea, 1983. 7. 9, 코리아헤럴드
Horserider theory draw attention, 1984. 9. 22, 코리아헤럴드
Korean connection in origin of Japanese state, 1980. 6. 15, 코리아타임스
Pyungyang's views on early Korea-Japan relations, 1982. 9
Horderider exponents agree, disagree, 1984. 10. 3, 코리아헤럴드
Discovering 'roots', 1980. 1. 5, 코리아타임스
The first Japanese history book, 1983. 3. 17, 코리아헤럴드
Cultural 'swap' with Japan one-Away, 1984. 9. 26, 코리아헤럴드
한국 고대사를 생각한다, 2002, 눈빛출판사

## 4 임진왜란과 한일관계

Three routes to Seoul-1592 and 1896, 1986. 10. 24, 코리아헤럴드
Dwarf bandits muddied the waters, 1985. 6. 26, 코리아헤럴드
Hideyoshi's golden fan floated off Korean shore, 1982. 4.
Admiral Yi's forested redoubt, 1985. 9. 13
Turtleships under Admiral Yi won all naval battles by Alan Carter Covell, 1983, Morning Calm 4호.
Partition of Korea might have occurred in 16th century, 1982. 6. 9, 코리아타임스
Admiral Yi, Korea's hero, 1984. 3. 28, 코리아헤럴드
Korean cherry trees, 1986. 4. 11, 코리아헤럴드
개인 편지, 1996. 4. 18
Japan's zeal to welcome Koreans, 1985. 7. 4, 코리아헤럴드
Envoys from Korea, 1985. 11. 28, 코리아헤럴드
Titles and the mandate of heaven, 1985. 7. 6, 코리아헤럴드

## 5 일본의 역사왜곡

Research into hate and murder, 1985. 3. 20, 코리아헤럴드
How long does 'hatred' Last?, 1980. 8. 11, 코리아타임스
Look under K for Korea, 1980. 8. 30, 코리아타임스
Korea's cultural and those contested history texts, 1982. 9. 1, 코리아타임스

Not too late for Korea's youth free cultural information, 1982. 10. 6, 코리아타임스
Korean self image and art history, 1982. 10. 27, 코리아타임스
Korean self image and cultural genocide, 1982. 11. 5, 코리아타임스
Early period up to 645 A.D, from paleolitic period, 1982
위대한 부여족의 재출발, 1984. 2. 3, 월간자유
Japanese historians distort Korean role since 712 A.D, 1982. 7, 코리아타임스
Will Japan revive her divine emperor after the textbook distortions?, 1982
Is Japan returning to her ideology of 50 years ago? Please 'save' Japan from herself, 1982. 7
Honesty is not easy for Japanese, 1982. 8. 20 코리아타임스
What a British historian taught about Japan's history, 1982. 8, 코리아타임스
History study bares Japanese distortions of colonial rule, 1982. 7. 27, 코리아타임스
Centuries of distorted history by Alan Carter Covell, 1982. 8. 12, 코리아타임스
Nakasone's visit and stereotypes, Alan Carter Covell, 1983 .2. 3-4, 코리아타임스

코벨의 한국문화 1
**부여기마족과 왜(倭)**

지은이 | 존 카터 코벨
편역자 | 김유경
펴낸이 | 김예옥
펴낸곳 | 글을읽다

초판 1쇄 발행 2006년 11월 30일
초판 8쇄 발행 2023년 5월 31일

등록 | 2005년 11월 10일(제138-90-47183호)
주소 | (437-829)경기도 의왕시 포일동 83-1(2F)
전화 | 031)422-2215  팩스 031)426-2225
이메일 | geuleul@hanmail.net
편집 | 계은숙 이해덕 김예옥
디자인 | 이중곤

분해 | 위캔그래픽스 02)2279-1696
인쇄 · 제본 | 한영문화사 031)903-1101

ⓒ 앨런 코벨 · 김유경
ISBN 89-957472-3-4  04910

※ 값은 뒤표지에 있습니다.